北京大学区域国别研究丛书

俄罗斯国家建构的历史进程

庄宇 施越 主编

The Historical Process of
Russian State-Building

商务印书馆
The Commercial Press

图书在版编目(CIP)数据

俄罗斯国家建构的历史进程/庄宇,施越主编.—北京:商务印书馆,2021(2023.7重印)
(北京大学区域国别研究丛书)
ISBN 978-7-100-19775-5

Ⅰ.①俄… Ⅱ.①庄… ②施… Ⅲ.①俄罗斯—历史 Ⅳ.①K512

中国版本图书馆 CIP 数据核字(2021)第 063130 号

权利保留,侵权必究。

北京大学区域国别研究丛书
俄罗斯国家建构的历史进程
庄宇 施越 主编

商 务 印 书 馆 出 版
(北京王府井大街 36 号 邮政编码 100710)
商 务 印 书 馆 发 行
北京捷迅佳彩印刷有限公司印刷
ISBN 978-7-100-19775-5

2021 年 7 月第 1 版　　开本 710×1000　1/16
2023 年 7 月北京第 2 次印刷　印张 19¾
定价:86.00 元

"北京大学区域国别研究丛书"
编委会

钱乘旦　于殿利　宁　琦　夏红卫
翟　崑　王锁劳　昝　涛　李　昀

"北京大学区域国别研究丛书"
总　　序

钱乘旦

"北京大学区域国别研究丛书"是北京大学区域与国别研究院主持出版的一套丛书，旨在推动我国的区域与国别研究，向读者推介这个领域内高水平的学术成果，为有志于该领域的学者尤其是北大学者提供方便的传播渠道，并且为社会各界开辟一个集中阅读的园地。

对区域与国别进行研究，已经是当下中国一项刻不容缓的学术任务，需要学者们尽心投入，需要政府的大力扶持，更需要全社会的关注与倡导。中国正在迈步走向世界，但障碍之一就是不了解世界，对外国的情况似懂非懂，对一些国家和地区甚至一无所知。中国要发挥世界性作用，或者解决因走向世界而面临的新问题，不了解世界是做不到的。而所谓了解，不是最低限度的知晓常识或毛皮琐事，而是在学术研究基础上的领悟，是了如指掌的沁透心脾，是根枝叶茎的全盘掌握。一个人举手投足，他头脑里想什么都会不自觉地表露出来。我们对世界的了解就需要有这样的深度——从任何人的行为表象看到其思想的根、文化的根、社会的根，由此看懂他的目标所在——这个深度，就要靠区域国别研究来提供。

区域国别研究是什么？笔者多次指出：它是一个领域，包括众多学科；它是一个跨学科的领域，只有进行跨学科的研究，才能真正和全面了解世界各个国家和地区。因此对区域与国别研究的要求会非常高，只有多学科高水平的专家们协同合作，才有可能做一个真正的"区域与国别研究"。现有学科目录下的任何一个学科都无法单独支撑这个领域，只有共同努力，才能达成目标。出于这种认识，我们这套书就要尽可能囊括多个学科的研究成果，学科涉及面越大，丛书的价值就越高。多学科研究只有一个公分母，那就是从不同角度、不同维度对某个国家或地区相关的问题进行观察和研讨，最终拿出高质量的成果。经过多年努力，我希望这套书成为一个百花园。读者在这个园子里看到的不仅是文科之花，也有理科工科之花，医科农科艺术之花……所以，我们欢迎各科学者都到这个园子里来栽花，让它成为名副其实的百花园。

中国的区域国别研究刚起步，它最需要的是人才，而我们最缺乏的恰恰是人才。所以，这套书也是一个人才培养的园地，我们希望看到更多的年轻学者加入到作者行列中来，通过写书和出书既培养自己，同时也推动区域与国别研究的队伍建设。从事区域国别研究有一些基本要求，比如语言要求（研究对象国的语言能力）、经历要求（在对象国有较长期的生活经历）、专业要求（有特定的专业学术素养），等等。这些要求是青年学者必须具备的，也是我们评判入选丛书的学术标准之一。

本丛书出版得到北京大学校方的全面支持，没有这些支持，也就没有这套书。本丛书也得到各位作者的通力配合，没有他们配合，我们做不出这套书。本丛书在商务印书馆的大力支持下得以出版，在此向出版社表达敬意。丛书的问世只是开始，丛书的目标属于未来：丛书将一年一年地往前推进，每一年都推出新的好书。

谨识，2019年12月于北大

目　录

俄罗斯的国家建构
　　——历史路径与选择 ………………………… 庄　宇　　1

历 史 编

个别主义帝国
　　——俄国在中亚的改宗和征兵政策 ……… 宇山智彦　 21
俄罗斯帝国的母国、殖民地和帝国公民性
　　………………………………… 亚历山大·莫里森　 63
沙俄对哈萨克草原东部地区统治政策初探
　　——以1822年《西伯利亚吉尔吉斯人条例》
　　　为中心 ………………………………… 施　越　 108
帝国时期的俄国权力史
　　——研究方法论问题 ……… 德米特里·安德烈耶夫　 135
19世纪下半期至20世纪初俄国工商业政策与经济发展
　　………………………………………………… 张广翔　 153
土地关系的变革与俄国村社制度的危机 ……… 罗爱林　 172
国内战争时期南俄"白卫军"的政权建设与管理研究
　　………………………………………………… 周国长　 209

当 代 编

俄罗斯"民族认同"与"公民认同"的博弈与认识…… 张建华　239
俄罗斯民族国家建设的历程 ……………………… 刘显忠　256
当代俄罗斯的政治思想 …………………………… 庞大鹏　283

俄罗斯的国家建构
——历史路径与选择

庄 宇

横亘欧亚大陆的俄罗斯,以其地理位置的特殊性,在人类历史的发展过程中长期扮演联结东西方思想文化的纽带角色。俄罗斯内在的东西之争,这一历史命题经19世纪中叶斯拉夫派和西方派以激烈论辩的方式提出后,至今尚未有定论。这个话题,几乎在俄罗斯每每经历重大变化后,都会被重新提起,引发"俄罗斯道路"将走向何处的思考。每一次的历史转折,都意味着再次构建国家身份认同,重新塑造国家与人民之间的纽带。

从历史发展进程来看,俄罗斯在世界近现代国家建构的过程中处于较为特殊的位置。俄罗斯疆域辽阔,横跨欧亚大陆,人口稀少,民族众多。俄罗斯联邦统计局数据显示,截至2010年,俄罗斯联邦境内有近200个已被识别的民族及族群。这样一个欧亚大陆的多民族国家,虽然发展滞后,但也经历了西方社会发展的各个阶段,进行着"非典型"的现代国家建构。

一、当代俄罗斯的国家建构观

纵观俄罗斯历史,它兴起于公元9世纪的罗斯,经历封建割据和蒙古入侵,逐渐形成统一的莫斯科公国;到公元17世纪在罗曼诺夫王朝统治下快速发展,1721年彼得一世签署诏令,宣告建立"俄罗斯帝国",国家实力在18世纪愈发强大。19世纪,俄罗斯真正成为称霸一方的帝国,跻身欧洲强国之列。它的迅速崛起不过用时两个世纪。俄罗斯在国家组织和军事能力层面达到了欧洲水平,然而,其社会基石——广大的农民阶层(占总人口四分之三)却一再牺牲自身利益,供养占全国人口百分之一的贵族精英。俄罗斯军事实力强大,但工业和农业的生产方式原始落后,无法跟西欧国家比拟。不难看出,俄罗斯国家的建构伴随着权力不断集中的历史过程,其国家建构的意识萌发于莫斯科公国时期,最终在彼得一世时期得以成型。事实证明,俄罗斯自18世纪以来的历史发展进程一直遵照彼得一世的既定路线进行着——即中央集权的不断强化、对领土边界坚持不懈的探寻(即国土疆域的扩张)以及不断提升的国际地位。

毋庸置疑,彼得改革亦成为西方派和斯拉夫派历史学者争论的焦点,即俄罗斯道路的选择。在谈到俄罗斯历史发展时,斯拉夫派代表人物、历史学家康斯坦丁·阿克萨科夫(Константин Аксаков)提出,推动历史发展的基本因素可分为两种:内在真理和外在真理,所谓的内在真理,即良心、人的道德感,对于斯拉夫民族来说,村社是内在真理的集中体现;外在真理,则指规则、法律规范,国家是外在真理的集中体现,这是典型的西欧历史发展道路。[1]因此,在历史发展道路的选择上,斯拉夫派坚持以村社连接广大民众,以宗教思想教育社会达到弱化政治、国家的作用,斯拉夫派并不是反对建立国家,他们认为国家是保障领土的一种表面手段,绝不是社会历史发展的目标和推动力。据此,不难发现,

---

[1] Историография истории России до 1917 г. Под ред. М. Ю. Личаевой. Т. 1. М., 2004. С. 279—280.

斯拉夫派主张"保持村社和地方自治会议的君主制社会"①的俄国社会发展模式,这是一个相对封闭、孤立,且刻意以宗教思想替代国家建构的发展道路。与之相对的西方派,则主张以"国家"身份融入欧洲现代国家交往。19世纪俄国著名历史学家、俄国史学国家学派代表人物之一谢尔盖·索洛维约夫（Сергей Соловьев）,充分肯定了彼得改革的历史意义,他认为,彼得一世西化改革最重要的影响在于重新建立俄国人与世界其他民族之间的联系,使俄国重新回到世界舞台。索洛维约夫认为,所有的历史撰写都为了一个最终的目的,即"自我认知",找寻国家与民族的来源与成因。值得注意的是,历史上俄罗斯"自我认知"上的觉醒,凭借的多是外力推动,即与外界的交往互动中民族意识的觉醒,这亦成为其历史发展的动力之一。

不可否认,国家学派的主张"国家是历史发展的动力"这一观点,在19世纪中叶以后的俄罗斯历史发展中不断得到印证。彼得一世的"国家"构想在历史的发展中得以成为现实。这里需要特别强调的是,"帝国"之于俄罗斯,其内涵与西欧语境下殖民时期兴起的"帝国"存在较大差别,尽管当代欧美学者仍沿用西方的"帝国范式"进行俄罗斯研究。笔者更倾向于将俄罗斯历史中的"帝国"理解为一个在世界大家庭中占有一席之地的"强大的国家",在这个强国的构想之下,具体是中央集权、开拓边疆、国际地位几个概念在每一个历史时期被赋予的新的内容。

苏联解体使得俄罗斯的国家建构模式再度成为学界讨论的热点问题。鉴于历史叙述中不乏对帝国的认知,俄罗斯本国研究者也会使用"帝国"来表述"强国"的概念。以当代著名政治学者、欧亚主义的主要推动者亚历山大·杜金（Александр Дугин）为代表的一部分学者认为:"不再是帝国的俄罗斯将失去自身的意

---

① 白晓红:《俄国斯拉夫派的政治思想》,《世界历史》,2001年第五期。

义……帝国观念之外俄罗斯人将失去自己的身份认同,逐渐像'民族'一样消失。"[1]为此,杜金提出了建立"欧亚多民族帝国"的观点。尽管当代俄罗斯知识界对于现代国家建构路径的观点不尽相同,但大部分俄罗斯政治学者的研究指出:无论是1917年以前,还是1917年以后至冷战结束,从俄罗斯的政权架构,到国家与人民之间的身份认同来讲,都趋近这种所谓"帝国"的建构模式。这场持续的讨论,随着近年来欧美"帝国"研究热度的提升,再次引发俄罗斯国内政治学界的广泛关注。从政治传统上来讲,俄罗斯的历史发展进程催生出一种"帝国"民族心态。那么,俄罗斯政治传统中的"帝国"的概念内涵是什么？当代俄罗斯著名政治学者、俄罗斯政治学协会前主席马林诺娃(О. Ю. Малинова)教授提出,俄罗斯语境下的"帝国",包含五个方面的内容:"一、国家组成多元化,多民族,存在不同文化地域和政治机体(политический организм/Political organism);二、明显的中心与边疆;三、以专制的方式集合领土和社会;四、存在一个全体身份认同的概念,有一个普适性的将人民和国家联结在一起的理念,亦可解释为某种全球计划;五、在国际舞台的影响力,力求对其他国家的发展施加影响,但同时让这些国家保留独立性或形式上的独立。"[2]此外,马林诺娃强调,帝国的内涵在俄罗斯内部不同群体中,如民族主义者、自由主义者以及政权之中,其解读不尽一致。

学界一般将俄罗斯的帝国传统追溯至彼得一世时期,即1721年彼得一世签署诏令标志着俄罗斯帝国的建立。近年来,一些俄罗斯当代学者认为,可将俄罗斯的帝国理念发源推至莫斯科公国

---

[1] Дугин А. Г. Основы геополитики: геополитическое будущее России. М., 1997. C. 110.

[2] Малинова О. Ю. Дискуссии о государстве и нации в постсоветской России и идеологема«Империи»//Политическая наука. 2008. № 1. C. 33—35.

时期。① 秉承早期弥赛亚意识,16 世纪由修士菲洛费伊(Филофей/Philotheus)提出了"第三罗马"的理念,这一理论正是基督教末世论的集中体现。菲洛费伊在给莫斯科大公瓦西里三世的信中写道:两个罗马倒下了,第三个站起来了,并且将不再有第四个。没人能取代您对基督的忠诚。"第三罗马"作为一个政治概念,"它表明历史进程就是世界统治权力的变更——第一罗马因蛮族入侵而灭亡;第二罗马,君士坦丁堡因为与天主教的合并而灭亡;而第三罗马,莫斯科,作为基督教的真诚守卫者将永存。"②进入彼得一世时期,从贵族着装到海军建设,社会日常生活与政治军事建构经历了全面西化阶段。这一历史阶段无限放大了"国家力量"的概念——即强大的国家,伴随世界地位的提升(无疑这里的"世界"还是指欧洲),俄罗斯帝国的建构已初具规模。可以说这样一个帝国理念一直持续到 20 世纪初,即 1917 年俄国革命。像学界熟知的"乌瓦罗夫公式"——专制制度、东正教、人民性,也是在彼得一世"强国"理念之下,面对 1812 年卫国战争之后的民族意识觉醒及其引发的 1825 年十二月党人事件,面对社会思潮涌动,1833 年经由当时沙皇尼古拉一世推动而闻名于世。此时沙皇重申"强国"理念,其目的在于进一步弥合国家与人民之间的分歧。

1917 年革命之后,历史随着布尔什维克的胜利进入苏联时期。这一时期,"苏联计划"(Советский проект)逐渐成为国家建构的主要理念。什么是"苏联计划"? 或者"苏联计划"也仅仅是苏联时期所有国家建构理想的具体描述之一,它旨在实现并进一

---

① Морозов С. И., Марчуков А. Н. Империя и/или национальное государство в контексте политической модернизации России//Вестник Волгоградского государственного университета. Серия 4:История. 2009. №1. С. 130.

② Оролов А. С., Георигиева Н. Г., Георгиев В. А. Исторический словарь. 2-е из. М., 2016. С. 508.

步完善马克思与恩格斯在《共产党宣言》中提出的那个长远计划：个人利益服从于集体利益，彻底消灭人对人的剥削关系，消灭私有财产，实现生产资料、土地、资源的公有制，实现普遍的义务教育、公费医疗体系等，这些设想构成了"苏联计划"的基石。有学者认为，这一计划试图以高效、创新、有别于资本主义的发展模式，来重建世界，并以此来治愈人类心灵创伤，使社会远离资本主义的弊端。实践中，国家建构的实际情况与"苏联计划"理念产生偏差，最终导致各方面矛盾集中爆发。苏联解体后，当代俄罗斯至今是否已经出现新的普适联结理念，尚未有定论，但最近俄罗斯总统助理、政治学者苏尔科夫（В. Сурков）在《长久的普京之国》一文中提出了当代保守主义政治新解读，试图以此凝聚国家和人民，尽管俄罗斯学界对其后续发展持观望态度。综上，通过梳理俄罗斯国家建构理念的演进过程，足见根植于其内部的"帝国意识"。

毋庸置疑，超级大国、强国这样的观念对于俄罗斯新的身份认同的构建，存在极大的吸引力。当代学界认为，正是这种所谓的"帝国"心态，阻碍了解体后俄罗斯现代国家的建构。或许我们可以提出这样的疑问，俄罗斯历史上是否有哪个阶段曾经出现过西方现代国家的某些特征呢？答案是有的，1905年第一次俄国革命后，俄罗斯现代国家建构的进程渐渐开始。1905—1906年间，《整顿国家秩序宣言》（又称《十月十七日宣言》）、《俄罗斯帝国基本法》相继出台，国家杜马正式建立。俄罗斯的现代国家分权之路，从19世纪初御前大臣米哈伊尔·斯佩兰斯基（Михаил Сперанский）的分权理念、建立杜马的设想的提出，到20世纪初宪法和立法机构杜马的出现，经历了近一个世纪漫长而曲折的历程。然而，随后全世界范围内兴起的战争与革命，再次改变了俄罗斯的命运，第一次世界大战以及随之而来的俄国大革命将国家历史的发展引入全新的轨道。

当代俄罗斯试图通过"公民民族"和"主权民主"来进行现代国家的构建,其过程绝非坦途,因为无论在民众还是掌权的保守主义政治家之中,其竞争对手"帝国身份认同"依然强大。但作为历史学研究者,笔者对于解体后的俄罗斯国家建构总体上比较乐观,毕竟现代国家的建设不可能完全遵循政治学理论。对于一个地域如此辽阔的多民族国家来讲,其国家建构的道路必将是复合型的。此外,也不必过分强调根植于俄罗斯历史的帝国意识,按照俄罗斯政治学协会前主席马林诺娃教授的观点来说,帝国修辞术更适合进行政治动员,而非解决实际问题——"帝国修辞术出现在俄国政治谱系的各个阶段……在俄罗斯政论界'帝国'不仅仅充当分析现实问题的范畴,更是一种普遍的意识形态,在这个意识形态框架下,怀有不同目的政治家们在其内涵解释中加入各种内容。因此,这一术语扮演了调动支持率的角色,而非讨论解决实际问题。"[①]

此外,帝国也好,现代国家也好,说到底是与欧美历史进程相匹配的西方概念。当我们用帝国和现代国家的概念来分析俄罗斯时,很大程度上揭示的是这两个概念的非西方性内涵,体现的是俄罗斯与西方语境的差异性。谈到帝国与俄罗斯,社科院俄罗斯东欧中亚研究所副所长庞大鹏研究员指出:帝国这个概念,在俄罗斯这里,对内是民族关系和谐以及国家统一,对外是俄罗斯世界(Русский мир)。内外政策统一在这样的概念里。之所以如此,是因为俄罗斯强调主体民族,强调主体民族的强大以及强国意识。俄罗斯强调民族国家,强调公民民族,着眼的是多民族关系稳定。因此,从这个意义上讲,帝国还是现代国家,在俄罗斯这里它们不是一种二元对立的关系,是包含和交叉的关系。

---

① Малинова О. Ю. Дискуссии о государстве и нации в постсоветской России и идеологема «Империи»//Политическая наука. 2008. № 1. С. 58.

二、俄罗斯国家建构的历史进程

带着这个问题,2019年9月5日北京大学区域与国别研究院支持举办了主题为"俄罗斯'国家建设'的路径选择"的博雅德信工作坊。十位国内外俄罗斯研究一流专家学者,共聚燕园,从政治、经济、历史角度探讨俄罗斯国家建构的历史与现实。这次的讨论内容不仅涉及俄罗斯的历史与当代问题,更难得邀请到两位国际学界中亚问题专家,对目前国内中亚问题研究做出了极大补充。本次的俄罗斯研究工作坊,无论主题还是会上讨论的内容,对于当代学界都大有裨益。在北京大学区域与国别研究院院长钱乘旦教授的提议下,诸君所见这本文集才得以诞生。出版筹备期间,笔者回想整个工作坊的讨论,至今历历在目,获益良多,深受启发。

本书收录了国内外专家学者对俄罗斯问题多年来的思考和研究心得,以时间、地域为线索,分为两编,分别是历史编和当代编。

历史编收录了七篇论文,其中包含三篇帝俄时期中亚历史研究。分别是日本北海道大学斯拉夫研究中心主任宇山智彦教授的《个别主义帝国》,牛津大学历史系亚历山大·莫里森副教授的《俄罗斯帝国的母国、殖民地和帝国公民性》,北京大学外国语学院施越助理教授的《沙俄对哈萨克草原东部地区统治政策初探》。三篇文章以扎实的史料为依托,详细讨论了19世纪下半期沙皇俄国征服中亚过程中所采取的政策方针,呈现了不同阶段俄罗斯帝国对新征服领土在行政管理、宗教、兵役、文教等领域的差异化统治手段,并由此出发探讨19世纪俄国的"帝国特性"。

宇山智彦教授的《个别主义帝国》一文从沙俄当局在中亚地区的东正教传播和征兵政策切入,以扎实的史料探讨了沙俄在多元族群和宗教领域的国家建构路径。自1830年代谢尔盖·乌瓦罗夫提出"专制制度、东正教、人民性"三原则以来,东正教被视为俄罗斯人集体身份的核心元素之一。以东正教作为纽带整合帝国版图内的多元人群,似乎是一种合乎逻辑的国家建设路径。但宇山教授所列举的史料显示,自19世纪初期至20世纪初,沙俄的中央政府、边疆官员和东正教会在是否应大规模向草原游牧民传播东正教的问题上反复争论。但除了个别地方总督支持积极传教以外,大多数边疆军政官员均不支持,因传教活动存在引发骚乱的风险。在缺乏当局支持的情况下,至1897年沙俄人口普查时,中亚各省皈依东正教的原住居民仅数百人。哈萨克人中的皈依者多为游牧社会边缘人士。至沙俄末年,东正教在中亚地区原住居民之中的影响力也十分有限。作者对此总结道:"将中亚人同化于俄罗斯帝国当然是官员们的一个理想目标,但它的优先性太低,以至于当这样做的尝试面临困难或危险时,它很容易被放弃。"

与宣教相似,对异质族裔的兵役政策被认为是考察国家建设的重要领域。共同的战争记忆有助于铸就超越语言文化差异的政治共同体。在19世纪中期之前,来自南方的草原游牧民与哥萨克一道,为俄正规军承担多方面的辅助作战任务。沙俄对中亚南部的征服与俄军的现代化进程同步,俄军对辅助作战的骑兵需求逐渐降低。因此,如何制定对中亚地区人群的兵役政策成为需要深思熟虑的难题。宇山教授按照时间顺序罗列自1860年代至沙俄末年军政高官内部的一系列争论,充分展现沙俄军政官僚机构内部各系统的立场和考量。组建中亚原住居民骑兵队的提议往往与中亚边疆的大国博弈形势密切相关。其意义在于能以相对较低的成本为驻守的正规军提供边界巡防、战役辅助和地方性知识获取等方面的便利。反对意见往往着眼于建立新军事组织的开支,以及难以证实的原住居民可信度问题。除了组建于1885年的土库曼骑兵团以外,中亚并无其他以原住居民为主单独组建的军事单位。

因此,宇山智彦指出,无论是在宣教还是在征兵政策上,沙俄当局并没有将"俄罗斯化"作为排位靠前的政策目标。维持新征服地区的政治稳定是多数地方军政官员和中央军事部门的主要考量。在上述政策辩论中,"个别主义"是沙俄军政官员和知识精英常用的话语:论辩双方均试图以东方学领域划定的族群为单位,以刻板的族群特性为论据,或支持或否决对方的提议。作者认为,"个别主义部分源于君主专制帝国内在的特征",即被征服的群体经东方学知识体系塑造,成为分别向君主效忠的臣民群体,并被赋予特殊的权利和义务。久而久之,既有的特殊地位和族群特性的刻板印象成为个别主义政策延续的理由,而且此类话语在帝国末期一度成为原住族群知识精英声索更多权利的凭据。由此,作者称沙俄为"个别主义帝国"。

亚历山大·莫里森教授的《俄罗斯帝国的母国、殖民地和帝国公民性》一文从欧亚学界时常讨论的一种现象切入,即俄罗斯自18世纪以来在欧洲和亚洲两种身份之间摇摆不定。而这种由国家地缘形势带来的文化想象为俄罗斯的国家建构提供了相对丰富的文化资源。而19世纪中期沙俄在高加索和中亚大举扩张时,欧亚观念以及形形色色的同化论有了更强烈的现实意义。因此,至今俄罗斯和欧美学界依然有学者以"欧亚特性"作为俄罗斯帝国区别于英法等殖民帝国的特征。此类观点认为,俄罗斯帝国在族裔和宗教信仰方面有着更强的包容性,其内部人群的权力来源于阶层和社会地位而非族群或信仰。莫里森在此文中则以20世纪90年代以来欧美学界对沙俄的主要研究著作为基础证伪上述观点。文章以19世纪中后期沙俄当局在伏尔加-乌拉尔地区、西伯利亚、高加索和中亚地区的行政管理实践和同时期的文人想象相对照,有力地证明俄罗斯帝国与英法等殖民帝国并无本质差别:它们均在政治、经济和文化层面区分母国(metropole)和殖民地,且尤其强调维持亚洲殖民地与母国的差异;而在"欧亚特性"基础上对异质人群的同化尽管在不同时期出现在政策争论和文件中,但实际影响有限。

与 1990 年代以来欧美学界对俄罗斯帝国的理解一致,莫里森同样从霍布森所谓"帝国主义的政治意义",即统治原则差异入手,呈现 19 世纪中期之后俄罗斯帝国逐渐显现的母国-殖民地区分。而其中,围绕公民性展开的一系列政策辩论和实践是揭示上述区隔的核心议题。受到西欧思潮的影响,19 世纪的俄国上层同样习惯以"文明使命"或"公民性"作为整合内部异质人群的理想目标和殖民扩张的合法性说辞。但在 1860 年代大改革的一系列措施颁布后,"公民性"所包含的普遍平等公民理想却并未在同时期新并入的亚洲领土上得到落实:地方自治局改革和司法改革的地域仅限于俄欧核心省份;中亚大多数省份至俄罗斯帝国解体仍处于军政府统治之下,且行政和司法制度与核心省份大相径庭;中亚的土著民众在法律上被归为"异族"(inorodtsy)阶层,绝大多数豁免于帝国公民理应承担的兵役;即便 1905 年杜马设立后,其席位和人选也并不考虑中亚地区。最后,20 世纪初的移民政策更是残酷地暴露沙俄中央政府无视中亚本地人群利益的事实。

由此,莫里森强调,俄罗斯帝国在行政管理制度、法律身份、经济政策和文化表达等方面与英法等殖民帝国并无本质差别。以"欧亚特性"为核心的修辞在 19 世纪中后期俄罗斯帝国的边疆治理实践面前苍白无力。区分俄罗斯与英法的主要特征,可能在于俄罗斯帝国陆地领土的连续性:被海洋分隔的欧洲诸帝国合乎人们对"母国-殖民地"模式的空间想象,而俄罗斯从中亚到东欧绵延的领土则更容易使后人先入为主地将它理解为民族国家。

施越的《沙俄对哈萨克草原东部地区统治政策初探》关注 19 世纪初俄罗斯帝国经略其南部边疆的一系列政策。前人学者对 19 世纪初至 1860 年代中亚历史的研究多聚焦于俄罗斯帝国的军事扩张和对哈萨克、希瓦、布哈拉、浩罕及对清朝的外交互动,而较少关注其军政制度沿革以及在中亚各地的制度建设。因此,本文一方面试图将研究焦点从传统的"武功"转向"文治",探究俄罗斯帝国军事扩张的制度和政策基础。另一方面,有别于1990年代以来欧美学界对俄罗斯帝国的文化史研究路径,此文回归对俄罗斯帝国的军政制度和实践的基础性研究,以自下而上的路径避免宏大叙事带来的细节谬误。

此文研究的1822年《西伯利亚吉尔吉斯人条例》是俄罗斯帝国在哈萨克草原东部地区建章立制的奠基性法律文本。该条例出自19世纪初期沙俄著名改革家斯佩兰斯基之手,旨在根据帝国边疆的新形势调整西伯利亚和哈萨克草原的行政体制,强化对本地人群的控制。

该条例首先废除了哈萨克草原东部地区的中玉兹汗位,并试图通过吸纳哈萨克部族精英组建基层政府实现垂直管理,使各部族互不统属。这是该地区自蒙古西征时代以降游牧群体首次被外来政权纳入科层管理体制。其次,条例在科层制的基础上划分行政辖区,配合要塞线限制游牧群体活动范围,抑制跨地区游牧政权的出现。再次,条例旨在以土地利用、税收、文教和社会保障等政策手段鼓励哈萨克人转入定居生活方式,从根本上消解游牧生活方式对农耕秩序的潜在冲击力。该条例标志着沙俄对哈萨克草原的统治政策由19世纪初期以前的因俗而治转为以建立官僚体系为核心的直接统治。尽管上述政策的落实程度不等,但条文包含的统治原则为此后历次体制改革所沿袭,故堪称中亚近代政治制度史上的转折点。

此外,历史编中还包含四篇论述中央政权建构的文章。莫斯科国立大学历史系安德烈耶夫副教授、吉林大学东北亚研究院俄罗斯研究所张广翔教授、华中师范大学历史文化学院罗爱林教授,三位俄国史研究者不约而同将研究重心聚焦在"大改革"以后的俄国。19世纪下半叶的俄罗斯帝国,正面临资本主义发展的重要时期。国家建构中的政治关系、工商关系、土地关系等核心内容正经历根本性变革。这一时期亦是俄罗斯历史发展的关键转折时期。此外,中国社会科学院俄罗斯东欧中亚研究所周国长助理研究员的《国内战争时期南俄"白卫军"的政权建设与管理研究》则对革命期间俄国历史发展过程中的重要事件加以论述。四位学者从政治、工商业、村社与土地等视角切入,对19世纪下半叶到20世纪中期的俄罗斯国家建设路径作出了多角度的分析。

莫斯科国立大学历史系副教授安德烈耶夫的《帝国时期的俄国权力史:研究方法论问题》一文,基于1970年代以来学界政治史复兴的事实,谈俄国学者如何看待帝国权力的更迭与现代化进程。从年鉴学派学者雅克·勒高夫所提出的"新政治史"理论视角出发,俄国历史学者索洛维约夫提出了"日常政治"的研究视角。索洛维约夫将所谓"日常政治"总结为与规范、普通、惯例、程序、实践,与"灰色日常生活"联系在一起的政治史研究。索洛维约夫认为,不应优先分析与权力有关的具体事件,而应优先分析权力的"结构特征",即那些定义了"政治的"这个词的特性。根据"日常政治"的研究方法,在长时段内观察俄国权力的历史,则指向专制制度的起源、君主与官僚集团之间的关系等具体内容。这种权力的运行模式始自彼得一世时期,确立于叶卡捷琳娜二世时期,终结于1917年俄国大革命。从史学研究的关注度来讲,安德烈耶夫认为,彼得一世、叶卡捷琳娜二世、亚历山大一世、尼古拉一世、亚历山大二世时期的改革与现代化进程,包括尼古拉二世的宪制改革,在学界已经得到了应有的重视,甚至不存在研究的"空白"。但众多研究者似乎对1881—1904年间的权力史给出了过于草率的结论,认定这段时间是"反改革"时期,是专制的顶点。但从"日常政治"史的视角出发,1881—1904年的"过渡时期"恰恰成为了帝国权力崩塌的关键所在——19世纪下半叶,社会公众的作用被高估了。这里所讲的社会公众,特指俄国下层官僚,不同于上层官僚与君主之间既要维护又要对抗的合作关系,下层官僚是天然反对君主的,他们认为不需要承担与君主合作的义务,国家杜马即是他们的大本营。安德烈耶夫副教授将施米特、阿甘本等思想家的政治学理论应用到俄罗斯帝国的权力史研究中,从方法论上进一步拓宽了帝俄政治史的研究视阈,同时,对我们思考俄罗斯国家建构的历史进程有一定启发。

本文集收录了张广翔教授近年来的研究成果。《19 世纪下半期至 20 世纪初俄国工商业政策与经济发展》一文着重探讨 19 世纪下半期俄国工业化的特殊进程。这一时期,克里米亚战争(1853—1856)失利后,面对西方的孤立政策,以及国家发展内在的严重不平衡,亚历山大二世最终实践了争论长达半个世纪之久的解放农奴政策,亦称农奴制度的废除。这一举措为 19 世纪下半期的俄国工商业发展提供了必要的前提条件——劳动力供给。作为后发型资本主义国家,俄国工业化的进程中带有自身特点,如工商业发展滞后、国内资本积累不足、对外国资本依赖性强,以及不发达的交通运输,特别是铁路运输。俄国的工业化是在这样的背景下进行的,因此,国家干预成为这一期时工业化的主要推手。张广翔教授对包括保护关税、引进外资、兴修铁路等内容在内的推动工商业发展的国家主导政策进行了翔实的梳理和论述。在此背景之下,20 世纪初,俄国工业总产值跻身世界前五,成为继英国、美国、法国及德国之后的工业大国。帝俄工业化的进程,也是后发型资本主义国家发展的一个范例模本,也为国家建构带来了政治体制上的改革。

罗爱林教授的《土地关系的变革与俄国村社制度的危机》一文论述了 1861 年农奴制度废除后,为适应新的发展时期,俄国农村的土地关系与村社制度的相关改革。随着俄国从封建农奴制度向资本主义过渡,农村公社受到这种转型的强烈冲击。在社会变革过程中,农村公社固有的二重性更多地体现出矛盾性。现代化与民族传统、民主化与宗法制、公有制与私有制、集体生活与个性解放,这些矛盾一直缠绕着转型时期的俄国农村公社,并动摇着农村公社制度的根基。土地制度二重性和土地分配职能是农村公社得以长期存在的基本条件和具有巨大生命力的源泉。但在19世纪中叶俄国思想界关于村社问题的论战和沙皇政府内部关于村社命运的讨论之后,村社土地私有制的主张逐渐得到俄国社会上层人士的认同,并且成为沙皇政府土地政策的发展方向。随着农奴制度的废除,村社内部土地私有制得到缓慢发展,进而带来村社土地重分减少、土地分配职能弱化,而这又反过来推动着村社土地私有化的步伐。村社土地私有化侵蚀着村社制度的肌体,使村社制度面临生存危机,斯托雷平则用政府之手加速了这种进程。研究转型时期俄国农村公社内部土地关系的变革及由此而来的村社制度危机,对于我们更好地理解马克思东方社会理论的演变、民粹派思想的局限性有着重要的帮助作用。

中国社会科学院俄罗斯东欧中亚研究所周国长助理研究员的《国内战争时期南俄"白卫军"的政权建设与管理研究》一文,通过梳理"白卫军"将领邓尼金在南俄地区组建"特别议会"的过程,及其政权管理体系的确立、运行,揭示了在权力合法性欠缺的条件下,邓尼金以"国家专政"理念建构其权力机制时所产生的内在矛盾。邓尼金意图通过高举"神圣不可分割俄罗斯"的旗帜来吸引俄罗斯民族主义者,以此获得他们的支持;而对于民众最为关心的土地问题,则秉持"预先不确立原则",推给未来的"立宪会议"予以解决,漠视了俄国社会中占人口绝大多数的农民的需求。官僚主义的盛行,军事权力的滥用,政府官僚多为军事将领出身,无法胜任技术官僚的工作,最终导致了整个南俄"白卫军"行政管理机制的运转不畅。邓尼金的"国家专政"本质上是对"二月革命"后临时政府政策的继承,并不能深入民众,特别是无法得到占人口多数的农民的支持,其失败难以避免。

当代编在回顾历史的基础上,集中讨论了俄罗斯的民族建构与当代政治思想形成过程,包括北京师范大学历史学院张建华教授的《俄罗斯"民族认同"与"公民认同"的博弈与认识》、中国社会科学院俄罗斯东欧中亚研究所刘显忠研究员的《俄罗斯民族国家建设的历程》及中国社会科学院俄罗斯东欧中亚研究所庞大鹏研究员的《当代俄罗斯的政治思想》三篇文章。

张建华教授的《俄罗斯"民族认同"与"公民认同"的博弈与认识》呈现了当代俄罗斯政府、社会与民间各方关于国家认同体系的讨论。在界定了俄罗斯的"民族认同"与"公民认同"的概念及相互关系之后,作者综述了俄罗斯科学院民族学和人类学研究所两任所长季什科夫和马尔德诺娃的民族理论,强调该机构的研究代表学界主流观点,并对领导人和联邦政府政策产生极大影响。在民族政策领域,俄罗斯联邦当局兼顾立法保障少数民族权利与推广公民意识、塑造"公民民族"。2000年以来,俄联邦领导人多次在公开讲话中强调俄罗斯民族的统一性。作者认为,对于新时期的俄罗斯联邦而言,如何妥善处理"民族认同"与"公民认同"的关系是当务之急。

刘显忠研究员的《俄罗斯民族国家建设的历程》纵览俄罗斯自沙俄以来三个时期的民族构成状况。作者认为,导致俄罗斯帝国民族政策变化的关键因素是19世纪现代化进程的推进。国家治理的一体化破坏了民族地区传统的治理方式,导致民族矛盾激化。而民族因素成为俄罗斯帝国崩解的因素之一。苏联采取了联邦制的国家结构形式,保证了少数民族地区对国家的支持,促进了各民族社会、经济和文化发展。但该结构形式强化了民族认同而不利于民族融合和国家认同的形成。在俄罗斯帝国和苏联的基础上,当代俄罗斯联邦继承了苏联的民族联邦制,承认民族多样性,强调文化自治;但同时也淡化民族意识,强调国家认同和一体化。作者认为这符合国家的现代化发展要求。

庞大鹏研究员的论文《当代俄罗斯的政治思想》紧扣本书的主题"俄罗斯国家建构"。该文具体讨论了当代俄罗斯国家建构政治思想的形成过程。在当代俄罗斯,保守主义是坚持传统价值观的体现,是代表中派主义政治价值取向的符号。1990年代以来,俄罗斯保守主义可以被视为俄罗斯官方意识形态的统称。俄罗斯在不同时期提出的"俄罗斯新思想""主权民主"思想和"普京主义"均为俄罗斯保守主义的概念依托。通过梳理保守主义思想背景下当代俄罗斯政治发展路径,庞大鹏研究员指出,建设一个强大的俄罗斯的想法一直是当前俄罗斯国家建构中的主要目标。这也是"帝国意识"下俄罗斯民族心态的一种集中表达。

后　　记

本书自2019年秋开始筹备。编者在发出约稿邀请时,未曾料想到2020年初出现的新冠肺炎疫情打破了我们原本的生活秩序——保持社交距离、佩戴口罩、开展线上会议和线上教学正在潜移默化中改变着我们的生活方式和习惯。此刻,回顾2019年9月举办的"俄罗斯'国家建设'的路径选择"国际研讨会,编者感叹线下会议已经成为了一种特殊时期的奢望。更不曾想到的是,疫情改变的不仅是中国,而且是世界的既有秩序。疫情之下凸显的地缘政治博弈,再次印证区域国别研究的重要性。世界百年未有之大变局为当代中国区域国别研究者带来新的机遇与挑战。

今日书稿付梓。笔者作为本书的编者也是俄罗斯历史研究者,心中的千言万语总结为"感谢"二字。首先,要向本书各章的作者和译者们表达深深的敬意与谢意。本书汇集了目前国内俄罗斯中亚研究的老中青三代学者的最新研究成果。本书收录的论文在承袭中国俄罗斯研究传统的同时,也有研究视角和材料上的创新。"俄罗斯国家建构的历史进程"本身是一个跨学科、综合性的研究议题。囿于研究资源分布所限,本书作者们抽取俄罗斯历史发展进程中的代表性问题,展开研究分析,以图深入揭示俄罗斯国家建构的内在逻辑。此外,要特别感谢北京大学区域与国别研究院院长钱乘旦教授、常务副院长宁琦教授对国内年轻一代俄罗斯中亚问题研究者给予的厚望与支持。最后,再次对书稿筹备工作期间各方的支持与协助致以衷心的谢意!

——作者简介:庄宇,北京大学历史系助理教授。

历 史 编

歷史

个别主义帝国
——俄国在中亚的改宗和征兵政策

宇山智彦

"在1917年以前的七河省(Semirech'e oblast),早先迁移的农民依据《诸省条例》(the Statute of Guberniias)管理,由省长管辖;新定居者依照移民政策管理,由农业总署(Main Administration of Agriculture)管辖;哈萨克人和吉尔吉斯人依《草原条例》(the Steppe Statute)管理,由省长管辖;城市依《城市条例》管理;哥萨克依照他们特殊的条例管理,由阿塔曼管辖;塔兰奇人依《突厥斯坦条例》*管理,由省长管辖。"

——摘自七河"哥萨克军"的阿塔曼·约诺夫(Ataman Ionov)呈高尔察克的报告,1919年4月30日[①]

---

* 此处的《突厥斯坦条例》系沙俄当局1886年通过的《突厥斯坦总督区管理条例》的简称。突厥斯坦总督区是俄罗斯帝国在中亚河中地区建立的行政单位,成立于1867年,辖区包括锡尔河省、七河省、撒马尔罕省、外里海省、费尔干纳省等地。在后文中该行政单位有时简称为总督区——译者

① Gosudarstvennyi Arkhiv Rossiiskoi Federatsii (GARF,俄罗斯联邦国家档案馆),f.1701,op.1,d.54,l.2ob.

上述引文揭示了在沙皇统治下,中亚地区的行政体系是多么复杂和混乱。基本的行政结构是以地域原则为基础的,但即使在同一地域上,人们也会因其族裔和阶层(soslovie)而受到不同对待。松里公孝(Matsuzato Kimitaka)认为,俄罗斯帝国是依照纯粹的属地原则(territorial principle)而非族群原则(ethnic principle)建立起来的,只有在存在"值得尊重的敌人"(如波兰人、德意志人、鞑靼人等)的情况下,族群才对管理者有重要意义。[1] 然而,这一观点看上去有些过于简单化了。更确切的说法是,属地、族群和阶层原则在俄罗斯帝国的行政体系中曾有趣地相互交织在一起。

我会在另一项研究中对行政制度进行详细研究。在这里,我列举了俄罗斯行政当局对待不同族群和阶层的不同做法,以便挑战学界对俄罗斯帝国的以下传统观点:沙俄采取冷酷无情的俄罗斯化政策(Russifier);它奉行"分而治之"的政策;它有一个普适(universalistic)且和谐的整合原则,而不同于民族国家的原则;俄罗斯帝国在其末期正在向一个民族国家转变。所有这些观点都有部分道理,但不足以解释上述混乱局面。我们要回答一个根本性的问题:俄罗斯对整合这个幅员辽阔的国家是否有一个明确的原则? 如果有,原则是什么;如果没有,我们如何描述俄罗斯治理其"边缘地区"的政策?

由于俄罗斯直到1721年才正式成为帝国,人们可以假定它具有典型帝国(classic empire)和近代国家(modern state)的混合特征。整合一个帝国的传统原则通常是松散但却普适的,多数都与皇帝的神圣权威有关。在俄国,沙皇的权威与俄国东正教联系在一起。一方面,帝国提拔自愿接受东正教的非俄罗斯精英;另

---

[1] Matsuzato Kimitaka, "General-gubernatorstva v Rossiiskoi imperii: ot etnicheskogo k prostranstvennomu podkhodu," in *Novaia imperskaia istoriia postsovetskogo prostranstva* (Kazan, 2004), pp. 427—458.

一方面，为了使伏尔加地区的民众成为帝国的忠实臣民，它在16世纪中叶和18世纪上半叶在那里推行激进的改宗政策。虽然在叶卡捷琳娜二世统治期间，东正教的政治影响被启蒙运动的思想所削弱，但从亚历山大一世统治的最后几年开始，东正教又重新焕发活力。① 正如教育部长谢尔盖·乌瓦罗夫（Sergei Uvarov）所说，东正教是帝国教育政策的三大支柱之一。本文的前半部分考察了沙皇官员如何就中亚民族，尤其是哈萨克人改宗的可能性展开辩论。

虽然包括教育在内的各种政治和社会措施可被解释为"现代"整合方式，但本文第二部分侧重于征兵。在19世纪下半叶和20世纪初，世界上许多国家实行了全民兵役制，并将其作为国族建构（nation building）的一种手段。在中亚，俄罗斯政府的物质和人力资源太少，无法为操多种语言的人口建立周密的普及教育制度，征兵可能是整合他们的一种更容易的方式。正如我们将在后面看到的那样，政府还讨论了组建民兵以取代全民兵役制的问题。

在此我先透露一部分结论：沙皇政府（在中亚）既没有采取全面推行改宗的政策，也没有完全走上全面兵役制的道路。因此，从某种意义上说，只有少数历史学家关注这两个问题，这是可以理解的。杰拉奇（Robert Geraci）研究了个别传教士在哈萨克草原的活动，但却几乎没有关注沙皇官员对他们的态度。② 佩鲁斯（Sebastien Peyrouse）把他的注意力转向教会与国家的关系，但他在没有具体证据的情况下断言，沙皇官员总是对教会在中亚的改宗企图漠不关心或充满敌意。③ 桑伯恩（Joshua Sanborn）分析了整

---

① Edward C. Thaden, *Conservative Nationalism in Nineteenth-Century Russia* (Seattle：University of Washington Press, 1964), p. 13.

② Robert P. Geraci, "Going Abroad or Going to Russia? Orthodox Missionaries in the Kazakh Steppe, 1881—1917," in Robert P. Geraci and Michael Khodarkovsky, eds.，*Of Religion and Empire：Missions, Conversion, and Tolerance in Tsarist Russia* (Ithaca：Cornell University Press, 2001), pp. 274—310.

③ Sébastien Peyrouse, "Les missions orthodoxes entre pouvoir tsariste et allogènes：Un exemple des ambiguïtés de la politique coloniale russe dans les steppes kazakhes," *Cahiers du Monde russe* 45, no. 1—2(2004), pp. 109—136.

个俄罗斯帝国的征兵问题,但他试图将整个故事置于国族建构的框架内,这似乎是片面的。[1] 冯·哈根(Mark von Hagen)也简明扼要地概述了军队改革的族群方面。[2] 简言之,目前对俄罗斯在中亚的改宗政策和对该地区的征兵问题都没有进行详细研究。本文旨在通过对从未实现的政策的长篇讨论,揭示俄罗斯殖民政策的特点。

一、中亚的基督教化政策

改变宗教信仰的早期尝试和草原委员会

虽然 1822 年《西伯利亚吉尔吉斯人条例》(Statute on Siberian Kirgiz[*Ustav o sibirskikh kirgizakh*])提到吸引哈萨克人皈依基督教的期望,[3]我们所知道的对在哈萨克草原有组织地改变宗教信仰的第一次具体建议是 1828 年托博尔斯克的主教(Tobol'sk bishop)提出的,他在哈萨克草原建立了一个传教团。西西伯利亚总督伊万·韦利亚明诺夫(Ivan Vel'iaminov)拒绝接受,认为"时机尚早"。[4] 不过,至少在 19 世纪中叶,教会开展了有限规模的传道活动。根据草原委员会(Steppe Commission,见下文)的统计,奥伦堡吉尔吉斯省(Oblast of the Orenburg Kirgiz,即哈萨克草

---

[1] Joshua A. Sanborn, *Drafting the Russian Nation: Military Conscription, Total War, and Mass Politics, 1905—1925* (DeKalb: Northern Illinois University Press, 2003).

[2] Mark von Hagen, "The Limits of Reform: The Multiethnic Imperial Army Confronts Nationalism, 1874—1917," David Schimmelpenninck van der Oye and Bruce W. Menning, eds., *Reforming the Tsar's Army: Military Innovation in Imperial Russia from Peter the Great to the Revolution* (Washington, D. C.: Woodrow Wilson Center Press, 2004), pp. 34—55.

[3] M. G. Masevich, ed., *Materialy po istorii politicheskogo stroia Kazakhstana* (Alma-Ata, 1960), p. 105.

[4] Peyrouse, "Les missions orthodoxes," p. 114.

原西部)的127名哈萨克人于1855—1864年接受了洗礼,西伯利亚吉尔吉斯省(Oblast of the Siberian Kirgiz,哈萨克草原中北部)的109名哈萨克人于1860—1864年接受了洗礼。委员会认为塞米巴拉金斯克省(Semipalatinsk oblast)也有受过洗礼的哈萨克人,其人数不低于西伯利亚吉尔吉斯省的相应人数。①

1863年,叶卡捷琳堡居民斯捷凡·普舍尼什尼科夫(Stefan Pshenishnikov)提议东正教会在彼得罗巴甫洛夫斯克开设传教团。他认为,哈萨克人对伊斯兰教义所知甚少,而对基督教感兴趣。他说,只有那些与沙皇信仰同一宗教的民众才能真正献身于沙皇。一些地方官员支持这一提议,但也有人反对,认为哈萨克人,特别是有钱有势的人,坚信伊斯兰教,在他们中间宣传基督教是危险的。最后,托博尔斯克的主教区管理站(consistory)和西西伯利亚总督亚历山大·久加梅勒(Aleksandr Diugamel')都拒绝了普舍尼什尼科夫的提议。②

然而,不久后,草原委员会(1865—1868)成立,并被指派研究中亚社会的各个方面,以便起草管理该地区的条例。与此同时,支持改变宗教信仰的声音从政府方面出现。草原委员会的任务之一是调查如何防止伊斯兰教在哈萨克人中的影响进一步扩大,并在他们中间宣传基督教。政府委托这项任务是因为对如下看法很感兴趣:哈萨克人仍然信奉萨满教(Shamanism),对据称是鞑靼人和巴什基尔人带来的伊斯兰教不热衷。③

---

① RGVIA (Russian State Military History Archive,俄罗斯国家军事历史档案馆),f. 400,op. 1,d. 120,l. 71ob.

② TsGA RK (Central State Archive of the Republic of Kazakhstan,哈萨克斯坦中央国立档案馆),f. 369, op. 1, d. 1932g, ll. 1—6ob.; RGVIA, f. 400, op. 1, d. 120, l. 70ob.; V. Iu. Sofronov and E. L. Savkina, "Deiatel'nost' protivomusul'manskoi missii v Tobol'skoi eparkhii"(http://www.zaimka.ru/08_2002/sofronov_mission/)。此处及下文中,所有网络资源的访问日期都为2006年1月10日,除非另有说明。

③ RGVIA,f. 1450,op. 2,d. 12,ll. 11ob.—12ob.

该委员会提供的数据表明,伊斯兰教在哈萨克草原的扎根程度比政府预期的要深得多。西西伯利亚总督辖区境内有32座官方清真寺,奥伦堡总督辖区境内没有官方认可的清真寺,但应该有许多非官方清真寺和毛拉。毛拉中既有鞑靼人,也有哈萨克人,包括"和卓"(qojas,那些自称是先知穆罕默德或前四位哈里发后裔的人)。①

然而,草原委员会批评了自叶卡捷琳娜二世时代以来的亲伊斯兰政策,并极力主张抵御伊斯兰教对哈萨克人的影响。草原委员会断言称,哈萨克人将俄国欧洲部分的穆斯林与亚洲内陆的穆斯林连接起来还是永远分隔开,这是一个重要问题。委员会引用了批评伊斯兰教的哈萨克知识分子乔坎·瓦里汉诺夫(Shoqan Wälikhanov 或 Valikhanov)②的一篇著作,作为必须使哈萨克人疏远伊斯兰教的论据。该委员会声称,尽管此前因哈萨克人不断起义,宣传正统教义是不适宜的,但现在时机已经成熟。它建议,为了避免引起哈萨克人的怀疑,传教活动不仅应由教士进行,而且应由平信徒进行,他们以小贩、教师或医生身份进入阿吾勒(auls,牧民聚落),并使用哈萨克语或鞑靼语的《圣经》和其他宗教文献。③

草原委员会的意图很快成为了现实。委员会起草并于1868年生效的《乌拉尔斯克、图尔盖、阿克莫林斯克和塞米巴拉金斯克省临时条例》(Provisional Statute for the Administration of Ural'sk, Torghay, Akmolinsk and Semipalatinsk Oblasts)④将哈萨克人从奥伦堡穆斯林宗教会议(Orenburg Muslim Spiritual Assembly)的管辖

---

① RGVIA,f. 400,op. 1,d. 120,ll. 67ob. —68; f. 1450,op. 2,d. 12,ll. 106—107, 243—244,306—310ob. ,327,370—371ob. ,395—396,415,448.
② Chokan Valikhanov, "O musul'manstve v stepi", 载于他的 *Sobranie sochinenii v piati tomakh*, vol. 4 (Alma-Ata,1985).
③ RGVIA,f. 400,op. 1,d. 120,ll. 67—73ob.
④ Masevich, *Materialy po istorii politicheskogo stroia*, pp. 323—340.

范围移出,①但仍将草原上的鞑靼人保留在宗教会议的管辖范围内。为哈萨克人工作的合法毛拉(*ukaznoi mullas*,得到宗教会议和省当局许可的毛拉)的职位被取消。一个乡(*volost*)只允许有一名毛拉,需从俄籍哈萨克人中选出,并经省督军批准。在草原上禁止宗教捐赠(*waqf*)。而在突厥斯坦总督区,穆斯林也被排除在任何宗教会议的控制之外,尽管宗教捐赠被允许继续存在。

我没有委员会关于改宗政策建议的直接后果的资料,但在政府和教会反对伏尔加地区受洗鞑靼人大规模重新皈依伊斯兰教(1866年达到高潮)的那些年里,肯定有一段时期传教热情日益高涨。圣彼得堡传教会(St. Petersburg Missionary Society)于1866年提议设立一个"吉尔吉斯"(也即哈萨克)传教团,圣主教公会(Holy Synod,俄罗斯东正教会的最高管理机构)于1870年重复了这一提议,尽管托博尔斯克主教区管理站警告说,很难在穆斯林,特别是在散居于广阔空间的哈萨克人中间传播基督教。②

传教活动在七河省的来自中国的移民(卡尔梅克人、达斡尔族人、锡伯族人、索伦人、满族人、汉族人)中取得了显著的进展。他们大约在1865—1867年间迁入七河省。托木斯克主教来访后,他们中的许多人皈依了东正教(到1872年共有721人),并被纳入哥萨克阶层。至于他们皈依的原因,尼古拉·奥斯特鲁莫夫(Nikolai Ostroumov,传教士出身的著名教育家)认为有如下几点:东正教教士的努力;移民担心如果他们拒绝皈依,政府承诺的援助金可能会被撤销;他们熟悉佛教知识,并不像穆斯林那样拒绝偶像崇拜。在科帕尔县(移民居住地区的中心)的萨尔坎(Sarkand)

---

① 宗教会议成立于1789年,与俄罗斯的哈萨克政策有密切关系。第一任穆夫提穆罕默德江·胡赛诺夫(Mukhamedzhan Khuseinov)自称"吉尔吉斯-凯萨克穆夫提"(Kirgiz-Kaisak Mufti),对哈萨克族小玉兹影响颇大。参见 D. D. Azamatov, *Orenburgskoe magometanskoe dukhovnoe sobranie v kontse XVIII—XIX vv* (Ufa, 1999), pp. 29—30, 46—48.

② Sofronov and Savkina, "Deiatel'nost' protivomusul'manskoi missii."

村,政府任命了突厥斯坦总督区唯一的传教牧师。被卡尔梅克人称为"俄罗斯喇嘛"的第二位萨尔坎传教士瓦西里·波克罗夫斯基神父(Father Vasilii Pokrovskii),为启蒙和改善移民的生活而努力,也使九名哈萨克人皈依基督教。①

受洗的卡尔梅克移民也住在七河省首府维尔内(Vernyi,今阿拉木图)附近。在省督军格拉西姆·科尔帕科夫斯基(Gerasim Kolpakovskii)(他本人也是虔诚的基督徒)的倡议下,1869 年成立了七河省东正教兄弟会,目的是援助卡尔梅克人,扩大传教活动。然而,不专门从事传教活动的教士无法与卡尔梅克人保持经常联系,卡尔梅克人继续过游牧生活而且不太懂俄语,尽管名义上他们是七河哥萨克军屯的一部分;同时新皈依者对基督教的了解仍然很肤浅。② 即使在多民族的中国移民、俄罗斯定居者和哥萨克混居的萨尔坎,通用语据说也是哈萨克语,因此很难说受过洗礼的移民是"俄罗斯化的"。1870 年代后半期,七河东正教兄弟会仅停留在纸面上。③ 大约在 1885 年,之前的移民大多返回中国。有些返回者解释说,他们欠下了俄国农民的债并受其奴役,俄国哥萨克对他们怀有敌意。④ 因此,皈依东正教并不能保证他们的福利。

---

① N. P. Ostroumov,"Kitaiskie emigranty v Semirechenskoi oblasti Turkestanskogo kraia i rasprostranenie sredi nikh pravoslavnogo khristianstva," *Pravoslavnyi sobesednik*, March 1879,pp. 270—217; July 1879,pp. 224—230,245—259; August 1879,pp. 364—365; V. Koroleva,"Zhizneopisanie Arkhiepiskopa Sofonii (Sokol'skogo)," *Prostor* 12 (2003) [http://prostor. samal. kz/texts/num1203/kor1203. htm (2005 年 5 月 29 日访问)].

② TsGA RK,f. 234,op. 1,d. 1,ll. 18—19,69—69ob. ,83ob. ,85; d. 5,ll. 1—12. 七河省东正教兄弟会章程见于 Ostroumov,"Kitaiskie emigranty," August 1879, pp. 369—375。

③ Ostroumov,"Kitaiskie emigranty," August 1879,pp. 361—362,378.

④ V. G. Datsyshen,*Ocherki istorii Rossiisko-Kitaiskoi granitsy vo vtoroi polovine XIX -nachale XX vekov* (Kyzyl,2001),pp. 49—50,156—160.

伊尔明斯基、考夫曼、科尔帕科夫斯基

在这一积极传教的时代,著名的教育家、传教士尼古拉·伊尔明斯基(Nikolai Il'minskii)试图在中亚地区引进东正教教育。虽然经常被误解,伊尔明斯基通常从事的不是使穆斯林改宗,而是防止已受洗的非俄罗斯人叛教,以及减少鞑靼穆斯林对其他族群的影响。因此,这一对中亚穆斯林(主要是哈萨克人)进行东正教教育的建议,在他的生涯中是一个例外现象。上述卡尔梅克人的皈依和阿尔泰山切尔尼阿努伊(Chernyi Anui)约100户哈萨克皈依者的存在,使他倍受鼓舞。这些哈萨克家庭从大草原迁移过来,皈依了东正教。1869年,他向突厥斯坦总督区总督康斯坦丁·冯·考夫曼(Konstantin von Kaufman)提议建立基督教异族(inorodcheskie)学校,借此在哈萨克人中传播东正教教育,并推荐他自己在喀山神学院(Kazan Ecclesiastical Academy)的弟子担任整个总督区的教育事务主管。①

考夫曼主张不分宗教进行教育,以便"使东正教徒和穆斯林变成对俄罗斯同样有益的公民",他直截了当地拒绝了伊尔明斯基的提议。② 众所周知,考夫曼认为,中亚的伊斯兰教得到诸位汗和埃米尔的国家权力的支持,如果当局既不支持也不挑衅,它就会衰败。因此,他对伊斯兰教采取了不干预的态度,避免宣传正统教义,以免激怒虔诚的(那个年代的措辞是"狂热的")穆斯林。③ 对他来说,伊尔明斯基的建议显然过于强调教育中的基督教因素。

---

① P. V. Znamenskii, *Uchastie N. I. Il'minskogo v dele inorodcheskogo obrazovaniia v Turkestanskom krae* (Kazan, 1900), pp. 13—20.

② Znamenskii, *Uchastie N. I. Il'minskogo*, pp. 20—21.

③ Adeeb Khalid, *The Politics of Muslim Cultural Reform: Jadidism in Central Asia* (Berkeley: University of California Press, 1998), pp. 53—56; Daniel R. Brower, "Islam and Ethnicity: Russian Colonial Policy in Turkestan," in Daniel R. Brower and Edward J. Lazzerini, eds., *Russia's Orient: Imperial Borderlands and Peoples, 1700—1917* (Bloomington: Indiana University Press, 1997), pp. 115—135.

然而,考夫曼似乎并不总是反对在哈萨克人中进行传教活动,哈萨克人被认为不像中亚的定居居民那样宗教热情高涨。1870年,他写信给锡尔河省督军,告知圣主教公会支持上述草原委员会的改宗政策建议,"以寻求信息和指导"。① 科尔帕科夫斯基的倡议有助于使七河省的卡尔梅克人和哈萨克人改宗。且科尔帕科夫斯基受考夫曼管辖,没有迹象表明考夫曼试图阻止他的倡议。塔什干-突厥斯坦主教区(eparkhia)的大教堂于1871年在维尔内开放,因为考夫曼不允许在塔什干设立。② 这一决定似乎也表明,他在哈萨克人和吉尔吉斯人占多数的七河省采取的宗教政策与其他定居人口众多的省的宗教政策不一样。

1881年,塔什干-突厥斯坦主教提议在伊塞克湖(Issyk-Kul)岸边建立传教修道院。这一计划在当时代理突厥斯坦总督区总督的科尔帕科夫斯基的积极支持下得以实现。③ 科尔帕科夫斯基于1882年成为草原总督区(管辖阿克莫林斯克、塞米巴拉金斯克和七河省)的第一任总督,并继续倡导哈萨克人皈依基督教。他在给沙皇的报告中写道,鞑靼人和布哈拉人正在哈萨克人中传播伊斯兰教,哈萨克人过去对宗教漠不关心,现在却对宗教感兴趣,因为旧的部落主义道德基础已经动摇,新的还没有产生。他认为,东正教也可以利用哈萨克人对宗教的兴趣,公开宣传东正教。他设想,由受洗的贫穷哈萨克人组成村庄,这些村庄将在教会的帮助下变得富有,并随后吸引更多的人。在更大的范围内,他想通过实现"精神上的亲和"(即基督教化)来同化帝国的亚洲领土。④

---

① TsGA RUz (Central State Archive of the Republic of Uzbekistan,乌兹别克斯坦共和国中央国立档案馆),f.17,op.1,d.2934,ll.13—13ob.

② 教区的神父要求将主教堂(cathedral)搬迁到塔什干,这个要求在1916年后期实现了。"Kratkii ocherk po istorii Tashkentskoi i Sredneaziatskoi eparkhii"(http://www.pravoslavie.uz/histor01.htm).

③ RGIA,f.796,op.162,d.1103,ll.5—30ob.

④ "Vsepoddanneishii otchet Stepnogo General-Gubernatora za 1887 i 1888 gody," pp.43—45 (RGVIA,f.400,op.1,d.1292,ll.23—24).

需要说明的是,科尔帕科夫斯基并不认为他是在用自己的改宗政策压迫哈萨克人。他充当了他们的家长式保护者,限制来自帝国其他地区的农民在其辖境定居,似乎认为改宗与他"保护"哈萨克人不受鞑靼穆斯林文化影响的政策并不矛盾。① 然而,在他推动出版的报纸《草原总督区报》(Dala Walayatining Gazeti)中没有关于改宗的文章,他可能理解这一问题的微妙性质。

改宗政策失去支持者

并非科尔帕科夫斯基的所有部下都有像他那样的热情,他不得不在 1885 年禁止县(uezd)官员阻碍传教工作。② 显然,许多官员认为在草原地区的传教活动是困难的,甚至是危险的。在他于 1889 年从草原总督区总督职位离任之前,改宗的实际措施很少。

草原总督区的第二任总督马克西姆·陶别(Maksim Taube)在传播基督教方面要谨慎得多。1889 年,托博尔斯克-西伯利亚主教阿夫拉米(Avramii)访问阿克莫林斯克省,并与哈萨克人交谈,因为他认为哈萨克人对基督教感兴趣。然后,他提议在休钦斯克(Shchuchinskaia,靠近科克舍套)开设一个传教站。然而,阿夫拉米的访问使当地的哈萨克人感到不安,据报有些人计划派遣一个代表团去见沙皇,要求任命一名穆夫提(Mufti),保护信奉伊斯兰教的哈萨克人不被强迫改信基督教。③ 陶别写信给阿夫拉米

---

① 《草原总督区报》展现了草原总督区的家长式管理,参见 Uyama Tomohiko, "A Strategic Alliance between Kazakh Intellectuals and Russian Administrators: Imagined Communities in Dala Walayatining Gazeti (1888—1902)," in Hayashi Tadayuki, ed. , *The Construction and Deconstruction of National Histories in Slavic Eurasia* (Sapporo: Slavic Research Center, 2003), pp. 237—259. (http://src-h. slav. hokudai. ac. jp/sympo/02summer/2002summer-contents. html)。

② TsGA RK, f. 64, op. 1, d. 5300, ll. 1—4.

③ TsGA RK, f. 64, op. 1, d. 464, ll. 4—6ob. 十月革命前,哈萨克人反复提出这样一个问题:要么将他们纳入奥伦堡穆斯林宗教会议辖区,要么建立独立的宗教会议。可参见 D. Iu. Arapov, ed. , *Islam v Rossiiskoi imperii* (*zakonodatel'nye akty, opisaniia, statistika*) (Moscow: 2001), pp. 302—306, 312。

说，虽然他支持开设传教站的想法（他显然使用了外交语言），但传教活动需要最大限度的慎重，以避免诸如阿夫拉米访问之类活动所造成的负面影响。他认为，传教士必须精通哈萨克语，懂得波斯语和阿拉伯语，深入学习《古兰经》和其他伊斯兰教典籍，具有基本的医学知识，像哈萨克人那样生活，并像毛拉一样，以郎中或商贩的身份在各处游荡。① 虽然有些传教士确实学习过伊斯兰教（特别是在喀山神学院）和哈萨克语（其中一些是受洗的鞑靼人，他们的语言接近哈萨克语），但显然，几乎没有一个传教士能够满足所有这些条件。

阿夫拉米没有等到官方许可建立传教站，就命令在休钦斯克的教士兼任传教士。牧师要求县长向乡长和阿吾勒长解释他的活动对哈萨克人没有危险，并给予他免费乘坐公共马车的权利。但县长拒绝了，理由是此前阿夫拉米的访问引起了骚动。省长还写道，当局无法协助教士，因为没有正式承认的传教站。②

由于哈萨克草原的不同地区分属不同的主教区：托博尔斯克、托木斯克、塔什干-突厥斯坦、奥伦堡和阿斯特拉罕，传教活动也因此变得复杂。科尔帕科夫斯基主张在托博尔斯克主教区下设立鄂木斯克分教区，以振兴对哈萨克人的传教活动。③ 1895年，正式的鄂木斯克主教区成立，托木斯克主教区的"吉尔吉斯"传教团（1882年从阿尔泰传教团分离出来）以及托木斯克和托博尔斯克主教区管理的九个传教站也移交给该主教区。④ 然而，地方官员似乎没有给予它太多支持。陶别在给沙皇的报告中，写到

---

① TsGA RK, f. 64, op. 1, d. 436, ll. 27—32.
② TsGA RK, f. 369, op. 1, d. 2192, ll. 2—6ob.
③ "Vsepoddanneishii otchet Stepnogo General-Gubernatora za 1883 god," pp. 36—38 (TsGA RK, f. 64, op. 1, d. 125, ll. 18ob. —19ob.).
④ Geraci, "Going Abroad or Going to Russia?" pp. 285—286; D. V. Katsiuba, *Altaiskaia dukhovnaia missiia: voprosy istorii, prosveshcheniia, kul'tury i blagotvoritel'nosti* (Kemerovo, 1998), p. 34.

鄂木斯克教区的开设，却没有提到它的传教任务。①

让我们在这里看看19世纪末传教活动的结果。虽然没有涵盖中亚所有皈依者的精确统计，但1897年的人口普查给出了大致答案。该表显示了回答自己的母语是中亚语言之一并属于相应族群的东正教徒人数。除了托木斯克州（阿尔泰）的哈萨克基督徒外，人数并不多。有趣的是，在定居的人（"萨尔特人"、乌兹别克人、塔吉克人）中有一些基督教徒改宗，他们本应被突厥斯坦总督区总督所禁止，但他们改宗的具体情况并不清楚。

表1　1897年人口普查中回答母语为中亚语言的东正教教徒人数

省份	哈萨克	吉尔吉斯	土库曼	"萨尔特"	"乌兹别克"	其他	合计
乌拉尔斯克省	65	—	—	—	—	—	65
图尔盖省	44	—	—	—	—	—	44
阿克莫林斯克省	161	—	—	—	—	—	161
塞米巴拉金斯克省	286	—	—	—	0	—	286
七河省	105	—	—	3	—	"塔兰奇"3	111
锡尔河省	31	—	—	8	2	"突厥语族的"13 卡拉卡尔帕克1	55
费尔干纳省	—	3	—	104	3	"突厥-鞑靼"3 塔吉克2	115
撒马尔罕省	1	—	—	12	20	塔吉克6	39
外里海省	6	—	34	0	0	—	40
中亚各省合计	699	3	34	127	25	28	916
阿斯特拉罕州	17	—	4	—	—	—	21
奥伦堡州	80	—	—	—	—	—	80
托博尔斯克州	37	—	—	—	—	—	37
托木斯克州	1069	3	3	0	1	—	1076
周边各州合计	1203	3	7	—	1	—	1214
总计	1902	6	41	127	26	28	2130

---

① "Vsepoddanneishii otchet Stepnogo General-Gubernatora za 1885 god"（Ts-GA RK, f. 64, op. 1, d. 125, l. 274）.

参见 N. A. Troinitskii 编辑的《俄罗斯帝国首次人口普查》(*Pervaia vseobshchaia perepis' naseleiia Rossiiskoi imperii*), 1897 年, 第 2 卷、28 卷、78 卷、79 卷、81—89 卷 (圣彼得堡, 1904—1905 年)。在上表中, 有可能不包括某些与特定省或州的少数人共用母语的人。这是由于原始材料有时将它们归为"土耳其-鞑靼语"(*turetsko-tatarskie*)这一大类所造成的。此外, 引号中的语言名称或者今天没有使用, 或者以不同的方式使用。分类中的"萨尔特语"和"乌兹别克语"(以及"突厥语[tiurkskii]"和"突厥-鞑靼语[tiurko-tatarskie]")是今天的乌兹别克语。"塔兰奇"是今维吾尔语的一部分。在许多卷中, 哈萨克语被称为"吉尔吉斯语"(关于阿克莫林斯克省、塞米巴拉金斯克省、七河省和撒马尔罕省各卷中称为"吉尔吉斯-凯萨克语[*kirgiz-kaisatskii*]", 关于托木斯克省卷中称为"吉尔吉斯-凯萨克语[*kirgizsko-kai-satskii*]"), 吉尔吉斯语被称为"卡拉-吉尔吉斯语", 但关于许多吉尔吉斯人居住的七河省的卷中只提到哈萨克语("吉尔吉斯-凯萨茨基语"); 我认为上表所列 105 个讲"哈萨克"语的东正教徒(其中 17 个在普热瓦利斯克县, 13 个在皮什佩克县)中有一部分实际上是吉尔吉斯人。锡尔河省卷将哈萨克人和吉尔吉斯人合并为"吉尔吉斯-凯萨茨基-卡拉吉尔吉斯", 但该条目中列出的大多数人可能是哈萨克人。

改宗政策的终结

从草原委员会的提议中我们可以看出, 哈萨克草原基督教化政策的主要动机之一是提防鞑靼穆斯林和奥伦堡穆斯林宗教会议的活动。从那时起, 这种提防心态一直没有减弱。1877 年, 内务部长(Interior Minister)经沙皇批准, 禁止在草原诸省的官方文件中使用鞑靼语, 并下令用哈萨克人替换各乡鞑靼书记员, 尽管这一命令由误解而起: 实际上乡的书记员大部分是俄罗斯人。[①] 1899 年, 在突厥斯坦总督区总督谢尔盖·杜霍夫斯科伊(Sergei Dukhovskoi)的报告《突厥斯坦总督区的伊斯兰教》的刺激下, 陆军部长要求草原总督区总督尽量消除奥伦堡穆斯林宗教会议对草原诸省的影响。一些官员讨论了将草原诸省鞑靼

---

① TsGA RK f. 369, op. 1, d. 2040a.

人排除出奥伦堡穆斯林宗教会议辖区的可能性。① 看来,穆夫提(宗教会议主管官员)不仅在鞑靼人中,而且在哈萨克人中确实都具有相当大的权威。据彼得罗巴甫洛夫斯克县长说,当穆夫提1900年访问那里时,许多来自草原偏远地区的有影响力的哈萨克人来看望他。②

然而,没有迹象表明草原诸省的官员们想过再用东正教传教士对抗伊斯兰教和鞑靼人。在突厥斯坦总督区,当塔什干-突厥斯坦主教在1900年说传教活动的时机已经成熟时,杜霍夫斯科伊严厉谴责了这位主教。他以中国的义和团运动为证据,说明传教活动可能会激起激烈反应,并判断,如果传教士对被基督徒环绕的伏尔加鞑靼人都无能为力,那么他们在作为伊斯兰世界中心之一的突厥斯坦总督区辖境就不会有机会。他写道,有必要让当地穆斯林相信,沙皇以家长式的关怀对待所有臣民,无论其信仰何种宗教。但是,他认为在七河省的东正教传教活动是被允许的。③

到19世纪最后几年,哈萨克人的基督教化步伐与组织传教团之前的时期相比并没有大幅加快:鄂木斯克教区的"吉尔吉斯"传教团每年为大约五六十名哈萨克人施洗,④尽管这一数字可能被夸大了。此外,为数不多的哈萨克皈依者大多是哈萨克贫民(*jataq*,指没有家畜的穷人,构成哈萨克社会的边缘部分)。显然,他们接受新信仰是希望得到经济上的特权。此外,还发生了与亲属和邻居关系不好的人(包括罪犯)逃往城镇改信基督教的情况。⑤

沙皇的宗教宽容宣言(1905年4月17日)对传教士造成了近

---

① TsGA RK f. 369, op. 1, d. 3696, ll. 1—108ob.
② Ibid., l. 73ob.
③ RGVIA, f. 400, op. 1, d. 2689, ll. 1—5.
④ Geraci, "Going Abroad or Going to Russia?", p. 291.
⑤ TsGA RUz, f. 17, op. 1, d. 3026, ll. 1, 4.

乎致命的打击:它有条件地批准从东正教到其他信仰的皈依。不仅受过洗礼的哈萨克人,而且在草原上的鞑靼人、楚瓦什人,甚至一些俄罗斯人也请愿要求允许他们皈依伊斯兰教,尽管不是所有人都得到了允许。① 据塞米巴拉金斯克1911年给圣彼得堡一家穆斯林报纸的信件称,那里几乎所有受过洗礼的哈萨克人都回归了伊斯兰教,1905年以后没有哈萨克人新皈依基督教。②

东正教会仍然试图扩大传教活动,并于1912年在研究人员无法知道的情况下在塔什干建立了一个反穆斯林传教团,但收效甚微。③ 在1910年喀山传教大会上,一些传教士讨论了如何独立于行政当局重振他们在草原地区的活动,但他们没有找到答案。他们不仅面临着政策变化方面的障碍,而且还面临着普通俄罗斯人态度方面的障碍。一位传教士把受洗的哈萨克人弃教归因于他们遇到的来自俄罗斯人邻居的敌意。④

科尔帕科夫斯基任内修建的伊塞克湖修道院几乎无法在吉尔吉斯人中传教。⑤ 在1916年大起义期间,吉尔吉斯起义者袭击了伊塞克湖修道院,杀害了7名修道士。⑥ 当吉尔吉斯和东干起义军接近普热瓦利斯克市时,市教堂敲响了警钟,市民们(俄罗斯族)手持武器冲进教堂广场,向上帝祈祷。⑦ 这一幕具有高度的象

---

① TsGA RK,f.369,op.1,d.3885.当时帝国内部脱离东正教的情况很常见。据圣主教公会收集的信息反映,1905年4月17日至1907年12月,在伏尔加-乌拉尔和西西伯利亚,共有36229人脱离东正教改信伊斯兰教。在帝国的西部,改信天主教的人更多。参见 M. A. Volkhonskii,"Natsional'nyi vopros vo vnutrennei politike pravitel'stva v gody Pervoi russkoi revoliutsii," *Otechestvennaia istoriia* 5 (2005),p.52。

② *V mire musul'manstva* 16 (August 5,1911).

③ Peyrouse,"Les missions orthodoxes," p.134.

④ Frank T. McCarthy,"The Kazan' Missionary Congress," *Cahiers du Monde russe et soviétique* 14,no.3 (1973),pp.321—322,327—329.

⑤ "Zhitie prepodobnomuchenikov Serafima i Feognosta"(http://www.orthodox.kz/article.php?razd=27&publid=45).

⑥ "Zhitie prepodobnomuchenikov Serafima i Feognosta."

⑦ RGIA,f.1276,op.11,d.89,l.287ob.

征意义,象征着东正教毕竟属于俄罗斯人,而非中亚本地民众。

为了在不熟悉的地方开展活动,也因为与国家政策关系密切,传教士需要得到当局的协助和许可。然而,当局往往经过很长时间的拖延才给予许可,或者根本不给予许可。东正教本身有等级和官僚结构,不能灵活地工作。相比之下,穆斯林毛拉进入大草原充当小贩和郎中,没有官僚程序,很容易使自己适应当地社会。正如草原委员会和陶别将军的文件所表明的那样,官员们意识到毛拉行事风格的优点,但东正教传教士要模仿他们并不容易。在 1910 年喀山传教大会上的传教士们承认,鞑靼毛拉在饮食、语言和穿着上融入哈萨克人,而东正教的司祭没有做这些事情。当时的"吉尔吉斯"传教团的司祭,没有一位懂哈萨克语。①

官员和司祭们讨论的特点之一是,他们总是把游牧民族(哈萨克人和吉尔吉斯人)与定居民族区分开来,把草原诸省(包括七河)与突厥斯坦总督区分开来。然而,认为哈萨克人不懂伊斯兰教,可以相对容易地接受洗礼的期望被证明是错误的。传教士的到来有时会使哈萨克人感到不安,就像阿夫拉米看望哈萨克时的情况一样,而且也有许多父母因为担心孩子会接受洗礼而拒绝把他们送到俄罗斯学校的情况。基督教化政策的倡导者认为中亚游牧民族不像他们的定居邻居那么熟悉伊斯兰教义是对的,但他们未能区分教义和认同。从他们对基督教传教士和穆斯林穆夫提的态度来看,许多哈萨克人和吉尔吉斯人具有明确的穆斯林认同。正如著名知识分子米·杜拉托夫(Mīrjaqīp Dulatov)所写的那样,哈萨克人普遍认为,阿布勒海尔汗(khan Äbilkhayīr)在 1731 年向俄国宣誓效忠时,安娜女皇曾承诺不侵犯哈萨克人的宗教和土地。②

---

① McCarthy, "The Kazan' Missionary Congress," pp. 321, 327.
② Mir-Ya'qub Dulatof, *Oyan, qazaq!* (Ufa, 1910), p. 9.

此外,少数受洗礼的哈萨克人中有许多要么是镇上的穷人,要么是那些与亲属关系不好的人,这一事实表明,只要哈萨克人在自己的社群中担任常规职务,他们就很难放弃伊斯兰教信仰。科尔帕科夫斯基建立贫困哈萨克人村庄,使他们成为扩大基督教社区的核心的想法是不切实际的,受过洗礼的哈萨克人始终处于边缘地位。

在政治背景下,在草原地区推行基督教化政策的官员,除了出于个人的虔诚外,更多的是为了防止伊斯兰教和鞑靼穆斯林文化对哈萨克人的影响进一步扩大,把哈萨克人拉到俄罗斯人一边。然而,一些官员担心传教活动会引起哈萨克人的不安,随着时间的推移,基督教化政策的支持者逐渐减少。换言之,将中亚人同化于俄罗斯帝国当然是官员们的一个理想目标,但它的优先性太低,以至于当这样做的尝试面临困难或危险时,它很容易被放弃。

二、中亚地区征兵与民兵组建问题探讨

在俄罗斯军队中服役的中亚人

最初,在俄罗斯东部有相当数量的非俄罗斯人服兵役,大多数是在如哥萨克部队这样的非正规军队中服役。众所周知,巴什基尔人参加了抗击拿破仑的战斗,并前往法国。少数哈萨克人也参加了这些战斗,至少直到 1870 年代,哈萨克汗族的后裔成为俄罗斯帝国军官和将领的情况相当普遍。[①] 中亚人还作为

[①] *Istoricheskii opyt zashchity Otechestva*:*Voennaia istoriia Kazakhstana*(Almaty,1999),pp. 83—97. 哈萨克官员和将领的例子包括:著名学者瓦里汉诺夫(Shoqan Wālikhanov)上尉;骑兵将军杨吉罗夫(Ghŭbaydulla Jänggirov,布凯汗国最后一位可汗之子);阿斯芬迪亚罗夫(Seyïtjapar Asfendiarov)少将,突厥斯坦总督区总督的一位译员,主要从事外交工作。

吉格特(*jigit*,担任侦察和信使的骑手)陪同俄军征服中亚地区，有的甚至参加了诸如1876年镇压浩罕起义和1880—1881年阿哈尔-帖克(土库曼人)远征等艰苦战役,并受到俄罗斯官员的高度赞扬。①

然而,总的来说,随着俄罗斯军队的现代化,非俄罗斯人非正规形式的兵役逐渐减少。巴什基尔非正规军和布里亚特哥萨克团分别于1865年和1871年被解散。巴什基尔人与鞑靼人一道被纳入帝国兵役体系,②而布里亚特人和卡尔梅克人,除那些继续在哥萨克部队中服役的人以外,作为"异族"(*inorodtsy*)被免除服兵役。先前非正规军队是使一些族群为帝国提供服务的一种便利的方式,因为这些族群无法像大多数俄罗斯人那样纳税,但实行或免除全民兵役制表明了这些群体融入帝国的实际或预期程度。当俄国征服突厥斯坦总督区地区并改革哈萨克草原的行政管理时,中亚人——首先是哈萨克人——是否应该被征召入伍的问题就出现了。

从1860年代到1880年代:草原委员会与中俄关系

1865年,草原委员会被指派"研究我们是应该支持这一群体(哈萨克人)的尚武精神,还是设法努力使他们习惯于和平生活,使他们远离武器;制定有关组建吉尔吉斯人(哈萨克人)民兵的规定,以开展内部警务工作和对外的军事勤务工作。"③然而,经过两年多的调查,委员会得出结论:"兵役条件与牧民习惯于无限自由

---

① RGVIA,f.1396,op.2,d.756,ll.30—31ob.；TsGA RUz,f.1,op.1,d.1931,ll.2—4.有位反对俄罗斯军队的土库曼斯坦领导人名叫马赫特穆古勒可汗(Magtimguli Khan),后来也成了俄罗斯的一名上校。TsGA RUz,f.1,op.2,d.1215,ll.1—2ob.

② 征兵被称为"征募义务"(*rekrutskaia povinnost'*),1874年之前通过各个社群落实这一制度；之后被称为"军事义务"(*voinskaia povinnost'*),适用于帝国的每个臣民,尽管有多种类型的人群免于兵役。

③ RGVIA,f.1450,op.2,d.12,l.8ob.

的生活方式大相径庭。因此,吉尔吉斯人害怕征兵,以及……仅仅是关于人口普查的谣言,他们就认为这是征兵的预兆,会使他们陷入混乱。"草原委员会还指出,他们将带着怀疑的眼光看待组建民兵的政策,认为这是实施征兵的过渡措施。①

突厥斯坦总督区的首任总督考夫曼认为,当地人普遍缺乏足够的可靠性(blagonadezhnost')来完成捍卫俄罗斯利益的任务。但同时,他认为哈萨克人和吉尔吉斯人比塔吉克人和"萨尔特人"更适合服兵役,他们可以组成精良的轻骑兵团。然而,在哈萨克小玉兹(Junior Juz)起义(1868—1870)之后,他发现这个想法在当下并不合适。②

1874年,当全民兵役法出台时,陆军部提议派遣异族居住地的军区司令调查他们服兵役的可能性。1879—1880年间,中亚所有的军区司令(由各总督区总督兼任)都作出了否定的答复。考夫曼现在完全持反对态度。据他说,战役的经验表明,穆斯林民团和非正规骑兵的作战能力和可靠度很低。他认为,民兵容易进行掠夺,适合于俄罗斯西部边界可能发生的歼灭性战争;但在中亚,俄罗斯军队与帝国的未来臣民或将来的受保护国作战,其战术应该是而且实际上也是"人道的"。③ 他警告说,服兵役可能教会人民实施可能的暴动,他还认为,"我们现在主要关心的应该是使该地区的原住居民成为和平的农民、手工业者和商人……但无

---

① RGVIA, f. 400, op. 1, d. 120, ll. 62ob.—63.
② 引自1895年费尔干纳省军区总部的会议记录(见下文)。RGVIA, f. 1396, op. 2, d. 756, l. 7ob.
③ 并非所有的俄罗斯将军都持有这种"人道主义"观点。斯克别列夫(Mikhail Skobelev)将军(曾在费尔干纳谷地和阿哈尔-帖克绿洲实施残暴行为)称,"在亚洲,和平的持续时间与你对敌人实施的屠杀的规模成正比。你打他们打得越狠,他们之后听话的时间越长"。Charles Marvin, *The Russian Advance towards India: Conversations with Skobeleff, Ignatieff, and Other Distinguished Russian Generals and Statesmen, on the Central Asian Question* (London, 1882), pp. 98—99.

论如何都不是战士",他补充说,人们不应该忘记,通过征服突厥斯坦总督区,"我们闯入了穆斯林世界的心脏地带,穆斯林世界仍然把我们视为陌生人和征服者,因为我们的文明侵扰了其具有千年历史的秩序。"①

1883年,当《圣彼得堡条约》签订不久,中俄关系仍处于紧张状态时,七河省的省督军阿列克谢·弗里德(Aleksei Friede)提议由该州所有族群(俄罗斯人、东干人、"塔兰奇"人、哈萨克人和吉尔吉斯人)组成一支非正规骑兵队。虽然他认为有必要限制骑兵队中哈萨克人和吉尔吉斯人的数量,因为他们在一般人口中所占比例很高,但他认为他们与突厥斯坦总督区的定居人口不同,"缺乏狂热"(作为证明,他提到他们皈依基督教的情况"相当频繁"),而且"从来不是好战的民族",因此他提出这项措施是安全的。在他看来,这将"以最有力的方式影响他们的俄罗斯化(obrusenie)"。②

草原总督区总督科尔帕科夫斯基原则上同意了这一建议,他说,虽然俄罗斯早先没有征募哈萨克人和吉尔吉斯人,因为担心会引起由中亚汗国支持的混乱,但现在这些汗国已经被征服,这种恐惧失去了基础。但是,他似乎认为,这个问题涉及他管辖下的所有省份,并请阿克莫林斯克省和塞米巴拉金斯克省的官员发表意见。③ 意见有分歧,但一般都是否定意见。阿克莫林斯克省下辖的三个县长在1884年写道:

"……吉尔吉斯人(哈萨克人)生活在封闭的部落圈里,几乎不受外界影响,对国家的总体利益几乎没有同情心。草原地区利益与整个帝国利益的不一致,同时,吉尔吉斯人的游牧生活方式、该地区的经济状况以及现今吉尔吉斯人的低公民性(grazhdanstvennost',

---

① TsGA RK,f.369,op.1,d.5838,ll.1—31; f.25,op.1,d.2280,ll.1—29ob.

② TsGA RK,f.369,op.1,d.5845,ll.2—21ob.

③ "Vsepoddanneishii otchet Stepnogo General-Gubernatora za 1883 god," p.52 (TsGA RK,f.64,op.1,d.125,l.26ob.); TsGA RK,f.369,op.1,d.5845,l.1.

在开化水平的意义上)①,加大了这种不一致……俄罗斯人对大草原的持续殖民以及以帐户税(*kibitka*)和地方税形式增加的税收,都只会激起……吉尔吉斯族对这些措施(即征兵)的怀疑。"

"……(即使)那些受过一定俄语教育的吉尔吉斯人,进入军队当军官,也远远不能胜任任务……游牧的生活和极低的理解力不可能使他们成为纪律严明的战士……他们的智识发展水平低,不允许他们有责任、义务和诚实的思想。"

"……对吉尔吉斯人的征兵……只有当吉尔吉斯人从游牧生活过渡到定居生活,并相应地在一定程度上巩固了他们的经济状况时;当俄罗斯文化和俄罗斯公民性渗透到吉尔吉斯人的定居生活中并实现了吉尔吉斯人与俄罗斯人的融合(*sliianie*)时,才是有利的。"

他们还指出,哈萨克人并没有忘记他们曾生活得更自由、邻国送给他们礼物以寻求他们青睐的日子,而且,尽管草原地区因沙俄的征服而被俄罗斯领土包围,但这个围绕草原地区的包围圈远非坚固。② 在这些话中,我们既可以看到他们对哈萨克游牧民族的蔑视,也可以看到他们意识到俄罗斯统治的软弱无力,没有给哈萨克人带来福利。

最终,科尔帕科夫斯基在 1885 年承认征召这三个省的"异族"的时机还不成熟。③ 这时,随着中俄关系的缓和,在七河省组建非正规骑兵的必要性客观上已经减少了。

从 1890 年代到 1900 年代:与英国和阿富汗开战的可能性

在突厥斯坦总督区,俄罗斯和阿富汗之间的紧张关系激发了

---

① 虽然 *grazhdanstvennost'* 这个词有多种意思,但它最常用的意思(至少在俄罗斯官员关于中亚的文章或讲话中)是某一族群的文化或文明水平。此外还有 *russkaia grazhdanstvennost'* 这个词组,意思是俄罗斯对非俄罗斯人民的文化或政治影响。参见 L. Kostenko,*Sredniaia Aziia i vodvorenie v nei russkoi grazhdanstvennosti* (St. Petersburg,1870),pp. 42,104。

② TsGA RK,f. 369,op. 1,d. 5845,ll. 23—42。

③ TsGA RK,f. 369,op. 1,d. 2089,ll. 26—32ob。

组建骑兵队的计划。1895年,陆军部部长彼得·万诺夫斯基(Petr Vannovskii)对组建原住民团从事侦察工作,以部分取代哥萨克的想法表示兴趣,突厥斯坦军区总部向各省军区司令(由省督军兼任)征求意见。① 撒马尔罕省代理省军区司令约诺夫支持这一想法,他认为俄罗斯情报官员无法适当地开展工作,因为穆斯林,甚至俄罗斯臣民都会向他们隐瞒信息,而忠于俄罗斯的当地骑兵的中间作用是必不可少的。他认为,虽然俄国征服后20年的和平削弱了"萨尔特人"的作战能力,但每天与严酷的大自然战斗的游牧人可以像以前一样,充当优秀的吉格特(*jigits*)。②

同时,费尔干纳省军区司令部成立的一个委员会认为,穆斯林民团在与他们的教胞作战时将是有害的;但土库曼民团(见下文)除外,他们将战争视为职业,能与任何群体作战。它指出,哈萨克人和吉尔吉斯人在肯尼萨尔(Kenesarï,1837—1847年间领导哈萨克人起义)、萨迪克(Sadïq,肯尼萨尔之子)、阿卜杜·拉赫曼·阿夫塔巴奇(Abd al-Rahman Aftabachi,俄罗斯资料中称为Avtobachi;1876年浩罕汗国起义的钦察人首领)和其他人的领导下,多次发动对俄罗斯的起义。委员会强调,他们与中国的血亲(kinsmen)保持着关系,而绵延至中国长城的草原上的所有游牧人口构成了"一个单一的蒙古部落(Mongolian tribe),曾经是成吉思汗和帖木儿的庞大军队的核心",委员会反问:"我们是否应该唤醒沉睡的好战部落参与新的战事?我们是否应再现可怕的蒙古征服时代?"然而,省军区司令鲍瓦罗-什维科夫斯基(Aleksandr Povalo-Shveikovskii)写道,对唤醒游牧民族好战情绪的恐惧被大大夸大了。③

---

① RGVIA, f. 1396, op. 2, d. 756, ll. 1—2ob.
② Ibid., ll. 30—32.
③ Ibid., ll. 6—19.

1896年,突厥斯坦总督区总督弗列夫斯基(Aleksandr Vrevskii)得出结论,认为原住民民团并不是必需的。① 然而,在该军区总部内部似乎仍有一种支持加强骑兵的强烈意见。1898年,杜霍夫斯科伊(Dukhovskoi)接替弗列夫斯基担任总督。军区总部的一些军官仿佛对此期待已久,撰写一份详细的报告,支持在原住民中实行征兵制或组建原住居民骑兵。② 报告的要点如下:

一、目前在该总督区的俄罗斯骑兵规模比阿富汗和印度的骑兵规模要小得多。加强骑兵这一"神之震雷",将使俄国人有夺取主动权的可能性,而俄罗斯入侵阿富汗将扰乱整个印度。乌古斯汗、伽色尼的马茂德、成吉思汗和帖木儿都曾随当地骑兵经过这一地区,这里多山的地形也不会阻碍骑兵的行动。

二、中亚游牧民族仍然是勇猛的骑手("好战的本能,千百年来根深蒂固,不可能迅速地消失")。与此同时,没有理由担心哈萨克人和吉尔吉斯人发生暴乱,因为由于国家边界的划定,他们以前在广阔空间上的团结已经丧失,而俄罗斯在草原上巩固了秩序。虽然其中有一些匪徒,但打击匪徒的一个有用办法是将麻烦分子拉入兵役,避免他们从事犯罪活动。最重要的是,军队是对人民进行国家公共秩序观念教育的最好学校。

恰恰就在这个时候,1898年5月,安集延发生了一场大起义。然而,在报告的第二版和以后的版本中,军官们继续强调军事教育的重要性,声称"安集延事件……表明我们太少注意教育我们的亚洲异族认识到国家的统一和秩序。"

报告的第一版主张实行全民兵役制,理由是民兵花费较高,

---

① RGVIA,f.1396,op.2,d.756,ll.23—23ob.
② 我发现该报告有四个版本。有些版本没有注明日期,但从内容以及在它们之前和之后发布的文件来判断,这四个版本最可能的写作顺序是:(1)RGVIA,f.1396,op.2,d.756,ll.44—51ob.;(2)同上来源,d.756,ll.60—62ob.(1898年8月);(3)同上来源,d.768,ll.1—8(1898);(4)同上来源,d.756,ll.95—101ob.(1899年1月)。

纪律较差。第二版提出,至少一部分人口应被征召加入正规军,但组建民兵也是可以接受的。第三版和第四版只写了民兵的构成。有人(可能是军区总部长,不应与总督混淆)在报告的空白处反复写评论,并对异族的可信性表示强烈怀疑。这可能就是报告作者不得不放弃在全民征兵的基础上组建骑兵的想法的原因。

组建"吉尔吉斯"骑兵的想法也在报纸上讨论过。有些文章与上述报告一起装订在一个档案中,总部的官员无疑都看过。文章作者之一是曾任鄂木斯克军区总部长的马斯洛夫,他称赞"吉尔吉斯"马匹和骑兵的出色品质,并支持在全民征兵的基础上组建一支"吉尔吉斯"-俄罗斯混编骑兵部队。他写道:"征兵对于高度工业化的人口来说是一个沉重的负担,但对于全年无所事事的游牧民族来说却是完全有用的,还能给予他们职业和发展。尤其重要的是,它向他们灌输了对俄国国家的归属感",而且,"对于好战的游牧民族来说,战场是一个令人向往的、熟悉的环境,战场上的血雨腥风将完全有助于使他们更迅速地成为沙皇和祖国的忠实仆人。"①苏丹瓦里汗(Sultan Vali-Khan)(显然是瓦里哈萨克汗[Kazakh khan, Wäli]的后裔,可能是加齐·瓦里汉诺夫[Gazi Valikhanov]少将)也基本上支持组建哈萨克骑兵队,但表示应避免强迫。②

不知道总督是否阅读了这些讨论中的任何内容。然而,另一个原因使这件事稍微向前推进了一步。早在1894年,费尔干纳省督军鲍瓦罗-什维科夫斯基就提议组建一支骑警队,并在1897年三次重复这一提议。他对费尔干纳的局势感到担忧,那里经常出现强盗,包括武装匪徒,这种情形可能发展成为高加索某些地区存在的令人不安的局势。他写道,被指派履行警察职

---

① *Russkii invalid*,June 7,1898 (RGVIA,f. 1396,op. 2,d. 756,l. 73)。
② *Novoe vremia*,July 29,1898 (RGVIA,f. 1396,op. 2,d. 756,l. 76)。

能的乡村土著政府不仅无力对抗强盗,甚至形成了一道"难以渗透的帷幕",阻碍俄罗斯当局了解穆斯林的生活。因此他期望骑警能打破"帷幕"。时任突厥斯坦总督区总督弗列夫斯基以形式主义的理由拒绝了这个提议。继任总督杜霍夫斯科伊在收到关于此事的报告后写道:"我第一次听到这件事!"并称前任总督的拒绝是"奇怪的!"他向秘书处指示:"这些措施必不可少,而且很紧急。有必要在每个省建立一支像帖克营(即土库曼营,见下文)那样的部队。"①

然而,这一事务交给了军区总部,后者拟订了一项完全不同的计划,即组建一支由俄罗斯人组成的民兵或卫队,并在原住居民起事时向全体俄罗斯族人分发武器。这个想法是为了扩大俄罗斯定居者的武装,此举始于 1892 年时任锡尔河省督军尼古拉·格罗杰科夫(Nikolai Grodekov)的提议。然而,在 1899 年 7 月,军区总部决定暂时停止所有这些事务。②

1903 年形势突然出现了新的转折,当时财政部长提议在总督区引入战争税(全面兵役的替代品)问题。总督尼古拉·伊万诺夫提议将一部分税收用于组建"原住民民兵连队(tuzemnye militsionnye sotni)"。来自原住人口的志愿者应该组织为普通民兵(吉格特),并鼓励他们学习俄语,而士官和军官则是俄罗斯人,必须懂得一种当地语言。组建这些部队的主要动机是需要加强警察力量。区总部重复了鲍瓦罗-什维科夫斯基关于费尔干纳高加索化的恐惧和本土行政形成的"难以渗透的帷幕"的话。同时,

---

① RGVIA, f. 1396, op. 2, d. 756, ll. 84—87ob.
② RGVIA, f. 1396, op. 2, d. 756, ll. 157—166ob., 171—172, 188, 199, 207. 关于俄罗斯定居者的武装情况,参见 P. G. Galuzo, *Vooruzhenie russkikh pereselentsev v Srednei Azii* (Tashkent, 1926); G. S. Sapargaliev, *Karatel'naia politika tsarizma v Kazakhstane* (1905—1917 gg.) (Alma-Ata, 1966), pp. 70—75.

民兵的军事职能也没有被遗漏,预计它将在战时进行侦察和快速攻击。①

沙皇尼古拉二世看了伊万诺夫的报告,支持他的想法。然而,陆军部大本营对此持否定态度,理由是宗教热情、泛伊斯兰主义的威胁以及原住居民缺乏可信度,而塔什干霍乱暴动(1892年)和安集延起义(1898年)都证明了这一论点。它还提到民兵组织在捷列克省(Terek oblast,北高加索)的失败经验。那里的民兵无法减少犯罪,民兵甚至参加了1877—1878年的一次起义,俄军在俄土战争期间被迫派遣若干个师去镇压他们。②

陆军部部长阿列克谢·库罗帕特金(Aleksei Kuropatkin)对总参谋部的报告置之不理,亲自批示,要求在总督区下辖各省建立"吉尔吉斯族"组成的民兵部队。然而不久,日俄战争爆发,库罗帕特金被任命为远东陆军总司令。他的继任者维克托·萨哈罗夫(Viktor Sakharov)询问了财政部部长弗拉基米尔·科科夫佐夫(Vladimir Kokovtsov)的意见,表示陆军部支持建立民兵组织。然而,科科夫佐夫反对这一想法,理由是对将战争税用于特定地区与预算规定相悖,而且总督区已推迟征收战争税。总参谋部将这一答复转发给了新任总督尼古拉·特维亚舍夫(Nikolai Teviashev),后者回应说,他赞成暂时搁置此事。1905年1月,萨哈罗夫向沙皇递交了一份报告,表示将推迟组建民兵,直到出现更有利的条件。③ 正如通常的情况那样,尽管俄国是一个君主专制国家,单靠沙皇的支持并不能改变官僚的意图和正式条例。

日俄战争后的形势并没有更有利于组建民兵。1907年,英俄

---

① RGVIA,f.400,op.1,d.3165,ll.1—20.
② Ibid.,ll.21ob.—27.
③ Ibid.,ll.21,32—38ob.

协约订立,为可能与阿富汗和英国开战而建立一支骑兵部队的必要性消失了。后来,总督亚历山大·萨姆索诺夫在 1909 年给沙皇的报告中再次提议由哈萨克人和吉尔吉斯人组成一支骑兵民兵,但这一提议似乎没有成为认真讨论的主题。①

土库曼骑兵团

这里值得一提的是,当时只有一支中亚原住民民兵或非正规军队。它是 1885 年 2 月成立的土库曼骑兵民团,1892 年改编为土库曼骑兵非正规营,1911 年更名为土库曼骑兵营,1914 年更名为土库曼骑兵团,1916 年更名为帖克骑兵团,一直存在到 1918 年。② 其士兵为土库曼人(多来自帖克部落),军官则多为俄罗斯族。和平时期,它从事地方警务和边防保卫工作,同时也被派往邻国侦察。③

乍一看,令人奇怪的是,大多数中亚民族不仅被拒于正规军之外,而且也被拒于民兵之外,而曾经最激烈地抵抗俄罗斯征服者的土库曼人,却在格奥克帖彼战役四年之后,在吞并土库曼斯坦南部地区尚未完成的时候,被邀请组建民兵。以俄罗斯官员的逻辑来看,土库曼人可以被认为是"可信任度"低,"公民性"(开化程度)低,因为他们在伊朗和其他邻国以从事"掠夺"(alaman)闻名,俄罗斯文化几乎没有渗透到他们身上。

事实上,俄军将领和军官只是被土库曼人在格奥克帖彼和其他地方表现出来的优秀战士素质所迷住。正如上述费尔干纳军事委员会的话所示,土库曼人赢得了在任何严酷条件下与任何敌人作战的勇士的声誉。还有一种想法认为,将喜欢战争和掠夺的

---

① Kh. T. Tursunov, *Vosstanie 1916 goda v Srednei Azii i Kazakhstane* (Tashkent, 1962), p. 183.
② RGVIA, f. 3639, op. 1, predislovie.
③ RGVIA, f. 400, op. 1, d. 1408, ll. 3—12ob., 46—47.

人编入军队有助于维持秩序。① 组建土库曼骑兵队的另一个可能原因是外里海省(Transcaspia oblast,土库曼斯坦)的地缘政治意义:俄罗斯与阿富汗和伊朗接壤的大部分边界(不包括其保护国布哈拉埃米尔国)属于这个省。但是,土库曼骑兵是在自愿的基础上组建的,土库曼人与亚洲俄国的其他"异族"一样,不在全民征兵制的范围内。

1915年2月,第一次世界大战正处于高潮。正当土库曼骑兵团与奥地利和德国军队奋勇作战时,总参谋部总部提出将"吉尔吉斯"志愿军编入土库曼团的一个预备役中队。之后,陆军部亚洲司司长强烈反对这一提议。他断言,"吉尔吉斯族"是纯粹的游牧民族,而土库曼人,特别是"阿哈尔"(即"帖克")土库曼人的生活方式接近于定居,两者难以共事。此外,他声称,"土库曼人是一流骑兵的材料,而吉尔吉斯人……是二流的"。虽然"吉尔吉斯人"是不知疲倦的骑兵,但不能称他们为勇士,他们的加入会降低土库曼中队的质量。②因此,虽然半游牧的土库曼人在生活方式上介于游牧的哈萨克-吉尔吉斯人和定居的乌兹别克-塔吉克人之间,而且不太熟悉俄罗斯文化,但在军事事务上他们比中亚其他任何族群地位都高。

1917年8月,帖克骑兵团与所谓的"野蛮师"(Savage Division,正式名称为高加索土著骑兵师,由北高加索和阿塞拜疆的志愿者组成)一起参加了反对临时政府的科尔尼洛夫叛乱,其后,该团的一些成员武装反对布尔什维克。③

1910年代:俄罗斯族人的"不公平"感受与1916年的反抗

让我们回到1910年前后的讨论。当时,在陆军部和国家杜

---

① RGVIA,f. 1396,op. 2,d. 756,ll. 9—9ob.

② RGVIA,f. 400,op. 1,d. 4413,ll. 11—13.

③ O. Gundogdyev and Dzh. Annaorazov, *Slava i tragediia : Sud'ba Tekinskogo konnogo polka* (1914—1918) (Ashgabat,1992).

马都出现了支持征召异族的声音。他们源于右翼的观点,即帝国的中心地区已经变得贫困(oskudenie),俄罗斯族在整个帝国中处于弱势地位。他们认为,俄罗斯族在保卫帝国方面承担了不公正的沉重负担,征募非俄罗斯族是一举两得的做法,既减轻了俄罗斯族的负担,又使非俄罗斯族俄罗斯化。① 被免除征兵的民族中有一部分表示愿意服兵役。阿塞拜疆议员哈利勒别克·哈斯马梅多夫(Khalilbek Khasmamedov)于1911年11月在杜马发表讲话说,免除外高加索穆斯林的兵役(与同一地区的基督徒不同)并征收特别税,使他们感到"他们不是共同祖国的儿子,而是其继子"。② 无论如何,免除相当一部分人口的"全民"征兵无疑是一种反常现象。

在中亚,七河省的省督军米哈伊尔·福尔鲍姆(Mikhail Fol'baum)在他提交给沙皇的1910年度报告中提到,需要征召哈萨克人和吉尔吉斯人,尼古拉二世写道:"我们需要得出这个(结论)。"然而,时任总督萨姆索诺夫说,他们不值得信赖,不能作为俄罗斯士兵参加战斗,征召他们为时过早,因为他们对俄罗斯政府没收土地以造福俄罗斯农民感到不满。③

从那时起,征兵问题不仅在政府机构内部讨论,而且在哈萨克人之间也讨论。当时一小部分哈萨克人正在向定居生活转变,有些人担心他们会被征召入伍。在1913年5月的《哈萨克》报(Qazaq)上,著名的哈萨克知识分子阿·布凯汗诺夫(Älikhan Bökeykhan,或Bukeikhanov)列举了规定哈萨克人免于征兵的法律,并解释说,无论是向杜马还是向上议院(State Council)都没有提出任何修正案,那些改变定居生活的人如果不是按照自己的意

---

① Sanborn,*Drafting the Russian Nation*,pp. 71—74.
② *Gosudarstvennaia Duma*, *Tretii sozyv*: *Stenograficheskie otchety*, 1911 g., *Sessiia piataia*,chast' 1 (St. Petersburg,1911),pp. 2933—2936.
③ Tursunov,*Vosstanie 1916*,pp. 181—184.

愿加入农民阶层(peasant estate),就不会被征召入伍。①

战争开始时,陆军部正在认真考察扩大征兵的可能性。该部在1914年7月向部长会议提交的秘密报告中声称,将兵役的负担强加给国家中心地区的人口是不公平的,边缘地区正是以牺牲中心为代价"发展致富"的。然而,在哈萨克人和吉尔吉斯人的问题上,该部要求保留其兵役豁免,理由如下:第一,虽然他们的豁免增加了俄罗斯人的负担,但他们的土地被征用作为补偿,对俄罗斯人有利;第二,他们无法在难以获得熟悉食物和马奶酒的环境中维持健康并提供服务;第三,他们不可信而且很危险。秘密报告还指出,哈萨克人认为,由于没有经过流血就被征服而且未发生过起义,他们受到沙皇的特许永远免除服兵役。该部认为,出于类似的原因,也由于担心在与奥斯曼帝国的战争中变节,保留对总督区的定居人口的豁免是合适的。同时认为北高加索的高地人由于具有战士的素质,适合被征召入伍。②

杜马的穆斯林代表和诸如《时代》(*Waqt*,刊于奥伦堡)和《生活》(*Turmush*,刊于乌法)之类的鞑靼文报刊支持对被豁免的族群进行征兵,特别是对哈萨克人。因为在诸多被豁免的族群中,他们人数最多,且豁免会引起被征兵人民的不满。他们表示,作为公民义务,服兵役将有助于哈萨克人获得成立地方自治局(*zemstvo*)的权利、重新获得选举杜马代表的权利和获得宗教和土地权利。他们还声称,服兵役可以让哈萨克人了解世界,提高

---

① Qïr balasï(Ä. Bökeykhan),"Qazaqtan saldat ala ma?" *Qazaq* 13 (May 8, 1913), p. 1.《阿克莫林斯克省、塞米巴拉金斯克省、七河省、乌拉尔斯克省和图尔盖省管理条例》第12条规定,皈依东正教的"异族"可以在城市或俄罗斯人的乡村登记,但终身免服兵役。参见 *Svod zakonov Rossiiskoi Imperii*, 2nd ed., kniga 1—ia (St. Petersburg, 1913), p. 1165。

② M. Zakharov, "Tsarskoe pravitel'stvo i voennaia sluzhba gortsev i zhitelei Srednei Azii," *Voennyi vestnik:voenno-politicheskii ezhenedel'nik* 20 (May 30, 1925), pp. 8—10.

文化水平。对此,《哈萨克》报的编辑们写道,尽管他们的意见是基于善意,但他们并不了解哈萨克人的情况:他们没有出生证明,阿吾勒长武断地在家庭名单中登记村民的年龄,因此无法确定谁处于征兵年龄。然而,《哈萨克》报的编辑们补充说,志愿兵役制可以避免这一问题。①

1915年7—8月,杜马代表在闭门会议上再次讨论扩大征兵制度。身为十月党人和司祭的议员特列古波夫(Tregubov)说,俄国人民在伟大的战争中背负着沉重的负担,有必要对帝国的其他臣民提出同样的要求,即使他们不明白战争的利害关系。身为立宪民主党人的议员安德烈·申加列夫(Andrei Shingarev)也敦促征召非俄罗斯族士兵,尽管他使用了国族建构的习惯用语:"我们国族(natsiia)是由多要素构成的,这个国族有许多不同的民众和部族(narody i narodnosti),许多人不太懂俄语,但当他们进入军队后,他们逐渐学会了俄语……"②

部分迫于众议员的压力,陆军部于1915年11月向部长会议提交了关于扩大征兵范围的法案。它详细考察了每个被免除兵役的地区和族群的问题。在边缘地区的俄罗斯人中,西伯利亚最北部的俄罗斯族仍将免于征兵,而总督区核心三省(锡尔河、撒马尔罕、费尔干纳)③和萨哈林的俄罗斯人将被征召入伍。至于中亚各类人群,该法案载有自相矛盾的条款:一方面列举了与前一年

---

① "Qazaqtan saldat alu," *Qazaq* 153 (October 15, 1915), p. 3; "Qazaqtan saldat alu turalï," *Qazaq* 154 (October 22, 1915), pp. 1—2; "Qazaqtan saldat alu mäselesínde noghay gazetalarïnïng fikírí," ibid., pp. 3—4.

② Sanborn, *Drafting the Russian Nation*, p. 77.

③ 这三个省和布哈拉埃米尔国的俄罗斯人被免除兵役的原因尚不清楚,但也许是为了维持这些地区稀少的俄罗斯族人口。但是,1915年的提案主张需要让这些地区的俄罗斯人服兵役,以便使他们能够抵御土著居民。然而,在确定让哪些人免除兵役时会产生混淆,因为俄罗斯族人经常在这三个省和帝国的其他地区之间迁徙。七河省和外里海省的俄罗斯人要服兵役。TsGA RUz, f. 1, op. 2, d. 1099.

秘密报告相同的负面因素,另一方面得出结论认为,向中亚各族征兵是必要的,因为这将是使哈萨克人和吉尔吉斯人(以及土库曼人)与俄罗斯人融合(sblizhenie)的最有效方式之一。他们可能的动乱可以迅速地被镇压,而"萨尔特人"和其他民族"根本不好战"(因此不会抵抗)。总体而言,该法案设想对帝国内几乎所有的族群征兵,除了芬兰人、土耳其人和西伯利亚的一些族群。但是,在内务部副部长斯捷潘·别列茨基(Stepan Beletskii)说征兵会引起动乱之后,上议院决定放缓,因"异族",特别是哈萨克人和吉尔吉斯人,并不把俄罗斯视为他们的祖国。①

一些哈萨克人在没有被告知政府内部的这些讨论的情况下,得到消息说,议员们将在1916年2月开始的下届会议上向杜马提交一项关于征兵的法案。民众向《哈萨克》报发送了各种意见,包括如下征兵条件:建立由哈萨克人自己指挥的部队,恢复选举杜马代表的权利,实行地方自治和普及教育。② 据杜拉托夫称,各种意见有以下共同点:(1)在这场战争期间不向哈萨克人征兵;(2)在征兵前将(哈萨克人)置于宗教会议(Muftiate)的管辖之下,以便制作正确的出生证;(3)如果征兵不可避免,则不是作为步兵,而是作为骑兵,并给予他们与哥萨克同样的土地和水权。简而言之,哈萨克人对征兵远不热心,而是在不可避免征兵的情况下,寻求利用征兵作为改善其权利的机会。为了将这些意见传达给政府和杜马,布凯汗诺夫、拜图尔森诺夫(Akhmet Baytŭrsinov)和贝吉姆别托夫(Nisanghali Begímbetov)去了彼得格勒(Petrograd)。③

---

① RGIA, f. 1276, op. 11, d. 89, ll. 1—27。
② "Saldattïq mäselesí," *Qazaq* 166 (January 24, 1916), p. 1.
③ M. D. (M. Dulatov), "G. Duma häm saldattïq mäselesí," *Qazaq* 168 (February 9, 1916), p. 1; *Vosstanie 1916 goda v Kazakhstane (Dokumenty i materialy)* (Alma-Ata, 1947), p. 22.

布凯汗诺夫会见了陆军部部长阿列克谢·波利万诺夫(Aleksei Polivanov)和杜马代表,他向《哈萨克》报通告,没有关于征兵的法案,穆斯林代表并不强烈支持征兵,战争期间征兵可能性不大。然而,由于十月党人和俄罗斯民族主义代表们支持征兵,很可能会提出一项法案,要求将来对"异族"征兵。他解释说,士兵有三类——步兵、骑兵和哥萨克——而哥萨克的生活方式与哈萨克人相似。因此,他认为,哈萨克人必须像哥萨克一样向杜马提出服兵役要求。① 然而,一位《哈萨克报》的撰稿人反对说,作为步兵更好,因为作为哥萨克服役需要他们自己准备制服、马匹和马具,这对他们来说负担更大。②

政府不顾中亚人的意见,突然改弦更张。最高统帅总部的一个特别委员会于1916年4月24日宣布劳工缺口达一百万人,总部与陆军部部长德米特里·舒瓦耶夫(Dmitrii Shuvaev)协商,后者答应提供四十万劳工。然后,在5月3日、6日和6月14日,上议院讨论了此项事务,并决定雇用这些"异族"作为劳工而不是士兵,认为这样的动员比较安全,因为不会向他们发放武器。③ 1916年6月25日,皇帝的一项谕令命令征召一批男性"异族",以便在作战部队的后方修建防御工事和交通线。

诚然,前线后方的劳动力短缺比士兵短缺严重得多,截至1915年9月1日动员的士兵总数达到1016.8万人,截至1916年11月1日动员的士兵总数达到1429.3万人。④ 然而,这个看似合理的决定,不仅没有与当地民族代表协商,甚至没有与总督和

---

① "Petrograd khatï, I. Saldat alar ma?" *Qazaq* 171 (February 29, 1916), p. 1; "Petrograd khatï, II. Ne ïsteuge?" *Qazaq* 172 (March 9, 1916), pp. 1—2.

② Q., "Äsker alsa," *Qazaq* 177 (April 17, 1916), pp. 2—3.

③ Tursunov, *Vosstanie 1916 goda*, pp. 185—189; *Padenie tsarskogo rezhima: stenograficheskie otchety doprosov i pokazanii, dannykh v 1917 g. v Chrezvychainoi Sledstvennoi Komissii Vremennogo Pravitel'stva*, vol. 7 (Leningrad, 1927), pp. 290—295.

④ *Rossiia v mirovoi voine 1914—1918 goda (v tsifrakh)* (Moscow, 1925), p. 17.

其他地方行政长官协商，违反正常程序，造成了灾难性的影响。突然下令在农民农忙时节动员大批劳动力到遥远地方，这让民众大为震惊。

而且，谕令的文字还没传到遥远的村庄，就已经有谣言在流传。许多人坚信他们将被征作士兵。官员和知识分子虽然解释了劳工的真正任务，但并没有改变他们所相信的。一些俄罗斯农民告诉哈萨克人，当德国和俄罗斯军队交火时，劳工会挖战壕。[1] 正如《哈萨克》报的编辑早先对可能进行的征兵所指出的那样，没有出生证造成了严重的麻烦，人们攻击当地行政人员，因为他们任意决定哪些人应被动员成为劳工。7月4日在苦盏（Khujand）爆发了一场起义，并蔓延到几乎整个中亚。内务部和陆军部表现出如此不负责任的态度，他们互相指责对方，且预料杜马会为这一严重局势责难他们。[2]

在总督区，新任命的总督、前陆军部部长库罗帕特金处理叛乱。他曾于1866—1897年断断续续地在中亚工作，对中亚人的态度中包含着家长式的成分，但同时，他又是对俄罗斯人在帝国中的"弱势"地位持有异议的突出民族主义者之一。他曾写过《俄罗斯军队的任务》一书，他在书中声称帝国的非俄罗斯人（犹太人、波兰人和德意志人等）以及外国人在剥削俄罗斯的财富，并以"俄罗斯人的俄罗斯"为口号鼓吹俄罗斯的复兴。[3] 在8月23日下达的命令中，他敦促中亚人进行劳动，他说，"在俄罗斯人民经历的这些艰难时刻，本地民众应该记住俄罗斯政府对他们的关怀，以及俄罗斯核心人口为他们的繁荣所做的牺牲"。[4] 同时，他正准备

---

[1] M. Tynyshpaev, *Istoriia kazakhskogo naroda* (Almaty, 1993), p. 41; *Vosstanie 1916 goda v Srednei Azii i Kazakhstane: sbornik dokumentov* (Moscow, 1960), pp. 496, 504.

[2] RGIA, f. 1276, op. 11, d. 89, ll. 322—331ob.

[3] A. N. Kuropatkin, *Zadachi russkoi armii*, vol. 3 (St. Petersburg), 1910.

[4] TsGA RUz, f. 1044, op. 1, d. 4, ll. 10—11ob.

根据中亚人的民族特征为他们分配角色。在同一命令中,他规定来自外里海省的土库曼劳工,不像其他民族,应该武装起来,担任警卫。正如他在日记中所写的那样,他还提出了一个想法,即吉尔吉斯人应该被驱逐出俄罗斯人曾在那里流过鲜血的土地,但作为"天生的游牧民族",他们不应该被安置,而应该被安排饲养军马和军羊,并加入骑兵队伍。[1]

中亚人关于兵役的讨论持续了半个多世纪,揭示了沙俄官员特有的思维方式。他们中的许多人认为,无论是在正规军还是民兵中服兵役,都会给他们国家统一的感觉,使他们俄罗斯化。然而,与此同时,人们也普遍认为,俄罗斯不能允许"异族"参加国防事务,因为他们缺乏对俄罗斯国家的归属感,他们的可信任度和"公民性"很低,而且让他们入伍本身就可能引起动乱。讨论呈现出"鸡与蛋"问题的特点:服兵役是否会提高他们的"公民性"和使他们俄罗斯化,或者服兵役是否需要足够高的"公民性"和使他们俄罗斯化? 最终,那些不信任当地民族的官员们总是设法阻止征兵提案。

讨论这个问题的方式经常变化,导致变化的因素有:官员们的个人观点,俄罗斯与英国、阿富汗和中国的关系,以及战争的战况等。中亚唯一的当地民族军事部队是由土库曼人组成的,然而土库曼人的可信度和"公民性"被认为是"值得怀疑的";同时一战期间起草了一项对当地民族征兵的法案。上述事实表明,基于内部政策的通常思维方式可能会因严肃的军事考虑而改变。

讨论的另一个显著特点是,勇敢、善战、值得信赖和"公民性"被认为是族裔群体(或由其生活方式界定的群体,如游牧和定居的人)的特征,而不是个人的品质。而且,虽然不同的官员对族群的评价不同,但是从 1860 年代到 1910 年代,评价的总体倾向并

---

[1] "Vosstanie 1916 g. v Srednei Azii," *Krasnyi arkhiv* 34 (1929), pp. 60—61.

没有明显变化。谈到游牧民的特点时,他们经常提到过去:成吉思汗、帖木儿和几十年前的起义。

在1917年的革命、内战和苏维埃初期,政府不时讨论征召中亚人入伍的可能性。经过一番犹豫,苏联于1925年在全国范围内引入了全民征兵制度,并没有造成严重的混乱。虽然1916—1925年的政治和社会变化是巨大的,但这似乎表明,基于固定的"族群特性"的讨论是不成立的。

结论:俄罗斯对本国臣民的不信任和东方主义式的个别主义

在关于改宗和征兵的讨论中,许多官员都认为中亚人俄罗斯化是可取的。然而,俄罗斯几乎没有对中亚人进行俄罗斯化的坚定决心。人们更担心粗心大意的措施会引起动乱。官员们无法消除在不同的背景下他们对帝国臣民的不信任——我们所说的中亚人和鞑靼人,以及犹太人、波兰人、德意志人等等。① 他们感兴趣的是消极地维持稳定,而不是积极地整合和俄罗斯化。普通俄罗斯人还通过剥削受过洗礼的非俄罗斯人来阻碍这些人的俄罗斯化,并通过在中亚人中散布挑衅性的谣言来煽动他们对当局的不信任。

自然,随着时间的推移,情况发生了变化。到1905年,使中亚人改信基督教的愿望稳步下降,而在沙皇时期的最后几年,对"异族"承担与俄罗斯人相同义务的要求增加了。某种意义上讲,这一趋势代表着试图摆脱旧帝国的做法——通过给予非俄罗斯人特权来安抚他们——并向一个对所有公民规定平等义务的民

---

① 关于波兰人的情况,参见 Matsuzato Kimitaka,"Pol'skii faktor v Pravoberezhnoi Ukraine s XIX po nachalo XX veka," *Ab Imperio* 1 (2000), pp. 91—106.

族国家过渡。然而,在这种背景下,人们可以很容易地看出俄罗斯民族主义者的负面思想,即任何被认为对非俄罗斯人"有利"的东西都必须废除,而不管废除这些东西会使他们进一步疏远的可能性。在哈萨克草原的个案中,俄罗斯农民的大量涌入是一个重要因素。在 19 世纪,行政当局自称他们是在保护哈萨克人不受鞑靼人的伤害,保护贫穷的哈萨克人不受富人的伤害;① 但在 20 世纪初,他们明确优先考虑吸引俄罗斯农民移居,而这不利于哈萨克人。

甚至当非俄罗斯人宣布他们准备履行扩大的义务以改善他们的权利时,政府的反应也是迟钝的。政府不愿意接受知识分子和杜马代表提出的在政府和普通民众之间进行调解的提议。政府在决策过程中保持着秘密的做法。因此,在推动半心半意的国族构建和俄罗斯族裔民族主义、维持君主专制的同时,当局于 1916 年 6 月发布了轻率的谕令。

讨论的另一个极其重要的特点是,官员们总是区分"吉尔吉斯""萨尔特"和土库曼人,以及中亚人和鞑靼人,西伯利亚、高加索,更不用说还有帝国西部的民众。当时的情况并不是说帝国的不同条件自然产生了不同的行政制度,而是官员们执着于这样一种想法,即他们必须讨论与每个地区或族群有关的政策措施的利弊。他们认为,如果不采取个别主义方式来执行措施,就会导致叛乱和其他悲惨情况。

个别主义部分源于君主专制帝国内在的特征。在这些帝国中,一个被征服的国家或人民分别向君主宣誓效忠,并被赋予独特的特权和义务。这种制度有时与身份有关。在俄罗斯,一些族群被包含进哥萨克军事阶层,而另一些族群则在我们讨论的时期之前就被免除兵役。然而,从 19 世纪中期到 20 世纪早期,个别

---

① Uyama, "A Strategic Alliance," pp. 244—249, 253—255.

主义更进一步。它得到了各种刻板印象的支持,认为定居的穆斯林是"宗教热情高涨的";哈萨克人和吉尔吉斯人是"半穆斯林"(因此相对容易基督教化);游牧民族"好战",诸如此类。

这些刻板印象并非文盲军官持有的简单偏见,而是在准学术话语中产生和复制的东西。事实上,军队和学术界之间的墙远并非不可渗透的:总督考夫曼和杜霍夫斯科伊都是著名的学术研究资助人;格罗杰科夫将军和瓦里汉诺夫上尉本身就是杰出的学者;俄军总参谋部亚洲司的官员是公认的俄罗斯亚洲部分专家。他们过分重视民族和地域特征的态度是东方主义的产物,依凭着东方主义,西方"能够说出他(他者/东方人)的重要之处,将他与同类相比并分类,把他放在正确的位置上。"①

"(混乱的)分类思维"也是殖民国家的特点,殖民国家以看似严格的方式发明了与当地人民认同不符的伪民族类别。② 英国人在每一个场合都强调印度的多样性。③ 在非洲的英国行政人员尊重自己的"传统",对他们认为是非洲传统的东西抱有好感,并发明了诸如部落和习惯法之类的"传统"。④ 同样,俄罗斯官员改变或"发明"了哈萨克习惯法,⑤并出版了据称证明哈萨克和鞑靼文化

---

① Michael Dalby,"Nocturnal Labors in the Light of Day," *Journal of Asian Studies* 39,no.3 (1980),p.489. 爱德华・萨义德强调,西方把东方作为整体他者化;但同时萨义德也承认"将自然和人分类的冲动"是为种种现代东方主义结构铺路的要素之一。Edward W. Said,*Orientalism* (New York:Vintage Books,1979),p.119.

② Benedict Anderson,*Imagined Communities:Reflections on the Origin and Spread of Nationalism*,rev. ed.(London:Verso,1991),p.165.

③ Bernard S. Cohn, "Representing Authority in Victorian India," in Eric Hobsbawm and Terence Ranger,eds.,*The Invention of Tradition* (Cambridge:Cambridge University Press,1983),pp.166,184,193—194.

④ Terence Ranger,"The Invention of Tradition in Colonial Africa," ibid.,pp.212,247—260.

⑤ Virginia Martin,*Law and Custom in the Steppe:The Kazakhs of the Middle Horde and Russian Colonialism in the Nineteenth Century* (Richmond:Curzon,2001),pp.3—8,166.

之间明显区别的口头文学作品。因此,我们可以将俄罗斯帝国置于专制和东方主义/殖民主义的双重背景中来正确理解它的个别主义。

官员们有时会使用"公民性"(*grazhdanstvennost'*)等普适性习语。然而,这个词具有很强的欺骗性。他们通常不是使用它的字面意义如"公民身份"(citizenship)、"公民性"(civicness)或"公民意识"(civic-mindness),而是使用它在文化发展层次方面的意义,以作为拒绝对欠发达族群适用普遍规则的理由。此外,族群特性只与普遍的发展阶段(如游牧和农业阶段)有部分联系。鞑靼人和乌兹别克人这两个主要的定居穆斯林群体从来没有被混为一谈。

当讨论中亚问题时,官员们比较帝国的各个区域,常常从伏尔加-乌拉尔和高加索地区的经验中吸取教训。然而,他们通常提到负面案例,并写道,如果传教士不如鞑靼人有竞争力,那他们在总督区就没有机会,还引用了民兵在北高加索的失败经验。据我所知,他们从未提到过高加索地区穆斯林(奥塞梯人、阿布哈兹人、吉斯特人)[1]基督教化的有限成功是中亚改宗的一个很好的例子,也从未质疑过为什么"不可信的"鞑靼人可以被征召入伍,而中亚人却不能。[2]

诚然,并非所有沙俄官员都支持个别主义。有时有人试图在

---

[1] 参见 George Sanikidze, "Islamic Resurgence in the Modern Caucasian Region: 'Global' and 'Local' Islam in the Pankisi Gorge" in Tomohiko Uyama, ed., *Empire, Islam, and Politics in Central Eurasia* (Sapporo: Slavic Research Center, 2007), pp. 263—280。

[2] 虽然伏尔加鞑靼人也曾在各种话语中被"他者化",但他们与俄罗斯的互动要比中亚人与俄罗斯的互动多,他们主要通过参军、地方自治局(*zemstvo*)、学校和穆斯林宗教会议等机构与俄罗斯互动。参见 NAGANAWA Norihiro, "Maktab or School? Introduction of Universal Primary Education among the Volga-Ural Muslims" in Tomohiko Uyama, ed., *Empire, Islam, and Politics in Central Eurasia* (Sapporo: Slavic Research Center, 2007), pp. 65—97。

整个帝国采取统一的政策。然而,有高级官员强烈反对时就会停止决策,而且人们认为继任官员取消前任的方针是理所当然的,这些都阻碍了这一进程。大臣、总督、省督军等高官通过缓慢的通信作出政策决定,很难实施新的倡议。此外,尽管有这样一个复杂和特殊的决策系统,但所采取的措施往往不适合当地的实际情况。总督被认为应该从省督军的意见中掌握本地现实,省督军则从县长那里整合意见和情报,而县长则从乡长那里收集信息。然而,由于县以上级别的官员与乡村两级土著政府之间缺乏信任,乡长被认为是"难以渗透的帷幕",俄罗斯官员对当地局势的控制并不稳固。

本地知识分子对俄国政策的反馈同样值得一提。哈萨克知识分子往往不直接挑战相关政策,而是试图利用个别主义话语,尽管并不总是成功的。19世纪末,与俄罗斯官员一样,他们宣称鞑靼人的负面影响,并强调哈萨克文化的独创性。[1] 为维护哈萨克人的宗教权利和免除兵役,他们提及据称沙皇给予他们的特权。在第一次世界大战期间,他们寻求对标哥萨克推进哈萨克人的权利,哥萨克作为军事阶层享有一些特权。

最后,尤里·斯廖兹金(Yuri Slezkine)已经讨论了苏联的"民族个别主义",[2]我不得不解释它与俄罗斯帝国个别主义之间的区别。在苏联,民族界限很明确,各民族拥有辖区自治权,但在全国普遍实行民族区域排列结构(加盟共和国-自治共和国-自治州),并没有使用(至少没有明确地使用)特殊的民族特性作为声索特权或歧视其他族群的理由。在俄罗斯帝国,民族界限混乱,民族区域自治并不得到承认,且没有统一的政策整合多元族群,因此

---

[1] Uyama, "A Strategic Alliance," pp. 253—255.

[2] Yuri Slezkine, "The USSR as a Communal Apartment, or How a Socialist State Promoted Ethnic Particularism," *Slavic Review* 53, no. 2 (1994), pp. 414—452.

族群特性被广泛引用为采取个别主义政策的理由。

  作者简介：宇山智彦（Uyama Tomohiko），日本北海道大学斯拉夫研究中心教授，日本中亚研究学会前主席。

（梁晓卫译，施越、宇山智彦审校）

俄罗斯帝国的母国、殖民地和帝国公民性

亚历山大·莫里森

> 我们与英国人不同,英国人在印度绝不同当地种族打交道,这一做法的代价便是他们早晚将失去这个与之毫无联系的国家。相比之下,我们当前的优势在于对战败的人群进行了同化,并与他们和平地交融。
>
> ——米哈伊尔·维纽科夫(Mikhail Veniukov)[①]

一

俄罗斯在欧洲和亚洲之间摇摆不定的身份长期以来吸引着那些试图理解俄罗斯帝国特性(Russian Imperialism)本质的历史学家。在19世纪,生物种族主义(biological racism)和(人为)制造的差异成为支持殖民统治的普遍理由,但俄罗斯帝国却一直被视作例外而引人思考。正如开篇语中著名军事地理学家米哈伊

[①] M. I. Veniukov, "Postupatel'noe dvizhenie Rossii v Srednei Azii," *Sbornik gosudarstvennykh znanii*, 3, ed. V. P. Bezobrazov (St. Petersburg: V. Bezobrazov, 1877), p. 61.

尔·维纽科夫(Mikhail Veniukov)所言,人们总能听到如下论断:与其他欧洲列强的帝国特性相比,俄国的帝国特性具有独特的包容和同化主义倾向。泛亚亲缘(pan-Asian)观念以及俄罗斯人明显缺乏政治特权意味着,权力往往来源于社会地位,而非族群或宗教信仰,因此俄国人自己也是其帝国事业的受害者。[①] "亚洲主义者"所想象的帝国地理使俄帝国文化与英国或法国相去甚远。[②] 与上述对俄罗斯帝国特性观点相反的一类常见论点是民族主义者的历史编纂,它将帝国及其继承者描述为"各民族的桎梏",或至少是将俄罗斯的帝国历史理解为一系列相互独立的民族历史。[③] 这场辩论的双方各自受到俄侨作品的影响,前者为"欧亚主义者"自我陶醉的幻想,后者为失望的乌克兰裔、格鲁吉亚裔、鞑靼族流亡者的论争。这些流亡者声称,民族独立的短暂时刻被俄罗斯帝国主义以更为黑暗的新形式所粉碎。[④] 民族主义史学一派认可帝国的多样性,并试图(非常片面地)指出是什么摧毁了沙皇政权。尽管如此,两派学者都没有真正尝试理解俄罗斯帝国是如何运作和维系这么长时间的,对于这一问题他们仅仅停留于援引神秘的地理决定论或归结为武力的使用。总之,以上两类研究或许都偏好通过上层知识分子的作品来分析身份认同,但都忽视了

[①] Geoffrey Hosking, *Russia: People and Empire, 1558—1917* (London: Harper Collins, 1997).

[②] Mark Bassin, "Geographies of Imperial Identity," in *Cambridge History of Russia*, ed. Dominic Lieven (Cambridge: Cambridge University Press, 2006), vol. 2, pp. 60—63.

[③] 例如胡佛研究所(the Hoover Institution)编撰的系列"民族"史,包括鞑靼族、哈萨克族、乌兹别克族等。

[④] 关于"欧亚主义",参见 Nicholas V. Riasanovsky, "The Emergence of Eurasianism," *California Slavic Studies* 4 (Berkeley: University of California Press, 1967), pp. 39—72; Marlène Laruelle, *L'idéologie eurasiste russe, ou Comment penser l'Empire* (Paris: L'Harmattan, 1999). 多年来,对俄罗斯帝国性最有影响力的"民族主义"解读为 Richard Pipes 的 *The Formation of the Soviet Union* (Cambridge, MA: Harvard University Press, 1954, repr. 1964 and 1997)。

对这一庞大政治体治理方式的理解。

自 1990 年代初以来,俄罗斯和西方学术界的"帝国研究转向"(imperial turn)见证了越来越多的学术作品以回归帝国本身的方式理解帝国。① 这很大程度上是由于以前苏联地方档案馆的开放使西方历史学家可以对俄国的非俄罗斯族裔统治政策开展严肃的实证研究。多米尼克·列文(Dominic Lieven)和松里公孝(Kimitaka Matsuzato)的观点获得广泛认同,他们强调关注那些促进帝国整合的因素,而不是 1970 年代至 1990 年代被人为划分的"民族"历史书写。近期的学术研究更注重探究帝国的领土划分、行政管理以及区域治理手段的多样性。② 在这一新趋势下,最突出的例子应属简·伯班克(Jane Burbank)、马克·冯·哈根(Mark von Hagen)和阿纳托利·列姆尼奥夫(Anatolyi Remnev)编纂的论文集,其中提供了关于俄帝国的族裔、空间和等级制度的丰富视角。③ 然而,该书未涉及中亚这一显见的殖民地区。这是一个严重的疏漏:突厥斯坦总督区和草原总督区不应被视为不符合全俄行政管理模式的例外。中亚对于近期将俄国视为殖民帝国的学术思考意义重大,也对于探究穆斯林这一帝国最大的宗教少数群体(其中大多数居住在中亚)的经历十分重要,尽管后者从未成为俄罗斯帝国特性研究的核心。④ 本文旨在从中亚视角出发,探讨和修正前述学术争议的部分结论。从帝国最偏远、"最不

---

① 引自编者,"The Imperial Turn," *Kritika* 7,4 (2006):705—712。

② Dominic Lieven, Empire: *The Russian Empire and Its Rivals* (London: John Murray,2000); Kimitaka Matsuzato, "Introduction," in *Imperiology: From Empirical Knowledge to Discussing the Russian Empire*, ed. Matsuzato (Sapporo: Slavic Research Center,2007), pp.12—13.

③ Jane Burbank, Mark von Hagen, and Anatolyi Remnev, eds., *Russian Empire: Space, People, Power, 1700—1930* (Bloomington: Indiana University Press, 2007).

④ 填补这一空白的最佳著作为 Tomohiko Uyama, ed., *Empire, Islam, and Politics in Central Eurasia* (Sapporo: Slavic Research Center,2007)。

具俄罗斯特点"的这一地区来看,许多关于帝国中央政策的争论是无关紧要的,甚至是具有误导性的。对于俄罗斯帝国内部伊斯兰教的地方性研究倾向于把伏尔加河-乌拉尔河地区穆斯林与沙皇政权的互动当作标准,其它地区只是复制或偏离了这一模式。①叶莲娜·坎贝尔(Elena Campbell)关于俄国晚期"穆斯林问题"的文章正是这一倾向的典型代表:虽然该文章合理地分析了帝国晚期关于喀山省鞑靼人的争论,但这一分析被应用至整个帝国,作为总体的特点。② 作者主要关注的是内务部和东正教传教士的意见,而忽视了军方的意见。然而,帝国60%的穆斯林生活在处于军政府统治下的省份。这些省份位于草原地区、北高加索和中亚地区。这些省份的穆斯林不归奥伦堡、外高加索和克里米亚的穆斯林宗教会议管辖。这类属于"宣信国家"(confessional state)的种种结构在近期已成为研究沙皇政权与伊斯兰教关系的重点。③即使有俄国公民身份的概念,他们也显然没有被赋予这一身份。

雅尼·科佐尼斯(Yanni Kotsonis)曾指出,"如果公民权被理解为以个人为基础的权利赋予,以个人应尽的责任相平衡,那么帝国的阶层(estate)秩序和君主专制统治便不利于现代公民性的实践。"④尽管如此,他和相关学者也指出,考虑到公民性这一术语

---

① Robert D. Crews, *For Prophet and Tsar: Islam and Empire in Russia and Central Asia* (Cambridge, MA: Harvard University Press, 2006); Crews, "An Empire for the Faithful, a Colony for the Dispossessed," in *Le Turkestan russe: Une colonie comme les autres*? ed. S. Gorshenina and S. Abashin (Cahiers d'Asie centrale, no. 17/18) (Tashkent and Paris: IFEAC, 2009), pp. 82—83.

② Elena Campbell, "The Muslim Question in Late Imperial Russia," in *Russian Empire*, pp. 320—347.

③ V. O. Bobrovnikov, "Islam in the Russian Empire," *Cambridge History of Russia*, vol. 2, pp. 210—217. 比例由 1897 年人口普查数据计算得出,数据来源:Andreas Kappeler, *The Russian Empire: A Multi-Ethnic History* (London: Longmans, 2001), pp. 397—399.

④ Yanni Kotsonis, "'Face-to-Face': The State, the Individual, and the Citizen in Russian Taxation, 1863—1917," *Slavic Review* 63, 2 (2004): 221.

在 19 世纪被国家和私人主体广泛使用，此概念对于研究俄国的历史学家来说是有意义的。[1] 诚然，这一自由主义观念下的词汇往往难以恰当地描述国家与其居民之间的实际关系。近来一些学者将法律和行政多元化视为俄国"公民性"(citizenship)的特点，对这一特点加之俄国文化多样性的认识，实际上更多地指向管理的必要性而非公民性本身。[2] 作为一种理想，官僚机构中的改革者和知识分子都认识到公民性的重要性。在大改革时代和 20 世纪初期的激烈政治辩论中都可以看到公民性的影响。

本文并不试图建立公民性的概念性定义，即沙皇俄国的公民性意味着什么。尽管沙皇政权直到 1917 年覆灭也没有将那些被西方历史学家视为体现"公民性"的权利赋予大多数俄欧地区臣民，但我并不是要依据抽象的理想或西方标准来衡量俄罗斯帝国的公民性。相反，本文关注的是俄国不同类型臣民(subject)和地区之间存在的相对不平等，以及俄国和其他欧洲帝国在不平等上的相似之处。因此，分析的重点不在于俄罗斯公民享有的绝对权利或承担的义务，而是被排除在公民之外的人与他们的差别。我认为，从 19 世纪 60 年代或在某些情况下从更早的时候，俄国出现了法律和行政上的差异化现象，这与英法对于母国(metropole)和殖民地(colony)的区分具有一定的相似性。

二

尽管人们时常夸大"亚洲主义者"的帝国想象在俄国的重要

---

[1] 见 Kritika 7,3 (2006) 文章，"Subjecthood and Citizenship, Part II: From Alexander II to Brezhnev"; and Joseph C. Bradley, "Subjects into Citizens: Societies, Civil Society, and Autocracy in Tsarist Russia," *American Historical Review* 107, 4 (2002):1094—1123。

[2] Timothy Snyder 作出了这一批判，"The Elusive Civic Subject in Russian History," *Kritika* 7,3 (2006):609—617。

性,但亚洲主义对帝国的统治方式和大多数官员的帝国想象却影响甚微。① 在法兰西帝国和英帝国也可以听到类似维纽科夫所持的主张,即殖民者与当地族裔及其领土的亲缘关系(尤以"雅利安兄弟关系"为甚,这一概念在俄国也备受认可),但这些主张与殖民统治的现实并不相符。② 然而,亲缘关系论点与构建统治民族和臣属民族间的"差异"一样,可以用来为帝国统治辩护。③ 这一点常被学者们忽视。学者们往往致力于发现并批判那些为19世纪思想家、行政人员、士兵和教士所采用的生物种族主义、东方主义、社会达尔文主义等学说。这些学说通过证明被统治民族的"劣等性",得出他们难以进行自治的结论,从而为帝国主义开脱,辩护乃至强化帝国主义。④ 尤其是对英国人和法国人来说,他们

---

① 关于俄国对亚洲独特的包容性或宽容性这一概念,早期的批评见 Nicholas V. Riasanovsky,"Asia through Russian Eyes," in *Russia and Asia*, ed. Wayne S. Vucinich (Stanford, CA: Hoover Institution Press, 1972), 3—29. 亦见 Jeff Sahadeo, *Russian Colonial Society in Tashkent* (Bloomington: Indiana University Press, 2007), p. 5; Adeeb Khalid, "Culture and Power in Colonial Turkestan," in *Le Turkestan russe*, p. 418.

② F. Max Müller, *Lectures on the Science of Language Delivered at the Royal Institution of Great Britain in April, May, and June 1861* (London: Longmans, Green, and Co., 1861), vol. 1, p. 199; Joan Leopold, "The Aryan Theory of Race," *Indian Economic and Social History Review* 7 (1970):271—297; T. R. Trautmann, *Aryans and British India* (Berkeley: University of California Press, 1997); Tony Ballantyne, *Orientalism and Race: Aryanism in the British Empire* (Basingstoke, UK: Palgrave Macmillan, 2002); Marlène Laruelle, *Mythe aryen et rêve impérial dans la Russie du XIXe siècle* (Paris: Éditions CNRS, 2005).

③ Joan Leopold, "British Applications of the Aryan Theory of Race to India, 1850—1870," *English Historical Review* 89, 352 (1974):592. 将维纽科夫(Veniukov)关于中亚的著作与法律人类学家亨利·梅因(Henry Maine)关于印度的著作进行比较是具有启发性的: Veniukov, "Postupatel'noe dvizhenie Rossii v Srednei Azii," 60; Henry Sumner Maine, *Lectures on the Early History of Institutions* (London: John Murray, 1880), pp. 18—19。二者分别以"雅利安血统"来为征服和欧洲对亚洲的统治辩护。

④ Ann Laura Stoler, "Sexual Affronts and Racial Frontiers: European Identities and the Cultural Politics of Exclusion in South-East Asia," in *Tensions of Empire: Colonial Cultures in a Bourgeois World*, ed. Stoler and Frederick Cooper (Berkeley: University of California Press, 1997), pp. 198—237.

在未经亚非人民同意的情况下对其进行统治,这与他们在国内的政府管理方式形成日益鲜明的对比,因此为殖民统治辩护在19世纪显示出极强的必要性。而当帝国由王朝和专制君主统治时,母国和殖民地之间很少或几乎没有政治权利的区分,因此也就没有必要采取以上策略。在美国和法国相继革命后,政府应取得民众认同的观点推动各国加速向民族国家迈进。在一个民族国家中,政治、语言和文化的边界是一致的。然而,19世纪又是一个帝国的世纪,一个大型多民族政治体的世纪,各帝国往往有政治权利不同的等级制度。[1] 处于不同政治思想光谱上的政治思想家为此感到棘手,特别是那些信奉人类普遍权利和兄弟情谊的激进主义者或自由主义者。一些人成为坚定的反帝国主义者,但更多人找到了巧妙的办法:在民主政治共同体周围划定边界,即在母国国内维护民主而拒绝在殖民地落实,结果便是这些殖民地最终被一个日益民主的政府所控制。1837年,阿历克西·德·托克维尔(Alexis de Tocqueville)向在阿尔及利亚的(欧洲)移民和穆斯林提出差异化的法律和政治制度。起初,他将这一差异化定义为"在两个有着不同文明的民族融为一体之前"所采取的临时措施。[2] 然而到1841年,这位19世纪最著名的民主与社会作家作出如下结论,尽管欧洲移民可以而且应该被授予法国公民的权利,但北非的穆斯林将永远不会成为法国政治民族的一员:

> 这两类群体(穆斯林和基督徒)的融合是那些没去过北

---

[1] 对于帝国消亡和民族国家兴起这一标准现代叙事的持续而有力的批判见 Jane Burbank and Frederick Cooper, *Empires in World History: Power and the Politics of Difference* (Princeton, NJ: Princeton University Press, 2010)。另见"Interview with Jane Burbank and Frederick Cooper,"*Ab Imperio*, no. 2 (2010): 22—45。

[2] Alexis de Tocqueville, "Lettre sur l'Algérie" (1837), in *Tocqueville sur l'Algérie*, ed. S. L. Boulbina (Paris: Flammarion, 2003), p. 56.

非的人们所持的一种幻想。因此,非洲可以也必须有两种截然不同的立法制度,因为那里有两个截然不同的社会。没什么能阻止我们把他们单独处理,因为我们为他们制定的规则永远无需适用于除他们以外的任何人。①

尽管"同化"的修辞仍在延续,但法国的这一帝国特性直到第二次世界大战结束后的最后几年也依旧如此,只有一小部分精英能成为真正的"同化者"并取得法国公民权。②

法兰西帝国特性的实际情况也是英帝国的真实写照。在英国复杂的自治领(dominions)、保护国(protectorates)和直辖殖民地(crown colonies)网络中,存在着相当一致的模式。理论上,帝国的所有居民都是君主的臣民而非公民,但实际上母国的居民、加拿大、澳大利亚和新西兰的白人自治领,以及后来南非和罗得西亚的白人少数政权,享有所谓"热带"殖民地所没有的政治权利。虽然表面上是按特定领土划分,但帝国公民权的边界与种族的边界十分相似。正如政治家和历史学家托马斯·巴宾顿·麦考莱(Thomas Babington Macaulay)在1833年就东印度公司章程的更新向议会发表演讲时所说:

> 我们必须解决这个政治上最棘手的问题之一。我们要将善政施予那些不能被给予自由的人民,这好比要做无米之

---

① Alexis de Tocqueville, "Essay on Algeria" (1841), in *Writings on Empire and Slavery*, ed. and trans. Jennifer Pitts (Baltimore: Johns Hopkins University Press, 2001), 111; de Tocqueville, "Travail sur l'Algérie" (1841), in *Tocqueville sur l'Algérie*, p. 168.

② Martin Deming Lewis, "One Hundred Million Frenchmen: The 'Assimilation Theory' in French Colonial Policy," *Comparative Studies in Society and History* 4, 2 (1962): 129—153; Frederick Cooper, *Africa since 1940: The Past of the Present* (Cambridge: Cambridge University Press, 2002), pp. 38—65.

炊,要使洁净之物出于污秽。在这个国家,在其任何一个邻国,都很容易产生压迫下的反抗。在欧洲,到处都有实现良政的材料。尽管多寡不同,但各国民众都能够享有未必平等却至少有一部分的政治权力。如果要问,确保欧洲拥有良政的最佳模式是什么?即使在政治上最无知的人也会回答,代议制。而在印度无法实现代议制。据我所知,在无数就印度政治提出建议的投机者中,无论其意见多么民主,也没有一个人建议目前在印度建立这样的制度。①

麦考莱"目前"的警告是很重要的:作为一名激进派功利主义者和福音派基督教徒,他并不认为印度人本质上没有能力组织代议制政府,只是认为公正法律、开明教育和真正宗教需要多年时间才能克服他们数百年的落后性,并产生一类"有着印度人的血统和肤色,但在品位、见解、道德和才智上实为英国人"的人。这是英国统治的最终目标。② 尽管比19世纪末更为普遍的生物性种族主义温和,但这种发展论如果(将发展期)无限延长,对维护政治权利的差异来说也同样有效。70年后,自由党议员、历史学家詹姆斯·布赖斯(James Bryce)在谈到帝国内白人自治领和殖民地的区别时,揭示了以上两种思想结合的路径。"我们认为,殖民地原住民的种族特征、受教育程度和启蒙状态使之难以承担自治工作"。③ 具有讽刺

---

① Thomas Babington Macaulay,"Government of India (10th July 1833)," in *The Speeches of Lord Macaulay,Corrected by Himself* (London:Longmans,Green,and Co.,1860),p.135.

② Thomas Babington Macaulay,"Minute on Indian Education" (1835),in *The Great Indian Education Debate:Documents Relating to the Orientalist-Anglicist Controversy*,eds. Lynn Zastoupil and Martin Moir (Richmond:Curzon,1999),p.171.

③ James Bryce, "Some Difficulties in Colonial Government Encountered by Great Britain and How They Have Been Met," *Annals of the American Academy of Political and Social Science* 30 (1907):19.

意味的是,就在两年后,英国被迫引入"莫莱-明托改革(Morley-Minto Reforms)"下的省立法议会制度,有限地承认了印度日益增长的政治抱负。

出生在英属印度的印度人(但不是不列颠人)在法律上属于"非欧洲出生的英国属民",而出生在印度土邦的人只是"受英国保护的人"。两者都无法获得出生在母国的人所拥有的普遍公民权。这招致印度新一代政治家越来越多的批评,他们抨击印度的政府体制,他们指出,女王在1858年宣布对次大陆拥有主权时作出了这样的承诺:"我们对印度领土上的原住民负有的义务与对其他所有臣民负有的义务相同,借由这种义务,我们将自身与这些原住民联系在一起。"(更恰当地说,印度实际存在的政府体系是一种受法律约束的军事专制主义。)

> 英式教育以其文明开化的文学和先进的科学,为印度的发展作出贡献,这将永远被铭记并为印度人民所感激。这一教育使英国公民权成为印度人的最高政治理想,那些受教育的印度人希望他们的同胞都能最终成为英国公民。正是这一愿望和希冀作为他们最大的善,使他们在经历了一个半世纪的失望、沮丧和专制后仍保有现在的忠诚。①

"我是一个英国公民"(Civis Britannicus sum)是一个强大而具有两面性的帝国意识形态,这一概念由帕默斯顿(Palmerston)在1860年论及唐·帕西菲科事件(Don Pacifico affair)时提出。② 他认为,英国臣民拥有的权利将由他的政府在全球范围内予以维

---

① Dadabhai Naoroji, *Poverty and Un-British Rule in India* (London: Swan Sonnenschein and Co., 1901), vi.

② Daniel Gorman, *Imperial Citizenship: Empire and the Question of Belonging* (Manchester: Manchester University Press, 2008), pp. 13—14.

护和支持。达达拜·瑙罗吉(Dadabhai Naoroji)是英帝国公民权悖论的现实例证:印度裔出身的他在1892年(以5票的优势)当选为英国芬斯伯里选区的自由党议员,但他在自己的国家无法享有通过民主方式赋予的类似权威地位。在某种意义上,这可以被视作与英帝国种族等级制度对抗的一次胜利。1886年,索尔兹伯里勋爵(Lord Salisbury)曾在瑙罗吉最初参加竞选时发表评论说,霍尔本的选民还没准备好给一个"黑人"投票。如安托瓦内特·伯顿(Antoinette Burton)所指,索尔兹伯里的言论所引发的公愤实际上进一步区分了一些种族的类别。关键之处在于瑙罗吉并非黑人,而亚洲人是优于非洲人的。尽管后者仍与欧洲人有着差距,但瑙罗吉是一位绅士,理应像对待欧洲人一样对待他。这一事件后来在一定程度上帮助他赢得了1892年的选举。① 在担任国会议员的三年任期里,瑙罗吉试图将威斯敏斯特变为一个真正的帝国议会,在代表英国公众利益的同时也代表印度的利益。但他受到了阻碍,这一阻碍不是源于种族主义,而是源自议员对帝国事务的普遍漠视。

几年后,莫汉达斯·卡拉姆昌德·甘地(Mohandas Karamchand Gandhi)会发现,在英国,他可以部分地被视为平等的一员,可以在律师协会注册为一名律师,甚至可以侥幸逃脱与一位英国女子结婚的命运。但在前往比勒陀利亚的火车上,他发现肤色的界限依旧严格,任何关于共同帝国公民权的诉求都是徒劳的。② 即便如此,当1899年第二次布尔战争爆发时,他写道:"如果我要求作为一名英国公民的权利,那么我便同样有义务保卫英帝国。"

---

① Antoinette Burton,"Tongues Untied: Lord Salisbury's 'Black Man' and the Boundaries of Imperial Democracy," *Comparative Studies in Society and History* 42, 3 (2000):632—661.

② M. K. Gandhi, *An Autobiography: The Story of My Experiments with Truth* (Ahmedabad: Navajivan Trust,1927),pp.58—62,103—104.

在斯皮恩科普战役(Battle of Spion Kop)中,他和许多被他说服的印度人一起承担了担架员的工作。① 在英国的政治制度优越性常被用来支持帝国统治之时,印度民族主义运动运用的第一件话语武器便是要求英国人的权利和自由扩展至帝国的其他臣民。甘地和其他民族主义领袖在"帝国公民协会"(Imperial Citizenship Association)的旗帜下,在南非发起了反对种族歧视和使用契约佣工的运动。② 当然,仅这些还远远不够。到1920年代,印度民族主义运动吸引了更为激进的思想,其中许多并不源自英国。尽管如此,这些运动并未违背议会制和民主形式。虽然早期的印度民族主义者未能说服英国人接受他们为平等公民,但从另一个角度解读这段历史,约翰·巴肯(John Buchan)、莱昂内尔·柯蒂斯(Lionel Curtis)等人倡导的联合自治领白人殖民者和母国的帝国公民身份计划也以失败告终。③

三

表面上看,沙皇政权从未遭遇过类似的政治困境。伯班克和冯·哈根认为,俄国并没有完全陷入帝国与平等公民理想之间的"帝国矛盾",这构成了"资产阶级"帝国和"绝对主义"帝国之间的重要区别。④ 如果这一矛盾不存在,那么部分原因是对俄罗斯国族的界定过于模糊。安德烈·佐林(Andrei Zorin)和纳撒尼尔·奈特(Nathaniel Knight)认为,谢尔盖·乌瓦罗夫伯爵(Count

---

① M. K. Gandhi, An Autobiography, p. 198.
② M. K. Gandhi, "Retaliation Is No Solution," Young India, 6—7 September 1919, in The Collected Works of Mahatma Gandhi, ed. K. Swaminathan (Delhi: Ministry of Information and Broadcasting, 1965), vol. 16, pp. 87—89, 106—109.
③ Gorman, Imperial Citizenship, pp. 19—20.
④ Jane Burbank and Mark von Hagen, "Coming into the Territory: Uncertainty and Empire," in Russian Empire, pp. 24—25.

Sergei Uvarov)提出的"官方人民性(narodnost')"概念是新的国家意识形态的三要素之一,其余两者为专制制度和东正教。这一意识形态明确反对西方自由主义的国族特性(nationality)观念,而具有强烈的王朝色彩。① 阿列克谢·米勒(Alexei Miller)也证实了这一点,他指出,乌瓦罗夫也为那些使用自由主义术语来阐述俄国"民族性"概念的历史学家提供了支持。然而,尽管为巩固沙皇政权、促进官僚统治,他所宣扬的意识形态在一定程度上借鉴了欧洲思想,但这一思路是务实的,且与自由主义背道而驰。② 乌瓦罗夫的"民族性"无疑使俄罗斯的语言、文化和族群特性受到重视,但它并不意味着要建立一个政治共同体,并据此决定沙皇臣民享有的权利。这一概念对文化领域的影响确实是深刻的(最终往往引发反对国家的结果),此外其对外交政策似乎也产生了一些影响。然而在国内,它并未即刻导致波罗的海沿岸省份的日耳曼贵族的财富减少,也未将俄国农民从农奴制中解放出来。③ 在俄国,法律和政治的权利义务继续根据社会等级、宗教和职业分配,而不是依照是否为"国家"公民来分配。如格雷戈里·弗雷泽(Gregory Freeze)所述,虽然"阶层"(即贵族、僧侣、市民、农民四大社会阶层)概念自18世纪末兴起于俄国并延续至1917年,但它并不能充分解释俄罗斯帝国关于权利、义务和豁免的法律制度,更难以说明俄国真正的社会分化。直到19世纪七八十年代,

---

① Andrei Zorin, "Ideologiia 'pravoslaviia—samoderzhaviia—narodnosti': Opyt rekonstruktsii," *Novoe literaturnoe obozrenie*, no. 26 (1997): 71—104; Nathaniel Knight, "Ethnicity, Nationality, and the Masses: Narodnost' and Modernity in Imperial Russia," in *Russian Modernity: Politics, Knowledge, Practices*, ed. David L. Hoffmann and Yanni Kotsonis (Basingstoke, UK: Palgrave Macmillan, 2000), pp. 54—55.

② A. I. Miller, "'Triada' grafa S. S. Uvarova i natsionalizm," *Istoricheskie zapiski*, no. 11 (129) (2008): 180—198.

③ Nicholas V. Riasanovsky, *Nicholas I and Official Nationality in Russia, 1825—1855* (Berkeley: University of California Press, 1961), pp. 144—146, 162, 232—233.

最重要的司法区分仍是人头税的缴纳与否;除此之外,国家赋予不同群体的权利和义务也有较大差异。① 在 1860 年代后,"阶层"概念的意义超出了官方定义。马达万·帕拉特(Madhavan Palat)认为,这一概念甚至被当局应用到工厂工人身上,这意味着直到 1917 年,政府在很大程度上仍将俄罗斯社会按阶层,即有着不同身份、义务和特权的群体来划分,而不是将社会视为拥有权利的法人的集合。② 简·伯班克探讨了这种"帝国权利体制"有利的方面:尽管自由主义者可能会为俄国缺乏法律面前的平等而绝望,但在实际的日常生活中,国家常常向民众提供与习俗一致且易于理解的地方性的司法、婚姻和行政管理。③ 俄国农民有自己的乡(*volost'*)法院,提供可及的个人司法;中亚农民有所谓的"民间法官",即适用伊斯兰教教法的哈孜(*qazi*,宗教法官)。④ 如此,在斯摩棱斯克附近出生的俄国臣民与在俄军占领塔什干后成为俄国臣民的农民所享有(或缺乏)的权利,必然没有实质性的不等?一些人的确如此声称:

> 我们对臣民采取平等公民权利政策(*politika grazhdanskogo ravnopraviia*)。那些刚刚被占领的城市,如固勒扎、塔什干、撒马尔罕的居民将立即被视同莫斯科的居民,甚至拥有更多特权。这项政策是基督教世界主义的实践,是我们的力量所在、未来所倚。⑤

---

① Gregory L. Freeze, "The Soslovie (Estate) Paradigm in Russian Social History," *American Historical Review* 91, 1 (1986):21—24.

② Madhavan K. Palat, "Casting Workers as an Estate in Late Imperial Russia," *Kritika* 8, 2 (2007):313—316, 342—348.

③ Jane Burbank, "An Imperial Rights Regime:Law and Citizenship in the Russian Empire," *Kritika* 7, 3 (2006):397—431.

④ 关于突厥斯坦总督区的哈孜法庭,参见 Paolo Sartori, "An Overview of Tsarist Policy on Islamic Courts in Turkestan:Its Genealogy and Its Effects," in *Le Turkestan russe*, 477—507。

⑤ M. A. Terent'ev, *Rossiia i Angliia v Srednei Azii* (St. Petersburg:P. P. Merkulev, 1875,) p. 361.

总参谋部军官、中亚地区的前管理者捷连季耶夫(Mikhail Afrikanovich Terent'ev,他后来撰写了沙俄征服中亚的标杆性史著)声称,芬兰、波兰等非俄罗斯地区的居民享有的权利比俄国本土的还多,俄国农民缴纳的税款高于亚洲地区农民,且后者不会像他们一样被征召入伍。捷连季耶夫对俄帝国公民权普遍性和仁慈性的这一武断结论是否合理?罗伯特·克鲁兹(Robert Crews)指出,在中亚,俄国官员通常会提出一个崇高的道德目标,即取代专制主义、关注"被剥夺者的呼声"。但这几乎是欧洲帝国主义在亚洲和非洲的普遍修辞,而俄罗斯的处境并不比其他欧洲帝国更加正当。[1] 抛开诡辩不谈,即使从严格的法律角度来看,捷连季耶夫的主张也是错误的,因为撒马尔罕和塔什干的土著居民(*tuzemtsy*)没有享有和俄国的欧洲民众平等的权利。

尽管如此,在俄国,母国与殖民地、臣民与公民之间的界限并不像英法帝国那样清晰。这在很大程度上是由于缺少海洋屏障,后者有助于建立完全独立的殖民国家。[2] 在想象、法律和行政层面,这种屏障的确存在,如果只是以假定形式。甚至在19世纪早期,俄国臣民和异族(*inorodtsy*)之间也有基本的区别。[3] "异族"一词于18世纪晚期取代了"异教徒"(*inovertsy*)一词,但"异族"在很久以后才衍生出贬义。[4] 异族的概念不代表政治权利差异,而是反映了这些群体承担国家义务的不同:通常体现在贡赋

---

[1] Crews,"An Empire for the Faithful," 103.

[2] Khalid,"Culture and Power,"p. 417.

[3] 见 John W. Slocum,"Who, and When, Were the Inorodtsy? The Evolution of the Category of Aliens in Imperial Russia," *Russian Review* 57,2 (1998):173—190 中从法律角度对该词意义变化的探讨。最为一致的含义是作为沙皇臣民的游牧、狩猎民族或那些被认为是"未开化"的族群,但犹太人和突厥斯坦总督区的定居者属于重要的例外。在19世纪末流行的用法中,该词往往带有明显的宗教和贬义色彩。

[4] Kappeler,The Russian Empire, 169; Paul Werth,"Changing Conceptions of Difference, Assimilation, and Faith in the Volga-Kama Region, 1740—1870," in *Russian Empire*, p. 174.

(*iasak*)而非纳税和免除兵役上(犹太人除外)。然而,即使在米哈伊尔·斯佩兰斯基(Mikhail Speranskii)编纂了相关法律后,这一概念也难以用来界定俄国人和非俄国人,或东正教徒与非东正教徒。① 不仅一些诸如鞑靼人的穆斯林群体没有被定义为异族,安德烈·兹纳缅斯基(Andrei Znamenski)还在阿尔泰地区发现了一群被称为"岩人"(rock people)的俄罗斯旧礼仪派(Old Believer),他们于1791年被国家规定负有缴纳贡赋义务,并在将近90年的时间里保持着异族身份,直到1878年才勉强放弃。② 这在一定程度上说明,异族身份实际上能够带来一些好处,同时也表明到19世纪后期,公民性的概念开始出现变化。

正如雅尼·科佐尼斯(Yanni Kotsonis)所指,19世纪的俄国加入了被西方国家和社会视为典范的欧洲现代性框架。沙俄当局实施了许多形式有别但本质相同的整合策略。③ 19世纪中叶,俄国官方用语中出现"*grazhdanstvennost*"一词,该词在不同语境下被翻译为"公民性"(citizenship)、"文明价值"(civic values)、"文明意识"(civic consciousness)。弗拉基米尔·达利(Vladimir Dal')将其定义为"公民社会的条件(*sostoianie*),即构建公民社会所必需的理解能力和受教育水平"。④ 有别于西方理想的公民性(citizenship),俄

---

① "Ustav ob upravlenii inorodtsev," *Polnoe sobranie zakonov Rossiiskoi imperii s 1649*:*Sobranie pervoe s 1649 po 12 dekabria 1825 goda*, 45 vols. (St. Petersburg:Tipografiia II-ogo Otdeleniia Sobstvennoi Ego Imperatorskogo Velichestva Kantseliarii,1830) (hereafter PSZ), no. 29126,22 July 1822,pp. 394—417; Marc Raeff,*Siberia and the Reforms of 1822* (Seattle:University of Washington Press,1956),pp. 112—128.

② Andrei Znamenski,"The 'Ethic of Empire' on the Siberian Borderland:The Peculiar Case of the 'Rock People,' 1791—1878," in *Peopling the Russian Periphery:Borderland Colonization in Eurasian History*, eds. Nicholas Breyfogle, Abby Schrader, and Willard Sunderland (London:Routledge,2007),pp. 106—127.

③ Yanni Kotsonis, "Introduction:A Modern Paradox—Subject and Citizen in Nineteenth- and Twentieth-Century Russia," in *Russian Modernity*, eds. Hoffmann and Kotsonis,p. 3.

④ V. I. Dal', *Tolkovyi slovar' zhivogo velikorusskogo iazyka* (St. Petersburg:M. O. Vol'f,1880),vol. 1,p. 390.

国语境下的公民性(grazhdanstvennost')以投票权的行使为基础。此概念的要义在于整合各类人群：废除基于阶层的税赋，消除地方治理差异，并减少给予非俄罗斯族地方精英的特权。① 然而，在实践中，它却常常成为一个排他性的范畴，并消极地适用于那些被视为文化发展水平较低的民族。② 1867 年，陆军部长米留金(D. A. Miliutin)发布政令(ukaz)，禁止将勋章和其他荣誉授予哈萨克、卡尔梅克、巴什基尔及其他异族部落首领和高加索地区的"土著"③：

> 皇帝陛下注意到，授予仍缺乏文明意识的亚洲人(Aziiatsam, nakhodiashchimsia eshche na nizkoi stepeni grazhdanstvennosti)军衔和其它军事勋章、荣誉，将滋长该地区民众的好战倾向。相反，一项良好的政策要求政府尽一切力量对这些族裔进行再教育，使他们过上和平的生活，走上文明发展(k razvitiiu grazhdanskomu)的道路。④

---

① Dov Yaroshevski, "Empire and Citizenship," Austin Lee Jersild, "From Savagery to Citizenship," and Daniel Brower, "Islam and Ethnicity: Russian Colonial Policy in Turkestan," all in *Russia's Orient: Imperial Borderlands and People, 1800—1917*, eds. Brower and Edward J. Lazzerini (Bloomington: Indiana University Press, 1997), pp. 69—70, 101—111, and 115—122, respectively; Jersild, *Orientalism and Empire: North Caucasus Mountain Peoples and the Georgian Frontier, 1845—1917* (Montreal: McGill-Queens University Press, 2002), 126—128; Yanni Kotsonis, " 'No Place to Go': Taxation and State Transformation in Late Imperial and Early Soviet Russia," *Journal of Modern History* 76, 3 (2004): 537—538.

② Tomohiko Uyama, "A Particularist Empire: The Russian Policies of Christianization and Military Conscription in Central Asia," in *Empire, Islam, and Politics*, p. 62.

③ 对此命令重要性的阐述见 Dov Yaroshevski in "Empire and Citizenship," pp. 69—70。感谢雅罗舍夫斯基(Yaroshevski)教授为我提供了完整的参考资料。

④ "O zapreshchenii isprashivat' voinskie nagrady i v osobennosti voennye chiny Bashkiram, Kirgizam, Kalmykam i drugim inorodcheskim plemenam," *Polnoe sobranie zakonov Rossiiskoi imperii: Sobranie vtoroe*, 55 vols. (St. Petersburg: Tipografiia II-ogo Otdeleniia Sobstvennoi Ego Imperatorskogo Velichestva Kantseliarii, 1830—1884)（此后称为 PSZ 2), no. 44424a, 2 April 1867, 3；感谢宇山智彦(Uyama Tomohiko)教授向我指出，这项命令实际上是被普遍忽视的，例如许多哈萨克人首领在 1867 年征服突厥斯坦总督区地区后被授予勋章。

尽管表面上看起来,这是一个具有包容性的愿景,希望有朝一日这些族裔(多为游牧民族)放弃好战倾向,完全融入帝国文明社会,但它显然带有发展论的意味。其中必然包含的涵义是,只要这些群体仍然落后,缺乏足够的文明意识(grazhdanstvennost'),它们就仍将被排除在新兴的俄国欧洲地区的政治共同体之外。英法的例子足够清楚地表明,通过将(发展的)过程变得极其艰难或旷日持久,接纳"开化"的土著为公民的表面承诺可能何等空洞。在俄国的例子中,更为复杂之处在于,帝国边界在19世纪以前所未有的速度扩张,新吸纳进来的人口被认为比前文提到的群体更缺乏文明意识。中央的政治变动使目标显得愈发遥不可及。

"大改革"(the Great Reforms)普遍被人忽视的一点是,它帮助界定了俄罗斯帝国的核心母国区域,这一(母国与殖民地的)区分尽管不是由来已久,但也在不断加强。基于此,俄罗斯族和非俄罗斯族面临着不同的统治方式。地方自治局(zemstvos)于1864年1月1日下令成立,但这一机制并未立刻被引入俄国边疆地区:乌克兰右岸地区、奥伦堡、乌法、阿斯特拉罕、波兰、波罗的海诸省、阿尔汉格尔斯克、西伯利亚、高加索地区和中亚地区都被排除在最初的改革以外,且后六个地区直到1917年也没有设立地方自治局。[1] 约尔格·巴贝罗夫斯基(Jörg Baberowski)和拉丽莎·扎哈诺娃(Larissa Zakharova)指出,这些地区也没有参与"大改革"中最激进的司法改革。新的抗辩式民事法庭,以及选举产生的地方法官和农民陪审团等制度变革仅限于俄欧中部省份;甚至在那里,犹太人和穆斯林在陪审团中的人数也严重不足。

---

[1] Fedor A. Petrov, "Crowning the Edifice," in *Russia's Great Reforms, 1855—1881*, eds. Ben Eklof, John Bushnell, and Larissa Zakharova (Bloomington: Indiana University Press, 1994), p. 200; L. E. Lapteva, *Regional'noe i mestnoe upravlenie v Rossii (vtoraia polovina XIX veka)* (Moscow: Institut gosudarstvo i prava Rossiiskoi akademii nauk, 1998), p. 73.

改革者所期望的为整个帝国建立单一法律体系的目标仍遥不可及，这不仅是因为俄国的欧洲地区保留了农民法庭，也是因为"边缘"地区（实际上是帝国领土的大部分）被排除在外。出于对地方民族主义的恐惧，改革没有在西部边疆和波罗的海诸省推进；而在突厥斯坦总督区和草原诸省，保留地方法律、搁置新民法典和陪审团审判制度是因为这些地区"野蛮"而"落后"。① 这一划分不仅反映了"大俄罗斯"（Great Russia）的"核心"地区与超出其范围的"帝国"之间的区别，也有助于进一步对其加以强化。这一点尚未在相关研究中得到充分认识。在地方自治局改革即将开展之际，法学家伊万·安德烈耶夫斯基（Ivan Andreevskii）在他的对地方大员的历史研究中指出，改革将从根本上改变这些官员的角色。② 他写道："在此基础上，我只研究了与大俄罗斯（*Velikorossiia*）相关的职位；对于那些现在成为俄国帝国一部分（*v tekh oblastiakh, kotorye sostavliaiut teper' chasti Rossiiskoi imperii*）但有着各自独立的生活和历史的省份，对相应职位的考察需要另外进行专门研究。"③

1860年代是俄国统治史上的一个转折点，因为这一时期不仅

---

① Jörg Baberowski, *Autokratie und Justiz: Zum Verhältnis von Rechtsstaatlichkeit und Rückständigkeit im ausgehenden Zarenreich 1864—1914* (Frankfurt am Main: Vittorio Klostermann, 1996), pp. 365—427; Larissa G. Zakharova, "Autocracy and the Reforms of 1861—1874 in Russia," and Alexander Afanas'ev, "Jurors and Jury Trials in Imperial Russia," in *Russia's Great Reforms*, pp. 33, 222.

② 关于地方自治局和司法改革的文本再版于 O. I. Chistiakov and T. E. Novitskaia eds., *Reformy Alexandra II* (Moscow: Iuridicheskaia literatura, 1998), pp. 211—230, 277—336，但序言中未指出在哪些省实施这些规定。编者提到，出于对民族主义的恐惧，西部省份被排除在外，但没有提到对帝国多数游牧地区和穆斯林地区的系统性排除（p. 21）。Peter Waldron 在 *Governing Tsarist Russia* (Basingstoke, UK: Palgrave Macmillan, 2007), p. 107 中指出，当一战爆发时，受地方自治局管理的地区涵盖帝国60%的人口，但他未考虑其余40%的人口是如何被统治的。

③ Ivan Andreevskii, *O namestnikakh, voevodakh i gubernatorakh* (St. Petersburg: Eduard Prats, 1864), p. 2.

出现了"大改革",也发生了波兰起义(1863 年)、高加索战争的胜利(1864 年)和对塔什干的征服(1865 年)。[1] 所有这些都为沙皇政权的边疆统治带来新的挑战,新的治理策略在边疆地区实施。俄国高加索战争胜利的缔造者巴里亚京斯基亲王(Prince Aleksandr Ivanovich Bariatinskii)认为,俄国争取和支持当地贵族及部落领袖的传统政策是极其错误的;相反,正是这些群体激起了当地民众的"狂热"(fanaticism)。[2] 因此,自 1850 年代起,北高加索和南高加索的精英人士开始失去他们的特权和政府职位。[3] 彼得·霍奎斯特(Peter Holquist)曾指出,在此后的现代时期,(统治阶层)在各族中"挖掘"动荡因素的思路也可以追溯至这一时期在高加索地区施行的帝国政策。[4] 在其他地区,这一进程甚至开始得更早:自 1820 年代,俄国在草原地区的政策逐渐削弱了统治精英——成吉思汗世系后裔(Chingissid)在哈萨克人中的权威,这一倾向在 1868 年新的《草原诸省临时管理条例》(Steppe Statute)中予以制度化。[5] 这并不意味着帝国不再依赖其所统治的非俄罗斯族裔的协作,但这确实表明地方贵族将不会再像波罗的海诸省

---

[1] Burbank and von Hagen,"Coming into the Territory,"p. 18.

[2] Alexander Marshall, *The Russian General Staff and Asia* (London:Routledge,2006),pp. 40—41.

[3] Jersild,*Orientalism and Empire*, pp. 32—33; Firouzeh Mostashari,*On the Religious Frontier:Tsarist Russia and Islam in the Caucasus* (London:I. B. Tauris,2006),pp. 21,27,83—84; M. M. Gasanov,*Administrativnaia politika i sistema upravleniia tsarizma v Dagestane vo vtoroi polovine XIX veka* (Makhachkala:Lotos,2007),pp. 31—33.

[4] Peter Holquist,"To Count,to Extract,and to Exterminate:Population Statistics and Population Politics in Late Imperial Russia," in *A State of Nations:Empire and Nation-Making in the Age of Lenin and Stalin*,eds. Ronald Suny and Terry Martin (Oxford:Oxford University Press,2001),pp. 116—117.

[5] Tomohiko Uyama, "A Strategic Alliance between Kazakh Intellectuals and Russian Administrators:Imagined Communities in *Dala Walayatining Gazeti* (1888—1902)," in *The Construction and Deconstruction of National Histories in Slavic Eurasia*,ed. Tadayuki Hayashi (Sapporo:Slavic Research Center,2003),p. 247.

的德意志人、格鲁吉亚贵族,甚至在某种程度上像波兰人那样被平等地纳入俄国贵族。① 在1897年,虽然中亚各族群占据帝国人口的5.8%,但只有0.15%的世袭贵族出自这一群体:他们主要是草原地区的哈萨克人,其中大多数为小玉兹、中玉兹和布凯汗国苏丹的后裔,该世系在18世纪臣服于俄国时取得特权。尽管哈萨克人占草原地区总人口的77%,但俄裔、波兰裔、日耳曼贵族在这里的人数几乎是哈萨克贵族的5倍。在突厥斯坦总督区,这种对比更为明显:讲俄语的人仅占该地区人口的3%,但在世袭贵族中占到79%。其余大部分为日耳曼裔或波兰裔:只有119名哈萨克人(占总督区哈萨克人总人口的0.01%)、2名吉尔吉斯人、1名萨尔特(Sart)、3名乌兹别克人和5名塔吉克人是世袭贵族。另外53名讲所有这些语言的人则拥有崇高的个人地位。② 1897年,欧洲人占撒马尔罕省人口的比例不足2%,但在507名世袭贵族中只有10位出自"土著"族裔。③ 区别于通过给予贵族特权来加强现有的社会等级制度,一项新的帝国政策逐渐形成,即将异族人群与他们传统上效忠的对象分离,以地方自治机构取代之,进而逐步灌输文明价值(*grazhdanstvennost'*)。

巴什基尔地区(Bashkiria)是这一新的帝国政策的有趣例证。这个以穆斯林为主体的边疆地区通过法律和行政改革举措逐渐实现了去军事化并融入帝国的"核心"省份。查尔斯·施泰因韦德尔(Charles Steinwedel)指出,正是由边疆军事管理向"内部"文治省份(civilian province)的转变,而非任何激进的文化同化政

---

① Lieven,*Empire*,pp.274—275.

② Henning Bauer,Andreas Kappeler,and Brigitte Roth,eds.,*Die Nationalitäten des russischen Reiches in der Volkszählung von 1897* (Stuttgart:Franz Steiner,1991),vol.B,tables 30 and 46,pp.197,366—367.

③ N. A. Troinitskii,ed.,*Pervaia vseobshchaia perepis' naseleniia Rossiiskoi imperii,1897g.*,83:*Samarkandskaia oblast'* (St. Petersburg:Izdatel'stvo Tsentral'nogo statisticheskogo komiteta Ministerstva vnutrennikh del,1905),p.132.

策,使巴什基尔最终被纳入俄国的欧洲疆域。① 在宗教方面,这一转变可追溯至叶卡捷琳娜大帝执政时期成立的奥伦堡穆斯林宗教会议(Orenburg Muslim Spiritual Assembly),许多穆斯林在19世纪三四十年代利用这一会议申诉。② 在行政方面,改革在1860年代展开,推进军事统治向文官政府转变。1863年《巴什基尔人条例》(Polozhenie o Bashkirakh)规定,"巴什基尔人和其他异族组成巴什基尔军队,(被给予)与其他自由农耕群体平等的公民(grazhdanskie)权利,并依据我们对农耕群体做出的基本安排来组织社会管理。"③两年后,随着奥伦堡和萨马拉总督区对巴什基尔人的管理由军事统治向文官统治转变,这一整合举措得到进一步加强。④ 1875年,乌法州(Ufimskaia guberniia)建立地方自治局。正如施泰因韦德尔所指,这反映出当局认为该州有足够多受过教育的贵族来支持其运行权力下放的代议制政府。⑤ 1878年,新民法典出台,随后奥伦堡总督职位于1881年被废除,1913年奥伦堡省地方自治局成立,这些标志着边疆地区完成了行政"内地化"(internalization)。随着"大改革"在该地区逐步推进,其累积效应是削弱了巴什基尔地区地主在农村的地位,但也给予了他们和其他社会群体在乌法州和奥伦堡省通过地方自治局的新形式进行公民参与的机会。⑥ 然而,即使采取了所有这些措施,巴

---

① Charles Steinwedel,"How Bashkiria Became Part of European Russia,1762—1881," in *Russian Empire*,pp. 94—96.

② Robert D. Crews,"Empire and the Confessional State: Islam and Religious Politics in Nineteenth-Century Russia," *American Historical Review* 108,1 (2003):50—83.

③ "Polozhenie o Bashkirakh," *PSZ* 2, no. 39622, 14 May 1863, p. 442.

④ "O peredache upravleniia Bashkirami iz voennogo v grazhdanskoe vedomstvo," *PSZ* 2, no. 42282, 2 July 1865, pp. 753—776.

⑤ Steinwedel,"How Bashkiria Became Part of European Russia,"p. 106.

⑥ Charles Steinwedel,"Invisible Threads of Empire: State, Religion, and Ethnicity in Tsarist Bashkiria, 1773—1917" (Ph. D. diss., Columbia University, 1999), pp. 91—95.

什基尔人也仍然没有获得哪怕是与相邻的喀山州鞑靼穆斯林相同的完全平等的地位。沙俄官员利用《巴什基尔人条例》征用巴什基尔地区土地并阻止瓦合甫（$waqf$）宗教捐赠的设立。这也意味着斯托雷平的土地改革措施未在这一地区全面推行。① 此外，巴什基尔地区是俄国公民机构向东推广到的最远地区。然而，正如保罗·沃斯（Paul Werth）所指，想要判断帝国边远地区，如巴什基尔地区、伏尔加河-卡马河地区的非俄罗斯裔属于少数族群还是殖民对象往往是极其困难的。但这一区分在帝国的其他地区则清晰得多。②

四

在理解俄罗斯帝国公民性这一新愿景对其涵盖的少数族裔的影响时，同样重要的是要理解其它地区和族裔为何被排除在外，这一区别由何种进程产生，推行了什么政策以及这些政策对属民产生了怎样的影响。俄罗斯帝国的地域划分在法律和行政架构方面存在很大的内部差异。新征服的非俄罗斯族地区通常由总督利用简化的（往往过于简化的）军事管理机构治理，不受过多干涉。③ 列昂尼德·戈里宗托夫（Leonid Gorizontov）指出，甚至在大改革时代之前，在西部边疆，俄国当局便在观念上有了明确的区分："常规"省份可直接依据行政便利和经济优势来治理；而"困难"省份，即战略上不利的省份，往往存在严重的"民族"

---

① 感谢长绳宣博（Naganawa Norihiro）提供的资料，这些资料指出，即使在伏尔加-乌拉尔等地区的内部也存在行政和法律制度的巨大差异。

② Werth,"Changing Conceptions of Difference,"p. 178.

③ A. V. Remnev and P. I. Savel'ev, "Aktual'nye problemy izucheniia regional'nykh protsessov v Imperskoi Rossii," in *Imperskii stroi Rossii v regional'nom izmerenii* (*XIX—nachalo XX veka*), ed. P. I. Savel'ev (Moscow: Moskovskii obshchestvennyi nauchnyi fond,1997),pp. 16—17.

问题。① 松里公孝强调了(这一划分)在战略上的必要性,敏感的边疆地区存在外部或内部的"敌人",因此仍需置于军事统治下。② 宇山智彦则指出,松里的论点需要某些限定条件:虽然法律和行政制度是按地区划分的,但不同法律可以适用于特定地区的不同族裔。③ 这是因为法律在地区的适用还取决于其居民的文明程度,而这种文明程度往往与他们的族裔或种族密不可分。正如玛丽娜·莫吉尔纳(Marina Mogil'ner)所论述的那样,体质人类学家基于"种族"对帝国臣民进行分类的方式尽管广泛传播,但未得到一致的应用。如果西科尔斯基(Ivan Alekseevich Sikorskii)和基辅学派(the Kiev school)的愿景是俄罗斯种族作为核心被"低等"种族所环绕,那么在莫斯科兴起的"自由主义人类学(liberal anthropology)"则回避了严格的等级区分,而探寻帝国不同"体质类型"族裔之间的亲缘关系。④ 尽管俄国政府很少公开利用生物种族主义来支持行政和法律制度的差异化(除了帝国晚期的反犹主义),⑤但文明意识的发展论意味着,许多族裔会因为过于"落

---

① Leonid Gorizontov,"In Search of Internal Balance:Debate on Changes in the Territorial- Administrative Division of the Russian Empire in the 1830s and 1840s," in *Imperiology*,pp. 197—198.

② Kimitaka Matsuzato,"General-gubernatorstva v Rossiiskoi imperii," in *Novaia imperskaia istoriia postsovetskogo prostranstva*, eds. Il'ia Gerasimov, Sergei Glebov, A. P. Kaplunovskii, Marina Mogil'ner, and Aleksandr Semenov (Kazan:Tsentr issledovanii natsionalizma i imperii,2004),pp. 447—448.

③ Uyama,"A Particularist Empire,"pp. 23—24.

④ Marina Mogilner,"Russian Physical Anthropology of the Nineteenth-Early Twentieth Centuries:Imperial Race,Colonial Other,Degenerate Types,and the Russian Racial Body," in *Empire Speaks Out: Languages of Rationalization and Self-Description in the Russian Empire*,eds. Ilya Gerasimov,Jan Kusber,and Alexander Semyonov (Leiden:Brill,2009),pp. 155—189; Mogil'ner,*Homo imperii: Istoriia fizicheskoi antropologii v Rossii* (Moscow:Novoe literaturnoe obozrenie,2008),pp. 15—19,pp. 187—278.

⑤ 见 Eugene M. Avrutin,"Racial Categories and the Politics of (Jewish) Difference in Late Imperial Russia," *Kritika* 8,1 (2007):13—40,他在该文中指出,和西欧一样,人们对种族的普遍认知所产生的影响远远大于任何政府行为所产生的影响。

后""难以信赖""野蛮"或"狂热",或者仅仅是因为他们被征服的时间过短,而被排斥在新的公民制度以外。①

直到 19 世纪末,在一些重要地区甚至到 1917 年,帝国的大部分亚洲疆域都处于军政府的统治体系下,该体系被称作"军土体制"(voenno-narodnoe upravlenie)。正如弗拉基米尔·博布罗夫尼科夫(Vladimir Bobrovnikov)所指,该体系与英法在其许多的殖民地设立的权力下放的军事化统治有着颇多相似之处。② 越来越多的学者开始关注俄国的帝国统治,③但大多数英文文献未提及军事因素,而与军事史相关的文献则大多没有提到军队在政府中发挥的作用。④ 军土体制最重要的特点是明确了上层官僚机构和下层"本土"行政及司法机构间的界限,前者由从军队长期借调的军官行使行政权力,后者的长官常常由间接选举产生。在一些地区,军土体制与适用帝国一般法律的民事司法机构并存。但在另一些地区,司法权也掌握在军队手中。在俄欧区域由地方自治局及其附属官僚履行的大部分(政府)义务,(在军土体制下)由一小部分军官执行。由于通常缺乏专业训练,他

---

① 在提及"大多数底层亚洲民族"的"落后性"和"原始性"时,雷蒙德·皮尔森(Raymond Pearson)无意中重复了沙皇官员在当时使用的词语。("Privileges, Rights, and Russification," in *Civil Rights in Imperial Russia*, eds. Olga Crisp and Linda Edmondson [Oxford: Oxford University Press, 1989], p. 101.)

② V. O. Bobrovnikov, *Musul'mane severnogo Kavkaza: Pravo, obychai, nasilie* (Moscow: Vostochnaia literatura, 2002), pp. 171—175.

③ 除了 Bobrovnikov 和 Remnev,见 S. G. Agadzhanov, "Osnovnye cherty sistemy upravleniia natsional'nykh okrain Rossii," in *Natsional'nye okrainy Rossiiskoi imperii: Stanovlenie i razvitie sistemy upravleniia*, ed. Agadzhanov (Moscow: Slavianskii dialog, 1997), pp. 394—396; M. L. Kudel'ia-Odabashian, *Voenno-narodnoe upravlenie v koloniiakh Rossiiskoi imperii*, *XIX v. —nachalo XX veka* (Moscow: Rossiiskaia ekonomicheskaia akademiia im. G. V. Plekhanova, 2003)。

④ 这一点体现在 *Cambridge History of Russia*, vol. 2 中, Janet Hartley 在 "Provincial and Local Government"(p. 450), 一文中明确表示她只考察俄国地处欧洲的省份, 而 William C. Fuller, 在 "The Imperial Army"(pp. 530—553)中也没有提及军方在行政管理中的作用。

们面临着极为沉重的行政负担。① 在许多情况下,军官们的工作态度大相径庭,军士体制既组织松散又任意专断。列姆尼奥夫曾在书中提到,俄国的远东地区存在省长级别以下的"行政真空"。这一点在北高加索地区也有所体现。在突厥斯坦总督区,一位县长的职责相当于俄国欧洲地区 12 名甚至更多不同官员的职责。②

类似帝国大部分行政和文化边界的变化,"设立地方自治局的俄罗斯"(*zemskaia Rossiia*)和军政府管辖的俄罗斯之间的边界也随着时间的推移而改变。③ 帝国欧洲领土的大部分总督职位在 19 世纪五六十年代被取消。④ 地处欧洲的大部分省份最终施行了修改版的地方自治局制度,但在那些无法让俄国贵族在选举中获得优势的省份,这一制度仍未得到落实。⑤ 波罗的海三省、格罗德诺、维尔诺和科夫诺均未设立地方自治局;在右岸乌克兰和白俄罗斯,由于对该地区波兰贵族长期的不信任,施行这一制度是否明智仍存疑。最终在 1911 年,这两个地区设立了权力有所

---

① Don K. Rowney,"The Institutional Structure of Late Tsarist Officialdom:An Introduction," in *Russian Bureaucracy and the State*, eds. Rowney and Eugene Huskey (Basingstoke,UK:Palgrave Macmillan,2009),pp. 24—25.

② A. V. Remnev,"Administrativnaia politika samoderzhaviia v Sibiri v 60—80-kh gg. XIX v. ," in *Sibir' v sostave Rossiiskoi imperii*, ed. L. M. Dameshek and Remnev (Moscow:Novoe literaturnoe obozrenie, 2007), pp. 125—130; Timothy Blauvelt, "Military-Civil Administration and Islam in the North Caucasus,1858—1883," *Kritika* 11,2 (2010):228—232; Senator Gofmeister Graf K. K. Palen,*Otchet po revizii Turkestanskogo kraia*, *proizvedennoi po VYSOCHAISHEMU poveleniiu*... (St. Petersburg:Senatskaia tipografiia,1910),p. 12;*Uezdnoe upravlenie*,p. 156.

③ Nikolai Karyshev,*Zemskiia khodataistva 1865—1884 gg*. (Moscow:A. A. Lang,1900),7;Burbank and von Hagen,"Coming into the Territory,"p. 22.

④ A. V. Remnev,"General-gubernatorskaia vlast' v XIX stoletii:K probleme organizatsii regional'nogo upravleniia Rossiiskoi imperii," in *Imperskii stroi Rossii*, p. 56.

⑤ Kermit E. McKenzie,"The Zemstvo and Administration," in *The Zemstvo in Russia:An Experiment in Local Self-Government*, eds. Terence Emmons and Wayne S. Vucinich (Cambridge:Cambridge University Press,1982),pp. 34—35.

削弱的"人造奶油地方自治局(margarine zemstvos)"。① 1912—1913年,地方自治局法案的适用范围扩展至俄国欧洲疆域边缘的奥伦堡、斯塔夫罗波尔和阿斯特拉罕各省,但哈萨克和卡尔梅克等游牧族群被明确排除在外。② 1881年,高加索总督职位被废除,外高加索的大部分地区变为全俄罗斯的文治省份(gubernii,尽管不设地方自治局)。同时,北高加索和卡尔斯省仍保持在军士体制下,行政权力集中在军事长官手中。伊斯兰教法(Shari'a)和帝国法律的适用范围均受到限制;得到倚重的是地方习惯,或"习惯法"('adat)。③ 1905年,当高加索总督区被完全恢复时,新的总督(namestnik)沃龙佐夫-达什科夫伯爵通过司法改革着手取消军事统治。国家杜马还讨论了将地方自治局制度引入该地区文治省份的可能性,但在第一次世界大战爆发前,以上两种设想都没有实现。④ 1882年,西西伯利亚总督职位被取消,托木斯克和托博尔斯克两省划归内务部管辖,但省长可行使的权力无太大改变。⑤ 虽然国家杜马在1907年讨论了在托博尔斯克省设立地

---

① Theodore Weeks, *Nation and State in Late Imperial Russia: Nationalism and Russification on the Western Frontier, 1863—1914* (DeKalb: Northern Illinois University Press,1996),p. 133—151; Kimitaka Matsuzato,"The Issue of Zemstvos in Right-Bank Ukraine, 1864—1905: Russian Anti-Polonism under the Challenges of Modernization," *Jahrbücher für Geschichte Osteuropas* 51, 2 (2003): 218—235. (由于地方自治局行政体系的省级、县级委员会常常由政府、贵族和公共团体共同组成,因此被称为"人造奶油地方自治局"。——译者)

② L. E. Lapteva, *Zemskie uchrezhdeniia v Rossii* (Moscow: Institut gosudarstva i prava Rossiiskoi akademii nauk,1993), p. 122.

③ Zh. A. Kalmykov, *Ustanovlenie russkoi administratsii v Kabarde i Balkarii* (Nal'chik: , El'brus, 1995), pp. 20—29; Bobrovnikov, *Musul'mane severnogo Kavkaza*, pp. 147—166; Michael Kemper, "'Adat against Shari'a: Russian Approaches towards Daghestani 'Customary Law' in the 19th Century," *Ab Imperio*, no. 3 (2005): 147—174.

④ L. S. Gatagova and D. I. Ismail-zade, "Kavkaz," in *Natsionalfnye okrainy*, ed. Agadzhanov, pp. 286—290, pp. 309—315.

⑤ A. V. Remnev, *Upravlenie Sibir'iu i Dal'nim Vostokom v XIX—nachale XX vv.* (Omsk: Izdatel'stvo Omskogo gosudarstvennogo universiteta, 1991), pp. 66—67.

方自治局的计划,但该计划未能予以立法确认。直到 1917 年,临时政府(Provisional Government)才将地方自治局制度扩展至西伯利亚。① 1884 年以后,东西伯利亚总督一职的权力被下分至各州长官,但仍采取军事统治。随着俄国占领中国东北和旅顺口,远东总督职位的设立进一步强化了军权。② 草原地区由于权力分散,情况异常复杂:1881 年后,随着奥伦堡省和西伯利亚地区总督职位撤销,涵盖乌拉尔斯克、图尔盖、阿克莫林斯克、塞米巴拉金斯克和(1898—1899 年以后才包含在内的)七河诸省的草原边疆区(*Stepnoi krai*)成立,各省由省督军统领,受内务部管辖。后三个省份组成草原总督区,但五省均依据 1891 年《草原诸省管理条例》(*Stepnoe Polozhenie*)进行管理。该法令通过确立国家征用"剩余"游牧土地的权利,为俄国的殖民扩张奠定了基础。③ 1898 年,民事法庭和独立的司法机构在草原地区建立,尽管其管辖权几乎只限于俄罗斯族移民,而且为哈萨克人保留了习惯法民间法庭。④ 官方就是否在该地区设立地方自治局也展开了辩论,前提是相关措施能够确保哈萨克人不在地方自治局委员会中占据多

---

① M. V. Ugriumova, "Zemskii vopros i zemskoe samoupravlenie v Tobol'skoi gubernii vtoraia polovina XIX v. —1919 g. " (abstract for Candidate of Historical Sciences diss. ,Tiumenskii gosudarstvennyi universitet,2002), pp. 27—28.

② A. A. Toropov, "Administrativno-territorial'noe delenie Sibiri i Dal'nego Vostoka," in *Dal'nii Vostok Rossii:Iz istorii sistemy upravleniia. Dokumenty i materialy* (Vladivostok:Rossiiskii gosudarstvennyi istoricheskii arkhiv Dal'nego vostoka,1999), pp. 18—20.

③ "Polozhenie ob upravlenii oblastei Akmolinskoi,Semipalatinskoi,Semirechenskoi,Ural'skoi i Turgaiskoi i ob izmenenii nekotorykh statei Polozhenii ob upravlenii Turkestanskogo kraia," *Polnoe sobranie zakonov Rossiiskoi imperii:Sobranie tret'e*, 33 vols. (St. Petersburg:Gosudarstvennaia tipografiia, 1895—1916) (hereafter *PSZ 3*), no. 7574,25 March 1891,pp. 133—147.

④ Virginia Martin,*Law and Custom in the Steppe:The Kazakhs of the Middle Horde and Russian Colonialism in the Nineteenth Century* (Richmond,UK:Curzon, 2001), pp. 56—57; N. E. Bekmakhanova, "Kazakhstan i Sredniaia Aziia," in *Natsional'nye okrainy*, pp. 335—343.

数,但这一计划直到 1917 年也未能实现。① 在沙皇政权被推翻之前,突厥斯坦总督区一直处于军事统治下,临时政府提出的在该地区设立地方自治局的方案从未生效。对地方自治局进行了深入研究的沙俄史专家曾总结道,截至 1917 年,合计拥有 1.1 亿人口的 43 个省份设立了地方自治局,而合计人口数量达 6100 万的 51 个省份仍未设立地方自治局。②

这种军民政府之间、地方自治局和非地方自治局管辖省份之间的区分,显然与 1867 年改革法案(Reform Act of 1867)后的英国和第三共和国成立后的法国赋予母国和殖民地间的权利差异不同。尽管如此,这一差异还是常被历史学家忽视。在大卫·桑德斯(David Saunders)的一篇论文中,他指出甚至在俄国欧洲部分的内部也存在显著的经济多样性,但他没有提到他所考察的 50 多个帝国"核心省份"与处于军政府统治下的边疆之间在政治权利上的重要差别,这一点使论文的说服力有所削弱。③ 简·伯班克阐述了帝国政府如何将不同权利授予特定的族裔。她指出,地方精英进入上层官僚机构是俄罗斯的治国之道。然而在军政府统治的地区,地方精英进入上层官僚机构是不可能的,因为军土体制就是建立在上层(欧洲人)政府和下级土著官员的区隔基础之上。在多数情况下,"以单独的法律法规治理异族的特殊方式"并不像她所说的那样"与统治俄罗斯族的方式完全一致"。④ 同样,罗伯特·克鲁兹试图对 19 世纪穆斯林与俄国的关系进行全

---

① 感谢宇山智彦教授提醒我以上几点。
② V. Veselovskii, *Zemstvo i zemskaia reforma* (Petrograd: O. N. Popova, 1917), p. 16.
③ David Saunders, "Regional Diversity in the Later Russian Empire," *Transactions of the Royal Historical Society*, Sixth Series, 10 (2000):143—163.
④ Jane Burbank, "The Rights of Difference: Law and Citizenship in the Russian Empire," in *Imperial Formations*, ed. Ann Laura Stoler, Carole McGranahan, and Peter Perdue (Santa Fe, NM: School for Advanced Research, 2007), pp. 81, 93—94.

面考察。但这一尝试并不成功,因为他未能意识到伏尔加-乌拉尔地区和中亚地区存在着截然不同的行政和法律架构:喀山州的穆斯林作为俄国的一般臣民,负有应征入伍的义务,也可接受陪审团审判、地方自治局和奥伦堡穆斯林宗教会议的管辖。① 相比之下,即使是相邻的巴什基尔人也存在一定法律权利的缺失,尽管他们之中拥有土地的贵族阶层直到19世纪末还保留着一些重要的权利和特权。② 但这些都不适用于哈萨克人或塔什干居民。长绳宣博为这一差别提供了典型的例证,他指出19世纪末至20世纪初伏尔加-乌拉尔地区的穆斯林就当时的传统和"新式"学堂(*maktab*)体系是否应受地方自治局管辖并加入全国普及初等教育运动曾展开大规模的辩论。然而,如他所述,突厥斯坦总督区是不可能有这样的论战的,因为该地区不设地方自治局,整个穆斯林初级和中级教育系统几乎不受国家控制。③ 这种差异表明,我们在论述俄罗斯帝国统治"穆斯林"的普遍经验时应非常审慎。任何试图概述帝国行政政策、实践和争议的尝试,都必须结合军政府省份,尤其是中亚地区的经验。

五

突厥斯坦总督区为地理面积最大、人口最多的地区,直到1917年该地区始终处于军事统治下。从这一例子中可以发现(行政制度)差异背后的官方逻辑及其实际影响。突厥斯坦总督区与俄欧地区之间隔着一望无际的草原,商队穿过需经两个月的长途

---

① Crews, *For Prophet and Tsar*, chap. 5.
② Steinwedel, "Invisible Threads of Empire," pp. 91—95.
③ Norihiro Naganawa, "Maktab or School? Introduction of Universal Primary Education among the Volga-Ural Muslims," in *Empire, Islam, and Politics*, pp. 65—97.

跋涉。除了这一地理阻隔，在沙俄官员看来，深厚古老而根深蒂固的伊斯兰文化更是该总督区被孤立（于俄欧）的原因。这种差异体现在词汇表述中，当地居民被描述为土著（*tuzemtsy*），甚至是原住民（aborigines），突出了俄国人在该地区后来者的身份。①此外，城市规划也表明了这一点，该地区模仿了英属印度的兵站（cantonment）或法属北非的新城（*Villes nouvelles*）布局。正如著名旅行作家叶夫根尼·马尔可夫（Evgenii Markov）所言，通过在中亚的老城附近设立单独的"俄罗斯城区"，这类"特殊的人"能够与他们分开居住。② 弗拉基米尔·博布罗夫尼科夫（Vladimir Bobrovnikov）指出，应用于该总督区的军士体制，部分效仿了高加索地区在过去20年间确立的体制，该总督区的第一批军官很多都曾在高加索地区服役。③ 对高加索战争的记忆也使宗教被视为（帝国内）人口差异的主要标志，突厥斯坦总督区的长官普遍认为穆斯林多是"狂热分子"。因此，第一任总督冯·考夫曼（Konstantin Petrovich von Kaufman）采取了"无视"伊斯兰教的官方政策，将该地区排除在奥伦堡穆斯林宗教会议的管辖范围以外。④实际上，当局被迫保留了许多宗教机构，如哈孜（*qazi*，宗教法官）法庭和宗教捐赠，并与之合作。但这并非延续了早期的沙皇政策，即认为政府与伊斯兰教合作具有积极作用，而是一项不得不

---

① Khalid,"Culture and Power," 419—420. See, for instance, N. A. Maev, *Turkestanskaia vystavka 1890 g.*: *Putevoditel' po vystavke i ee otdelam* (Tashkent: n. p. ,1890), p. 4.

② E. Markov, *Rossiia v Srednei Azii*: *Ocherki puteshestviia po Zakavkaz'iu, Turkmenii, Bukhare, Samarkandskoi, Tashkentskoi i Ferganskoi oblastiam, Kaspiiskomu moriu i Volge* (St. Petersburg: M. M. Stasiulevich, 1901), 421—422; Sahadeo, *Russian Colonial Society*, pp. 85—87.

③ Bobrovnikov, *Musul'mane severnogo Kavkaza*, pp. 169—170.

④ Gen.-Ad"t. K. P. fon-Kaufman, *Proekt Vsepoddanneishego otcheta Gen.-Ad"iutanta fon- Kaufmana po Grazhdanskomu upravleniiu* (St. Petersburg: Voennaia tipografiia,1885), p. 10.

采取的措施。原因在于资源的不足和长久的恐惧,担心过度干涉宗教机构及其活动可能会引发叛乱。

尽管突厥斯坦总督区的部分行政管理表面上与俄欧省份相同,但其结果是截然不同的。对于俄欧地区的农民来说,1861年的改革使村会议(*sel'skoe obshchestvo*)成为基本的纳税和管理单位,既有的农民公社可能由此正规化。然而突厥斯坦总督区(的管理)完全是人为地将此前从未构成行政单位的村庄组合起来,并创造出新的地方寡头。① 在中亚的定居地区,负责制定行政政策的俄国官员经常提到公民性(*grazhdanstvennost'*)的概念。灌输这一晦涩的价值观仍是俄国政府追求的永恒目标,尽管随时间推移其优先级逐渐降低。② 到1880年代,借助引入文官统治来促进行政同化(administrative *sblizhenie*)的呼声渐起。参政院的参政官费奥多尔·卡尔洛维奇·吉尔斯(Fedor Karlovich Giers)的报告记录了俄国上层关于军土体制作用以及取缔这一制度的计划安排的明确声明。吉尔斯受突厥斯坦总督区第二任总督切尔尼亚耶夫上将(General Mikhail Grigor'evich Cherniaev)的委托,提出改革突厥斯坦管理条例的建议(同时刻意抹黑为现任总督所厌恶的前任总督冯·考夫曼):

> 军队的任务是征服和安定被征服的地区;进一步的安抚、组织和发展工作完全由文职政权负责。军土体制只有在征服

---

① Jane Burbank,"Thinking like an Empire: Estate, Law, and Rights in the Early Twentieth Century," in *Russian Empire*, 201; Sergei Abashin, "Obshchina v Turkestane v otsenkakh i sporakh russkikh administratorov nachala 80—kh gg. XIX v. ," in *Sbornik Russkogo istoricheskogo obshchestva* 5 (153) (Moscow: Russkaia panorama, 2002), pp. 71—88; Beatrice Penati, "Swamps, Sorghum, and Saxauls: Marginal Lands and the Fate of Russian Turkestan (c. 1880—1915)," *Central Asian Survey* 29,1 (2010):61—78.

② 关于一种有影响力的观点,见 L. F. Kostenko,*Sredniaia Aziia i vodvorenie v nei Russkoi grazhdanstvennosti* (St. Petersburg: V. Bezobrazov,1871)。

一国的最初阶段是必要的；此后，随着地区逐渐稳定，该体制便不利于当地民众的公民性发展。以上(证据)表明，突厥斯坦边区已足够稳定，现在应尽可能地将地方行政管理与帝国普遍行政安排相统一，使其进一步融入(sblizhenie)俄国。①

出台于1886年的新《突厥斯坦边区管理条例》将新民法典的要素引入突厥斯坦总督区，但其司法仍由军事法庭管理。军队对该地区行政权的垄断丝毫未被削弱，更不必说建立诸如地方自治局一类的公民机制。② 最终，这一崇高的理想总是因俄国人和穆斯林之间的文化距离以及对此所持的悲观主义而破灭。丹尼尔·布劳尔(Daniel Brower)曾在著作中阐明，不管是出于反对穆斯林的所谓"落后性"和宗教热情，还是防范泛突厥或泛伊斯兰威胁，坚持维护军事安全优先的军官们总是阻碍着推广文官治理、引入帝国统治的普遍政策和公民权的提议。③ 这一争议在1898年安集延起义后尤为突出，当时一些人认为修订后的1886年管理条例过分削弱了对突厥斯坦总督区的军事统治。④ 这次暴动使人们重新相信，该总督区地区的穆斯林构成了威胁，组建文官政府的事业也大幅倒退。⑤ 在俄国统治的最后几年里，即使是最自由主义的官员也认为，俄罗斯人和"土著人口"之间任何形式的接

---

① F. K. Girs, *Otchet, revizuiushchego, po Vysochaishemu poveleniiu, Turkestanskogo kraia, Tainogo sovetnika Girsa* (St. Petersburg:n. p. ,1884),p. 462.

② "Polozhenie ob upravlenii Turkestanskogo Kraia," *PSZ* 3, no. 3814, 12 June 1886, pp. 318—346.

③ Daniel R. Brower, *Turkestan and the Fate of the Russian Empire* (London: Routledge,2003), pp. 9—25, 105—106.

④ V. P. Sal'kov, "Andizhanskoe Vosstanie" v 1898 g. (Kazan: Tipografiia Imperatorskogo universiteta, 1901), pp. 92—93.

⑤ 尤其是强烈的伊斯兰"恐惧症"，见 E. T. Smirnov, "Dervishizm v Turkestane," and "Dzhikhad i Gazavat," in *Sbornik materialov po Musul'manstvu*, 1, ed. V. I. Iarovoi-Rabskii (St. Petersburg: M. Rosenoer, 1899), pp. 49—71, pp. 101—128; and M. A. Miropiev, *O polozhenii russkikh inorodtsev* (St. Petersburg: Sinodal'aia tipografiia, 1901).

近(sblizhenie)都是遥不可及的。①

随着俄国力图逐步实现现代化、引入更广泛的政治参与形式,俄国政府在法律和行政方面将中亚地区的土著居民排除在新的公民机制以外的情况变得愈发明显。中亚的穆斯林未被列入国家声称全国普及的出生、死亡和婚姻登记册中,这是因为中亚地区并没有政府支持的宗教机构来管理上述事务。② 亚尼·科索尼斯(Yanni Kotsonis)曾指出,个人所得税制度的引入有利于瓦解集体负责制,促使民众从俄国臣民的身份转变为独立的公民。尽管他没有提及中亚地区(土地税仍为主要的税收形式),但远东地区的经验也具有参考意义,那里的官员将朝鲜和中国劳工视为"半个"纳税主体。③ 也许更为重要的是,中亚地区的所有穆斯林人口(不仅包括新近征服的突厥斯坦总督区的定居人口,也包括哈萨克人,他们中的许多人在 100 多年前就成为了俄国臣民)均被豁免于 1874 年颁布的新的《兵役法》。尽管豁免可以被视为一项特权,但这也清楚地表明,他们被排除在俄罗斯帝国的政治共同体之外。米留金和他的改革派同僚们可能相信军事同化对于构建俄罗斯国族的作用,但仅仅是在一定程度上。④ 这就解释了为什么 20 世纪初许多哈萨克知识分子支持将征兵制适用于哈萨克族,他们希望地方自治局制度也将随之扩展至他们所处的省

---

① N. S. Lykoshin, *Rezul'taty sblizheniia russkikh s tuzemtsami* (Tashkent [?]: n. p. ,1903); Lykoshin, *Pol zhizni v Turkestane: Ocherki byta tuzemnogo naseleniia* (Petrograd: V. A. Berezovskii, 1916), pp. 5—16; V. P. Nalivkin, *Tuzemtsy, ran'she i teper'* (Tashkent: A. Kirsner, 1913), 69.

② Paul Werth, "In the State's Embrace? Civil Acts in an Imperial Order," *Kritika* 7, 3 (2006): 441—442.

③ Kotsonis, "'Face-to-Face,'" pp. 241—243; Kotsonis, "'No Place to Go,'" pp. 556—558.

④ Joshua Sanborn, *Drafting the Russian Nation: Military Conscription, Total War, and Mass Politics, 1905—1925* (DeKalb: Northern Illinois University Press, 2003), pp. 9—14, 21.

份。然而,总督冯·考夫曼和其下各省的省督军认为,让该地区的穆斯林服兵役,只会相当于为未来反抗俄国统治的叛乱分子提供培训并培养反叛头目;甚至在草原地区,官员们也认为哈萨克人仍然"欠缺"文明意识(因此无法应征入伍)。① 19世纪末20世纪初,军事人类学家经科学研究声称,与俄罗斯族相比,异族(ino-rodtsy)的军事素质不足,这进一步致使(官方)不愿征召哈萨克人入伍。② 1916年7月,中亚地区最终颁布了征兵令(ukaz,但穆斯林只能在劳工营服役,未受到平等对待)。这确实引发了大规模的武装叛乱,尽管叛乱既是对兵役本身的回应,也是出于对战时增税和俄国移民不断迁入中亚的压抑已久的不满情绪。

如果将征兵、登记和税收均视为现代国家的压迫性或强制性职能,而俄国殖民地的臣民也乐于享有(豁免的)自由,那么政府对这些地区的忽视则导致对民众参与帝国新兴的民主制度的权利的限制。直到1870年代末,穆斯林聚居区的大城市才成立了市政府,而在巴库和塔什干,为保证俄罗斯族的优势,市议会的选举过程被精心操纵。③ 在后续城市中,穆斯林人口虽然支付了大部分税收,但这些税收主要用于欧洲人新城(European Nouvelle Ville)的电车和照明而非老城区。④ 1905年《十月宣言》(October Manifesto)颁布后,俄罗斯帝国的政治权利在更大范围得到扩展,但不平等现象也更为显著。俄罗斯帝国的穆斯林在新成立的国家杜马(State Duma)中获得了36个席位,但在突厥斯坦总督区,俄罗斯族和"土著"族裔被划归不同选区,尽管后者占当地总人口

---

① Uyama, "A Particularist Empire," pp. 25, 40—44.
② Mogil'ner, *Homo imperii*, pp. 337—446.
③ Mostashari, *On the Religious Frontier*, pp. 69—70.
④ Sahadeo, *Russian Colonial Society*, pp. 83, 94—95; David Saunders曾提到,如果不是1865年俄国的征服,塔什干将不会有有轨电车("Regional Diversity," p. 156)。但他忽略了如下问题:土著居民负担了这些,而主要是欧洲移民从中受益。

的 90%以上,但仅获得了 6 个席位,而俄罗斯族选区则获得了 7 个席位。选举权被严格限制于那些拥有财产且懂得俄语的人;实行间接选举,经由四个阶段而非俄欧地区选举的两个阶段得出结果。[1] 塔什干的一些自由主义者曾强烈呼吁实行普遍的匿名、平等和直接的选举权,但他们也为此感到不安,因为该地区的穆斯林人口极端反动,如果给予他们平等的权利,他们可能会向保守派投票,最终这些自由主义者放弃了争取这一权利。[2] 总之,在突厥斯坦总督区举行选举之前,第一届杜马已经解散。在第二届杜马解散后,这些席位也被废除;突厥斯坦总督区和草原地区的代表权被彻底剥夺。在第三届杜马中(全俄)只有 10 名穆斯林议员当选;第四届杜马中有 7 名,其中 5 名为鞑靼人。[3] 该总督区民众对于自身在政治上遭排斥并非漠不关心:1908 年,撒马尔罕的部分居民向帕伦伯爵(Count Konstantin Konstantinovich von der Pahlen)主持的改革委员会提交请愿书,抗议他们在第三届杜马中失去了代表权。他们在请愿书中表明,由于他们的生活方式与帝国其他地区的穆斯林截然不同,因此现有的少数穆斯林代表无法充分地代表他们。[4] 帕伦的确提议在突厥斯坦总督区组建文官政府,甚至以地方自治局的形式进行文官统治。[5] 然而,他也将该总督区视为一块具有特殊

---

[1] Adeeb Khalid, *The Politics of Muslim Cultural Reform: Jadidism in Central Asia* (Berkeley: University of California Press, 1997), pp. 233—235.

[2] Sahadeo, *Russian Colonial Society*, p. 139—141.

[3] R. A. Tsiuniuk, "Razvitie politicheskoi zhizni musul'manskikh narodov Rossiiskoi imperii i deiatel'nosti musul'manskoi fraktsii v Gosudarstvennoi dume Rossii 1906—1917 gg.," in *Imperskii stroi Rossii*, pp. 201—202, 211.

[4] "Petitsiia tuzemtsev g. Samarkanda i uezda," 10 October 1908, Rossiiskii gosudarstvennyi istoricheskii arkhiv (RGIA) f. 1396, "Reviziia Senatora Palena K. K. Turkestanskogo Kraia v 1908—1910 g.," op. 1, d. 264, ll. pp. 230—37ob. (http://zerrspiegel.orientphil.uni-halle.de/t896.html, accessed 5 October 2010.)

[5] 由于官方媒体警告道,当地民众仍然过于"落后",这些创新之举具有过多"未知"的风险,因此上述提议引起了极大不安。见 Golovin,"O vvedenii zemstva v Turkestane," *Turkestanskie vedomosti*, nos. 15—18 (1910), in *Turkestanskii sbornik* 535:47—57.

殖民问题的殖民地,他写道:"它的统治需求与帝国核心区域大不相同",并建议给予该地区更大的行政自主权,使其成为像英属印度一样的"帝国内的殖民地"。① 不管怎样,这些提议都被希望维持行政垄断的地方军事官僚机构和农业与土地管理总署(*Glavnoe upravlenie Zemledelia i zemleustroistva*)所阻碍,他们决意推进一项俄国农民移民(*pereselenie*)计划以更"合理"地开发突厥斯坦总督区的(土地)资源。威拉德·桑德兰(Willard Sunderland)称其部分上是19世纪后期俄国亚洲领土的"殖民化"。②

移民计划显然是基于俄国人(或者更广泛地来讲,是基于欧洲人)相对于突厥斯坦总督区和草原边疆区的土著人口,对帝国土地拥有优先权的观点,因此这是最能体现出俄国人和帝国内"土著居民"之间权利不等的一个领域。迁移主要影响了哈萨克人和吉尔吉斯人,他们的牧场遭到殖民的侵袭,当他们转向定居农业时,又面临着同殖民者争夺可耕地和水资源的日益激烈的竞争。③ 彼得·霍奎斯特近来提出了一种在移民管理局(Resettlement Administration)制度文化下发展起来的"技术官僚主义"(technocratic ideology),官员们的自由主义理想甚至是革命理想使他们对游牧民的"落后"持一种无情的态度。④ 俄国农学家和移民问题专家亚历山大·阿尔卡德耶维奇·考夫曼(Aleksandr

---

① Senator Graf K. K. Palen, *Vsepoddanneishaia zapiska, soderzhashchie glavneishie vyvody otcheta* (St. Petersburg: Senatskaia tipografiia, 1910), p. 12.

② Willard Sunderland, "The Ministry of Asiatic Russia: The Colonial Office That Never Was but Might Have Been," *Slavic Review* 69, 1 (2010): 120—150. See also Brower, *Turkestan*, pp. 140—145.

③ Martin, *Law and Custom*, pp. 72—73; Stephen Sabol, *Russian Colonization and the Genesis of Kazakh National Consciousness* (Basingstoke, UK: Palgrave Macmillan, 2003), pp. 42—44.

④ Peter Holquist, "'In Accord with State Interests and the People's Wishes': The Technocratic Ideology of Imperial Russia's Resettlement Administration," *Slavic Review* 69, 1 (2010): 151—179.

Arkad'evich Kaufman)同时也是立宪民主党(Kadet)的领袖人物,他认为该党为帝国全体民众争取法律和政治权利的纲领与征用哈萨克人(的土地)这一点并不冲突。他驳回了立宪民主党中哈萨克族代表对土地所有权的要求并称其为自私的"巴依(bai,大地主)和苏丹"。① 移民计划和民主宪法都可被用来实现一种特定的"进步"理念;不管怎样,考夫曼和其他移民管理局的官员都认同,帝国利益等同于俄罗斯"国族"的利益。作为霍奎斯特所指的最杰出的年轻"技术型官僚",金斯(Georgii Gins)1911年在回应新的突厥斯坦总督区水资源法律草案时指出:

  长期以来,由于俄罗斯族人口增长缓慢,该地区的保守倾向胜过文化建构,亚细亚特性[这里金斯采用了贬义的"亚细亚特性"(Aziiatshchina)一词]强于欧洲影响。因此,尽管我们对土著居民抱以最大的善意,我们仍旧要限制当地居民耕地面积的进一步扩大,并且必须把超出限制的土地转让给俄族移民。②

  新的水资源法案最终于1916年通过,其目的是打破当地居民对水资源分配的控制,促进私人企业在征用的"国有土地"上的灌溉活动,使之成为俄国移民的宜居之地。③ 在一份著名的关于

---

① 考夫曼和哈萨克律师 Zhikhansha Seidalin 就这一问题的争论见宪政民主党党报 *Rech'*: A. Kaufman, "Kirgizy i Konstitutsionno-demokraticheskaia partiia," *Rech'*, no. 11 (5 March 1906); Zh. Seidalin, "Kirgizskii vopros?" *Rech'*, no. 27 (21 March 1906); and A. Kaufman, "K kirgizskomu voprosu!" *Rech'*, no. 32 (27 March 1906).

② G. Gins, "Usloviia orosheniia i ekspluatatsii chastnymi predprinimateliami svobodnykh zemel' Turkestana i Zakavkaz'ia," *Voprosy kolonizatsii*, no. 8 (1911): 251.

③ 近期研究表明,新法案同时旨在取消对于水资源私人占有的限制,支持一种新的"公共财产"概念。见 Ekaterina Pravilova, "Les *res publicae* russes: Discours sur la propriété publique à la fin de l'empire," *Annales des hautes études en sciences sociales*, no. 3 (2009): 592—593; 另见 "Zakonoproekt Glavnogo upravleniia zemleustroistva i zemledeliia po otdelu zemel'nykh uluchshenii, o proizvodstve za schet chastnykh sredstv orositel'nykh rabot v Turkestane," *Voprosy kolonizatsii*, no. 14 (1914): 222—226.

"殖民地"(他称之为"殖民地")未来发展的报告中,金斯的上级长官亚历山大·瓦西里耶维奇·克里沃申(Aleksandr Vasil'evich Krivoshein)在1912年访问突厥斯坦总督区后做出了更大规模的农民迁移和剥削中亚地区土地的设想。他还驳斥帕伦(改革)委员会说,军事统治迄今为止未对该地区的经济发展产生不利影响,目前应继续保持:

> 以总体性的文治取代突厥斯坦总督区的军事统治或者是帕伦伯爵提出的在该地区引入地方自治局制度的建议,似乎都是遥远而微不足道的问题。无论是前者还是后者,都是未来的事情。两者尽管都是有用的、好的、有益的,但前提是该地区要有足够的俄罗斯族人口。[1]

突厥斯坦总督区的俄罗斯特性(Russianness),及其可以享有的同帝国欧洲省份一致的政治权利,取决于从帝国(核心地区)涌入的俄罗斯族移民的数量:"土著居民"是难以信任的。对于1916年中亚起义的残酷镇压进一步强化了这一区隔。末任总督阿列克谢·尼古拉耶维奇·库罗帕特金(Aleksei Nikolaevich Kuropatkin)为解决七河省土著居民和移民间爆发的族际暴力冲突,提出了近乎种族隔离的"方案":在伊塞克湖附近土壤肥沃的地区建立俄罗斯族行政区,将吉尔吉斯人驱逐到类似"班图斯坦"的纳伦(Naryn)山区。[2] 二月革命的爆发中断了这一计划,但从中可以进一步看出俄罗斯族移民的态度;彼得格勒临时政府赋予土著人

---

[1] A. V. Krivoshein, *Zapiska Glavnoupravliaiushchego zemleustroistvom i zemledeliem o poezdke v Turkestanskii krai v 1912 godu* (St. Petersburg: Gosudarstvennaia tipografiia, 1912), p. 78.

[2] P. Galuzo, ed., "Vosstanie 1916 g. v Srednei Azii," *Krasnyi arkhiv* 34 (1929): 60.

群完整公民权,引入地方自治局制度并建立市政府,同时规定该地区在准备召开的选区会议中享有平等的代表权。① 对此,就连主张自由主义和革命的俄国人也表示反对,要求取得特别豁免,例如在城市中的俄罗斯族城区和土著城区分设杜马,在议会设立不同选区以确保俄罗斯族代表占主导地位。这一主张表面上并未以种族或宗教为由,而是从发展论的角度出发:土著居民(tuzemtsy)尚不具备自治的能力。十月革命后,塔什干苏维埃发布的第一份政令同样体现了上述观点,该政令以穆斯林尚未发展出无产阶级为由,限制其代表权。② 原突厥斯坦总督区辖区的布尔什维克意在成立一个由(俄欧)移民控制的政权,最终被莫斯科方面制止。③

六

历史学家普遍认为,将帝国内的领土和族裔整合为单一的行政和文化整体,是俄罗斯帝国主义的最终目标。这一假设需要论据的支持。彼得·瓦尔德隆(Peter Waldron)认为,俄国统治者将所有的边疆地区视为"将要被同化并纳入母国的地区,而非被征服的殖民地"。④ 阿纳托利·列姆尼奥夫(Anatolyi Remnev)指出,"俄罗斯帝国计划的设想是通过农民迁移的方式将帝国的周边地区逐步纳入核心区域",他将这一点描述为"俄罗斯帝国与西

---

① Veselovskii, *Zemstvo i zemskaia reforma*, pp. 29,33,44;他指出,由于当地居民和移民之间的关系不睦,游牧地区需要作出特殊安排。

② Adeeb Khalid, "Tashkent 1917: Muslim Politics in Revolutionary Turkestan," *Slavic Review* 55,2 (1996):279—280; Marko Buttino, *Revoliutsiia naoborot: Sredniaia Aziia mezhdu padeniem tsarskoi imperii i obrazovaniem SSSR* (Moscow: Zven'ia,2007),pp. 204—209.

③ Dov Yaroshevski, "Russian Regionalism in Turkestan," *Slavonic and East European Review* 65,1 (1987):77—100 解释了该事件,在其中穆斯林及其在新成立的突厥斯坦苏维埃社会主义自治共和国的"地区性"排他政治中的遭排斥现象相当未受重视。

④ Waldron, *Governing Tsarist Russia*, p.138.

方殖民帝国之间的主要区别"。① 当然,通过移民殖民主义(settler colonialism)侵占土地、抹除文化、同化族裔并非俄国特色。英帝国和法兰西帝国也存在类似的通过殖民手段进行同化的策略,这一点在爱尔兰和阿尔及利亚的例子中尤为明显。英法两国还力图建立更广泛的联盟:以英国为例,约翰·希里爵士(Sir John Seeley)在其 1883 年的经典著作《英格兰的扩张》(*The Expansion of England*)中提出通过统一的帝国议会将白人自治领纳入"母国",这一主张一直持续到 1930 年代。② 再来看法国,留尼汪、马提尼克、瓜德罗普和圭亚那四省不恰当地存在于欧元纸币上:它们至今仍属法国母国领土,这也是法国战后试图同化殖民地并将其纳入母国的遗产。因此,(俄国与英法间的)差别并非质的差异;只是英法的目标远远超过其政治和人口现实,难以克服文化和地理的距离。俄国在某些地区也同样如此。列姆尼奥夫提出的模式适用于西伯利亚,该地区于 20 世纪初通过殖民统治基本实现了文化上的俄罗斯化。正如威拉德·桑德兰所述,类似的过程也发生在乌克兰南部的大草原上,尽管在该地区,欧洲文化覆盖了早期的游牧记忆使之更具国际化色彩。③ 然而,在亚洲的草原地区,这一目标更为遥远;在突厥斯坦总督区,同化的事宜被一再推迟以致最后成为了一纸空文。相反地,如前文所述,在沙皇统治的最后几年,俄国提出了更为激进的俄族移民和经济开发政策,将中亚地区明确地表述为"殖民地"。④ 马克·巴莘

① A. V. Remnev,"Siberia and the Russian Far East in the Imperial Geography of Power," in *Russian Empire*,pp. 440—441.

② 这一点见 Duncan Bell,*The Idea of Greater Britain:Empire and the Future of World Order*,1860—1900 (Princeton,NJ:Princeton University Press,2007)。

③ Willard Sunderland,*Taming the Wild Field:Colonization and Empire on the Russian Steppe* (Ithaca,NY:Cornell University Press,2004)。

④ Krivoshein,*Zapiska*,70; David Mackenzie,"Turkestan's Significance to Russia," *Russian Review* 33,2 (1974):182; S. N. Abashin,D. Iu. Arapov,and N. E. Bekmakhanova,eds.,*Tsentral'naia Aziia v sostave Rossiiskoi imperii* (Moscow:Novoe literaturnoe obozrenie,2008),pp. 328—329; Sunderland,"The Ministry of Asiatic Russia."

(Mark Bassin)曾指出,与希里在《英格兰的扩张》中所描绘的排除印度的帝国统一愿景不同,沙俄帝国做出的"平等权利承诺"涵盖了包括突厥斯坦总督区在内的帝国全部疆域,这当然是言过其实的。[1] 如同希里的构想排除了印度,中亚地区亦孤立于俄国的帝国想象,更重要的是,在法律和行政的实际层面也是如此。直到沙皇政权倒台,这一地区始终被认为是难以同化的。

伯班克提出的"帝国权利政权"(Imperial Rights Regime)理论也存在局限性。她提醒我们,俄国的体制虽然组织松散,但为农民设立了单独的法庭,同时免除了"异族"的兵役负担,因此19世纪那些宣称支持平等权利的政权不必然比俄国更加公正、更为人道。这一论述诚然是正确的。理论上适用统一法治(而实际并未实现)的英属印度便是显见的例证。[2] 然而,19世纪下半叶,俄国出现了一种确定的模式,即部分权利在帝国核心省份得到保障,但并不向帝国"亚洲"臣民中的大部分提供,因为他们被认为尚未"开化"。俄国的自由主义者梦想着实现普遍平等的帝国公民权,但一旦有人提议将这一权利扩展至更"落后"的族裔时,或者是忽视了帝国人口的多样性为这项任务增加的难度时,他们中的许多人就变得不安。[3] 俄国政府时而以宗教、文化甚至种族为标准保留和分配政治权利。[4] 尽管不像西欧帝国那样一以贯之,

---

[1] Bassin,"Geographies of Imperial Identity,"pp. 57—58.

[2] Burbank,"An Imperial Rights Regime,"398—399. 诚然,印度也存在着一种多样权利制度,例如印度刑法中包含专门的印度教徒和穆斯林属人法,但原则上,英印臣民至少在法律面前相较俄国臣民拥有更多的个人权利、享有更大的平等和保护。但这不代表印度政府没有给予英国人特权,其政权仍具有专制性,未能实现充分的代议制。

[3] 见埃里克·洛尔(Eric Lohr)关于自由主义法学家格森(V. M. Gessen)观点的讨论"The Ideal Citizen and Real Subject in Late Imperial Russia," *Kritika* 7, 2 (2006):189—190.

[4] 除阿夫鲁京(Avrutin)对于犹太案例的讨论以外,"Racial Categories and the Politics of (Jewish) Difference,"pp. 13—40,查尔斯·施泰因韦德尔有力地指出,自1890年代,沙俄政府的确在巴什基尔地区构建了民族之分("To Make a Difference:The Category of Ethnicity in Late Imperial Russian Politics,1861—1917," in *Russian Modernity*,pp. 68—70,73—75).

但俄国在某种程度上同样区分母国与殖民地、欧洲的(若非俄罗斯的)统治阶级与亚洲民众,以及阿列克谢·米勒和列昂尼德·戈里宗托夫提到的真正的俄国国族领土与难以同化地区之间的界限。① 若无十月革命的爆发,这一趋势会怎样发展下去仍是未知的:1917 年,中央的自由主义政权和中亚地区急于维护或扩大特权的欧洲移民之间的冲突,不禁使人联想起法国母国与阿尔及利亚的欧洲人(pieds-noirs)之间的分歧,或者是导致罗德西亚移民们单方面宣布独立的一系列事件。

众所周知,英法帝国对于母国和殖民地的区分,以及他们未能也不愿建立真正的帝国公民身份(imperial citizenship)这一点是毫无争议的。对俄国来说,尽管近来涌现了大量关于俄罗斯帝国性的高质量研究,但学界仍未能深入理解这一(母国和殖民地的)区分。我认为,至少部分原因是俄罗斯的"帝国研究转向"(imperial turn)与西方在帝国和殖民史研究方面的"文化转向"(cultural turn)相重合。正如劳拉·恩格尔斯坦(Laura Engelstein)所述,对于想象中稳定的文化形式的不懈关注可能使历史学家忽视了变革的过程。② 以英帝国为例,自 1970 年代末开始的帝国史的"文化转向"尽管有所过度,但大体上是对以往研究的纠正和补充。传统史学,如旧版的《剑桥英帝国史》具有浓厚的政治色彩,极其关注治理结构,特别是针对英国殖民地向自治和独立目标发展的宪制进程进行了欺骗性描述。③ 这类史学的确消除

---

① Alexei Miller, *The Romanov Empire and Nationalism* (Budapest: Central European University Press, 2008), pp. 161—179; Leonid Gorizontov, "The 'Great Circle' of Interior Russia: Representations of the Imperial Center in the Nineteenth and Early Twentieth Centuries," in *Russian Empire*, pp. 67—93.

② Laura Engelstein, "Culture, Culture Everywhere: Interpretations of Modern Russia across the 1991 Divide," *Kritika* 2, 2 (2001): 363—364;然而,本文的其他部分论述主要基于这些受俄国史研究的"文化转向"所影响的大批学术作品,并不旨在考察学界相对忽视的领域。

③ J. Holland Rose et al., eds., *The Cambridge History of the British Empire*, 8 vols. (Cambridge: Cambridge University Press, 1929—1959).

了对于帝国不同地区的法律地位或是其公民政治权利差异的任何质疑。关于俄罗斯帝国的史学叙述从未因著述过丰而困窘。这带来的一个结果是,自 1991 年出现的第一批讨论俄罗斯帝国性的英文专著,在文化史,尤其是关于民族和宗教认同、伊斯兰改革的历史方面构建了极佳的上层建筑,然而未能在俄国军事、官僚、税收和其他制度史方面奠定坚实基础。① 如松里公孝所指,在安德烈亚斯·卡佩勒(Andreas Kappeler)所做的开创性工作的基础上,我们更深入地理解了俄国作为多民族政治体的特性,但考虑到这些"族群"有很多似乎都是在苏联早期构建的,我们真的应该仅以"多民族政治体"这一术语来理解俄国吗? 相反,松里公孝认为,学界应更加关注帝国下分的实际行政单位,包括州、省(oblasts)、县(uezds)、教区(eparchates),以及更广义的文官统治和军事统治区域。②

当然,当我们试图理解差异和不平等时,法律、政治、行政制度与文化密不可分:正如前文所述,俄国由于亚洲臣民的"落后性"、犹太人和西部边疆族裔的"不可信赖"而限制其应享的权利,这是一种同英法相似的理解,都从"发展论"的角度看待人性。然而,也正因如此,研究 19 世纪帝国史的历史学家很容易理解文化视角下对于不平等的辩护。相反,俄国法律和行政制度的复杂性与特殊性只能由那些专门研究俄国历史或实际上仅研究俄国特定地区历史的人来分析和解释。在写作这篇文章和听取其他学者的批评建议时,笔者发现,即使在同设地方自治局制度的省份之间,或是在同为军土体制管理的不同地区之间,也存在着大量的地方性差异。正如研究俄欧地区的历史学家很容易忽视突厥斯坦总督区行政管理上的殖民性质一样,(我发现)研究突厥斯坦总督区的历史学家也常常忽略该地区的军事政权与草原总督区

---

① 多米尼克·列文指出,许多这些主题,尤其是军事史,在过去 20 年间不被学界重视。("Introduction," in *Cambridge History of Russia*, vol. 2, p. 3.)
② Matsuzato, "General-gubernatorstva," pp. 427—432,456—458.

的差异,他们会误认为喀山州和乌法州的法律制度相同,或是将伏尔加-乌拉尔地区和西部边疆区同视为欧洲"母国"的一部分。如果说俄罗斯帝国并不像英国那样由自治领、英国直辖殖民地和保护国拼凑而成,具有令人困惑的异质性,那么其内部则有着更为微妙的差异,往往很难把握。

最后,这一多元和不平等的复杂图景不仅能够帮助我们理解沙俄,也有助于我们进一步理解其后来的历史。1917年以后,即使是俄国内部最"落后"的族群也成为了真正的苏维埃公民,无论他们真正拥有的公民权是怎样的,但这一公民权对全国范围内的所有民族和所有地区来说是一样的。相反,党员享有一定特殊性,且无论其为哪一民族。而那些被定义为阶级敌人的群体,如哥萨克(Cossacks)或中亚地区的乌里玛('*ulama*'),则被排除在苏维埃政治共同体之外(当然,这一逻辑有时也适用于特定的族裔,如1930年代的波兰人或1940年代的车臣人)。苏联之所以如此强调单一国籍,正是因为它比沙皇帝国更具雄心,同时也更果断地推动着臣民的现代化改造:在这一方面,亦如在其他许多方面,苏联与当代土耳其和伊朗的现代化政权更为相似。[1] 虽然沙俄与苏联在其他领域存在着延续性,但二者的区别就在于,前者对不同族裔和不同地区民众的权利义务分配以及授予的公民参与机会是不平等的,而后者的公民性愿景及其定义的公民是普遍一致的。

作者简介:亚历山大·莫里森(Alexander Morrison),牛津大学新学院研究员,牛津大学历史系现代战争史副教授,欧洲中亚研究学会前主席。

(马萍译,施越审校)

---

[1] Adeeb Khalid, "Backwardness and the Quest for Civilization: Early Soviet Central Asia in Comparative Perspective," *Slavic Review* 65,2 (2006):231—251.

沙俄对哈萨克草原东部地区统治政策初探
——以 1822 年《西伯利亚吉尔吉斯人条例》为中心

施 越

1819 年 3 月,一度受到俄国沙皇亚历山大一世垂青的改革者米哈伊尔·斯佩兰斯基在结束流放之后,由奔萨州州长转任西伯利亚总督。沙皇意图派遣这位以起草法案见长的改革家巡视广袤的西伯利亚地区,并系统性地改革沙俄在此地区的统治制度。① 前人文献多提及斯佩兰斯基对西伯利亚地区行政机构、异族(инородец)管理制度、商贸、税收和流放制度的改革,而 1822 年颁布的《西伯利亚吉尔吉斯人条例》②(Устав о сибирских киргизах,

---

① 关于斯佩兰斯基在西伯利亚总督任内的改革措施概述,参见徐景学主编:《西伯利亚史》,哈尔滨:黑龙江教育出版社,1991 年,第 235—239 页;Marc Raeff, *Siberia and the Reforms of 1822* (Seattle: University of Washington Press, 1956), pp. 39—128.

② 20 世纪初之前的俄文文献常以"吉尔吉斯人"(Киргиз)或"吉尔吉斯-凯萨克人"(Киргиз-Кайсак)称 1926 年之后世人熟知的"哈萨克人",以"喀喇吉尔吉斯"(Каракиргиз)或"野石吉尔吉斯"(Дикокаменный киргиз)称 1926 年之后的"吉尔吉斯人"。本文在引用史料文献时为贴近原文,译为"吉尔吉斯人";而在一般行文中则使用当代更熟悉的"哈萨克人"译法。相关讨论参见〔俄〕巴托尔德:《巴托尔德文集》第 2 卷第 1 分册《吉尔吉斯简史》,张丽译,兰州:兰州大学出版社,2013 年,第 584—585 页;另见〔哈〕格奥尔吉·瓦西里耶维奇·坎:《哈萨克斯坦简史》,中国社会科学院丝绸之路研究所等译,北京:中国社会科学出版社,2018 年,第 2—4 页。

下文简称"1822年条例")往往被史家一笔带过。这在以俄欧地区为地理中心的传统俄国史叙事框架中无可厚非,因为19世纪中期之前的西伯利亚对于沙俄而言相对次要,遑论自19世纪初才开始逐渐被纳入沙俄版图的哈萨克草原。

但是,从中亚近代史的角度,尤其是沙俄在中亚地区统治政策的角度来看,《西伯利亚吉尔吉斯人条例》是沙俄自16世纪在鄂毕河-额尔齐斯河流域立足以来,首次将官僚体制扩展到哈萨克草原东部地区,以科层管理方式统治哈萨克人。这标志着沙俄对中亚地区的统治由此前的羁縻政策转向建立行政机构,以逐步吸纳新征服领土和臣民,并为19世纪在中亚的进一步扩张奠定了基础。从条例文本的角度来看,1822年颁布的《西伯利亚吉尔吉斯人条例》是此后沙俄颁布的中亚各地区管理条例的奠基之作。无论是同时期的《奥伦堡吉尔吉斯人条例》(1824年),还是19世纪大规模征服之后颁布的《七河省和锡尔河省管理条例》(1867年)、《草原四省临时管理条例》(1868)、《草原诸省管理条例》(1891年),各版条例均在不同程度上继承1822年条例开创的统治原则。因此,对1822年条例文本的解读是研究沙俄在中亚统治政策的重要切入点。

国内外学界此前对该条例的关注较少。学者孟楠的专著是国内学界研究沙俄统治中亚政策的力作。该作品将1822年条例置于"俄国在哈萨克草原东部地区的军政管理制度"一节,从军政、经济和司法三方面概述了条例内容。[①] 西方和俄苏学界对沙俄统治政策的研究在地域上将重心置于河中农耕区,在时段上主要关注1867年建立行政管理之后;而将19世纪前半期视为军事

[①] 孟楠:《俄国统治中亚政策研究》,乌鲁木齐:新疆大学出版社,2000年,第87—91页。该作品在俄文术语译名方面为笔者提供了极大的帮助。

征服史,故较少关注其"文治"的一面。① 当代哈萨克斯坦学界的相关著作主要服务于 1990 年代独立之后建构国族主体性的诉求,因此多倾向于以民族主义或后殖民主义史观审视 19 世纪历史。其叙述重点在于描绘各地哈萨克人对沙俄政权的反抗,但对沙俄统治体制和具体政策实践的实证研究尚有欠缺。② 本文旨在以对 1822 年条例文本的分析为基础,阐述该条例所蕴含的三大方面统治政策,及该体制对沙俄在中亚地区扩张带来的影响。

一、1822 年《西伯利亚吉尔吉斯人条例》颁布的历史背景

如果说中亚近代史上承各地区仍相对独立发展的中世纪晚期,下启狂飙突进的现代,③那么《西伯利亚吉尔吉斯人条例》则是中亚近代史的一个缩影:它在政治史和制度史层面亦有承上启下的意义。在 1821 年废除哈萨克中玉兹汗位之后,该条例在名义

---

① 如皮尔斯(1960)叙述时间点从 1867 年开始,仅一章以军事行动为线索概述 1867 年之前沙俄征服中亚的进程,考察重点也集中在锡尔河、撒马尔罕和费尔干纳三省。马丁(2001)考察的时段同样以 1860 年代为开端。这与她参考的档案时段有关。重要英文著作参见 Richard A. Pierce, *Russian Central Asia, 1867—1917: a Study in Colonial Rule* (Berkeley: University of California Press, 1960); Virginia Martin, *Law and Custom in the Steppe: the Kazakhs of the Middle Horde and Russian Colonialism in the Nineteenth Century* (Surrey: Curzon Press, 2001); 重要俄文著作如 Терентьев М. А. История завоевания средней Азии. Т. 1—3. СПб. 1903—1906; Халфин Н. А. Политика России в Средней Азии (1857—1868). М., 1960.

② 例如,哈萨克斯坦学者坎的通史作品充分体现独立后民族主义史观视角下的历史叙事,参见〔哈〕格奥尔吉·瓦西利耶维奇·坎:《哈萨克斯坦简史》,中国社会科学院丝绸之路研究所等译,第 110—125 页。当代哈萨克斯坦也有一些学者从事微观层面的制度史研究,如苏丹加利耶娃关于沙俄统治下基层哈萨克官僚的系列研究,参见 Гулмира Султангалиева, "Казахское чиновничества Оренбургского ведомства: формирование и направление деятельности (XIX)," *Acta Slavica Iaponica* (Tomus 27, 2009):77—101.

③ 关于中亚近代史的分期和历史定位,参见王治来:《中亚通史(近代卷)》,乌鲁木齐:新疆人民出版社,2007 年,第 1—3 页。

上继续维持"苏丹"(султан)、"毕"(бий)等传统哈萨克社会精英的统治地位,以沙俄当局的力量为草原地区划分牧场,调停氏族部落间的冲突,并提供医疗、防疫和荒年粮食供应等基础服务,维系游牧生活方式的延续;但实则以有要塞军力作后盾的官僚制将部落精英规训为帝国边地基层官僚,以帝国法律压缩传统游牧社会习惯法的适用范围,以草原空间分割和边界管理防止大型游牧政权兴起,以商贸、文教和社会服务吸引游牧人弃牧从农。在部分承认草原游牧传统的基础上,该条例为沙俄边疆当局深度介入哈萨克社会提供了一套系统方案,并为后续逐步征服整个草原地区,以及在草原地区以南的河中农耕区大规模用兵奠定了坚实的政治和军事基础。受限于草原地区的政治形势,条例规定的一系列机构和职能并未在颁布之后迅速实现。但它为之后半个多世纪沙俄在草原地区的政策明确了方向,具有奠基性意义。

1822年条例名称中的"西伯利亚吉尔吉斯人"(сибирские киргизы)指的是大致分布于哈萨克草原东部,即额尔齐斯河以西以南至巴尔喀什湖的哈萨克游牧民。地域上对应今哈萨克斯坦北部、东部和中部地区。[①] 生活在哈萨克草原东部地区的哈萨克中玉兹和大玉兹于18世纪中期归附清朝,故草原东部在19世纪沙俄逐步强占吞并之前曾为清朝领土。俄文文献中所谓"西伯利亚吉尔吉斯人"这一概念与沙俄对哈萨克人的认知和行政管辖渠道有关。1734年奥伦堡建城后,活动于哈萨克草原西部的小玉兹哈萨克人在俄文文献中常被称为"奥伦堡吉尔吉斯人"(оренбургские киргизы),主要由驻扎在奥伦堡的军政官员管辖。与此对应,活动范围在哈萨克草原东部的哈萨克中玉兹部众被称为"西伯利亚吉尔吉斯人",其相关交涉事务在1822年以前由西伯利亚总督管

---

① 这一概念所包含的地域大致对应今哈萨克斯坦的北哈萨克斯坦州、阿克莫拉州、卡拉干达州一部分、巴甫洛达尔州、东哈萨克斯坦州等地。

辖。这一概念在地理上的边界,亦与沙俄 17—18 世纪在西伯利亚的扩张和统治密切相关。其中,沙俄当局以要塞线维持其在鄂毕河-额尔齐斯河流域的统治,而要塞线本身也成为划分地域、标识人群的文化符号。

早在莫斯科大公国时代,因长期与克里米亚和南俄草原的游牧部落交往和斗争,俄欧地区的政权便开始修筑土木工事防线(засечная черта),以阻滞游牧骑兵长距离奔袭。较为重要者是 16 世纪中期伊凡四世时期为对抗克里米亚汗国而修筑的"大防线"(Большая засечная черта)。该防线距离莫斯科市中心约 300 公里,穿越奥廖尔、图拉、梁赞等州。这些防线随着沙俄在 16 世纪以后的迅速扩张而逐渐向东、南、西方向推进。① 随着西欧要塞修筑技术日臻成熟,沙俄在 18 世纪逐渐将其境内的防御工事升级。重要军事据点升级为要塞,兼具军事守备和领土拓殖功能。1734 年最初建城、1743 年最终定址的奥伦堡要塞即个中范例。②

在西伯利亚地区,防线往往以河流交汇口的关键要塞为节点,向河流上下游延伸,形成要塞线(укрепленная линия)③。对于哈萨克草原东部而言,最重要的据点为 1716 年修筑于鄂木河(Омь)与额尔齐斯河交汇处的鄂木斯克。该城的建立和沙俄与中国准噶尔地方政权争夺额尔齐斯河流域控制权有关。1715 年,俄军分队最初计划于亚梅什湖(Ямышское озеро)附近筑堡,以控制

---

① 关于此类土木工事防线对于沙俄南向扩张的历史意义,参见 David Moon, "Peasant Migration and the Settlement of Russia's Frontiers, 1550—1897," The Historical Journal, 40 (No. 4, 1997): 859—893.
② 关于奥伦堡建设的相关历史背景,参见〔俄〕捷连季耶夫:《征服中亚史(第一卷)》,武汉大学外文系译,北京:商务印书馆,1980 年,第 62—63 页;另见 A. S. Donnelly, "The Orenburg Expedition: Russian Colonial Policies on the Southeastern Frontier, 1734—1740" (Ph. D. dissertation, University of California, Berkeley, 1960).
③ 关于"要塞线"这一译名的考量,参见吴筑星:《沙俄征服中亚史考叙》,贵阳:贵州教育出版社,1996 年,第 128—137 页。

附近盐产地。俄筑堡分队在修筑期间为准噶尔军队所围,被迫弃地撤往额尔齐斯河下游,改筑堡于鄂木斯克。① 但同一时期,准噶尔部首领策妄阿拉布坦,无暇北顾,故沙俄在 1720 年前后沿额尔齐斯河右岸向上游修筑要塞防线,南抵乌斯季卡缅诺戈尔斯克(Усть-Каменогорск,即今哈萨克斯坦厄斯克门)。此即沙俄额尔齐斯河防线的雏形。防线主要据点的居民最初为西伯利亚哥萨克。后俄欧逃亡农民、商贩和流放人犯逐渐充实边地人口,据点也逐渐成为区域商贸中心。

18 世纪沙俄在哈萨克草原北部的防线主要有乌拉尔河线、奥伦堡线、额尔齐斯河防线和伊希姆河线。19 世纪初,连接额尔齐斯河、伊希姆河及托博尔河的东西向苦水线(Горькая линия)修成。自此,额尔齐斯河右岸至苦水线北侧被视为内地(внутренние округи)。18 世纪中期,清廷平定准部叛乱之后,原受准噶尔部压制的哈萨克中玉兹各部逐渐占据草原东部地区至准噶尔盆地边缘的山麓草场。尽管 19 世纪初,当局仍不能彻底管控哈萨克人跨越防线游牧,但由防线构成的内外之分,逐渐开始由物质层面上升到法律和文化层面。额尔齐斯河防线以西以南地区的哈萨克游牧民,也由此被称为"西伯利亚吉尔吉斯人"。

在 1822 年斯佩兰斯基对西伯利亚管理体制进行改革之前,沙俄当局处理草原东部哈萨克人事物的管理机构是由二名官员组成边区委员会(пограничная комиссия),隶属于驻扎鄂木斯克的西伯利亚军团司令(командир Сибирского корпуса)。边区委员会管理居住在防线附近或防线内的哈萨克人事务,对防线外的哈萨克人则无权管辖。② 该机构对哈萨克中玉兹内部事务的介入程度有限,主要与汗王和重要苏丹交往,笼络汗王以使其保持名义

---

① 王治来:《中亚通史》(近代卷),乌鲁木齐:新疆人民出版社,2010 年,第 112 页。
② 〔俄〕巴布科夫:《我在西西伯利亚服务的回忆》下册,王之相译,北京:商务印书馆,1973 年,第 314 页。

上的臣属地位。哈萨克中玉兹阿布赍汗曾于1740年向俄当局表示效忠。1780年阿布赍汗去世后，其子瓦里被推选为汗（Вали хан，1781—1819年在位）。1819年瓦里汗去世。总督斯佩兰斯基此时主政西伯利亚，便抓住机遇，宣布不再承认中玉兹汗位，并推动新条例出台。1822年7月22日，沙皇谕令正式颁布《西伯利亚吉尔吉斯人条例》。由此，哈萨克草原东部地区政策的调整与西伯利亚地区管理体制的改革同步推进。

根据同在1822年颁布的《西伯利亚诸省机构建制章程》(Учреждения для управления Сибирских губерний)，斯佩兰斯基将整个俄属西伯利亚划分为西西伯利亚总督区和东西伯利亚总督区。西西伯利亚总督区下分托博尔斯克州（Тобольская губерния）、托木斯克州（Томская губерния）和鄂木斯克省（Омская область）。① 托博尔斯克州与托木斯克州辖境偏北。鄂木斯克省管辖包括额尔齐斯河、伊希姆河沿岸各要塞在内的西伯利亚防线，其南侧即为沙俄时期政策和法律文献中所称的"吉尔吉斯草原"（Киргизская степь）。借中玉兹瓦里汗去世的时机，斯佩兰斯基新设鄂木斯克省以强化对草原地区的管辖。

与此前边区委员会主管防线附近和防线内的政策原则大相径庭，1822年条例在哈萨克草原东部地区建立的新管理体制主要依赖驻扎在鄂木斯克的军政力量。在这一新体制之下，此前以羁縻方式处理的哈萨克人事务改为以官僚机构处理的内政，防线外的草原地区按科层级别划界。此一大变革，意味着沙俄开启了将

---

① 国内学界对俄文行政术语 губерния 和 область 尚无统一译名。《西伯利亚史》将 губерния 译为"省"而 область 译为"州"，参见徐景学主编：《西伯利亚史》，第236页。因两词的区别在于 губерния 境内没有或较少驻扎常备军，而 область 境内驻有常备军，孟楠认为两词可通译为"省"，参见孟楠：《俄国统治中亚政策研究》，第72页。为区别两者，本文在孟楠观点的基础上，将 губерния 译为"州"，область 译为"省"。

哈萨克草原东部地区整合入帝国版图的进程。至 19 世纪中期,西西伯利亚总督区下辖军队以此为基地,逐步侵吞清朝西北领土,终抵河中农耕地区。在这一进程中,1822 年条例所开创的草原地区官僚制管理、边界划分和引导牧人定居政策最为关键。

二、1822 年《西伯利亚吉尔吉斯人条例》所见新管理体制

1822 年《西伯利亚吉尔吉斯人条例》的正文共计 10 章,319 条。其中,第 1—6 章(第 4 条至第 253 条)为条例的主体部分,规定新管理体制的机构组成和职权范围。这一新体制由西西伯利亚总督和鄂木斯克省长两级俄罗斯政府,以及由哈萨克人推选的边疆地方基层政府组成。在边疆上层统治机关方面,哈萨克草原东部地区事务由西西伯利亚总督统筹,具体事务由辖境接临草原地区的鄂木斯克省长及其公署(省公署)负责。

在行政层级方面,鄂木斯克省下设区(округ)[①],依相对于西伯利亚要塞线的地理位置分为内区(внутренний округ)和外区(внешний округ)。外区为草原东部哈萨克人游牧地区,因此也是 1822 年条例所规制的主要对象。区下设乡(волость),乡下分阿吾勒(аул)。阿吾勒由 50—70 帐(кибитка)游牧户组成,相当于农耕地区的村落。每个阿吾勒由其内部哈萨克人推举产生的阿吾勒长(аульский старшина)管理。乡由 10—12 个阿吾勒组成。乡的划分往往对应某一哈萨克氏族(род)。各乡的主官被称为苏丹(султан)。乡苏丹可指定一名助手,并配有通晓俄语和鞑靼语的

---

① 关于俄文术语 округ 的译法,孟楠因将 губерния 与 область 均译为"省",故将 округ 译为"州"。格奥尔吉·坎的《哈萨克斯坦简史》中译本译为"区",捷连季耶夫《征服中亚史》(第一卷)中译本译为"区"。因当下国内学界一般将欧亚地区各国一级行政区 область 译为"州",为避免造成误解,笔者将 округ 译为"区"。

书吏。在阿吾勒和乡的基础之上,区由血缘上较为亲近或地缘上相邻的 15—20 个乡组成。

1822 年《西伯利亚吉尔吉斯人条例》的核心内容是在草原东部地区引入科层制管理体系。在鄂木斯克省管理机关之下,各外区的管理机关为区衙（окружный приказ）。区衙由大苏丹（старший султан）担任主席,另有由鄂木斯克省长指定的两名俄罗斯人代表（заседатель）①及两名选举产生的哈萨克人代表为区衙成员。区衙按照条例规定的编制配备书吏、翻译和口译员。

条例所引入的新体制,其最重要的特点为所谓"选举"制度。尽管与现代普选观念仍有较大差异,1822 年条例尝试在区和乡两级建立任期制和选举制。条例中规定,区衙建立之前,须先进行阿吾勒长和乡苏丹选举。阿吾勒长选举每三年举行一次,可以连选连任。阿吾勒长的选举以口头方式进行,以简单多数原则选出。其当选的人选需呈报区衙,由区衙允准,但区衙无权更改选举结果。如区衙对某阿吾勒选举的人选有异议,可呈报省长。②

乡苏丹的选举规则和任期与阿吾勒长选举类似。一旦当选,"其苏丹头衔可依照嫡长原则世袭;但在一些情况下,依照习惯,在征得乡公社（волостное общество）同意的前提下,乡公社可另选苏丹,但不得在未经省公署同意的情况下向此人授予权力。如果苏丹没有继承人,则从其兄弟或近亲中推举候选人,但也需要经过乡公社和省公署允准。同样,如果整个苏丹的支系绝嗣,也要经过同样的选举和审批流程。"③而不再主管乡事务的乡苏丹,尽管

---

① 关于此处对区衙之 заседатель 的译法,孟楠著作译为"代表",捷连季耶夫《征服中亚史》（第一卷）中译本译为"陪审官"。因区衙成员所承担职能不仅限于司法,译为"陪审官"可能产生歧义,故本文取孟楠一书译法。

② Масевич М. Г. Материалы по истории политического строя Казахстана. Т. 1. Алматы, 1960. С. 94.

③ Масевич М. Г. Материалы по истории политического строя Казахстана. Т. 1. С. 94.

不会被剥夺"苏丹"称号,但也不得介入乡事务的管理。条例相关条文并没有详细规定阿吾勒长和乡苏丹选举的具体投票和计票程序。此类细节在 19 世纪 60 年代之后出台的条例中得到完善。

相比乡政府层面一旦当选便拥有世袭特权的乡苏丹,区衙首脑大苏丹则有更为严格的选举和任期制度。区衙的大苏丹须由下辖各乡的乡苏丹人选推举而出;而区衙的两位哈萨克代表则可以从乡苏丹、毕或阿吾勒长的人选中推举。区衙成员的人选均需得到省公署允准。大苏丹的任期为三年,区衙哈萨克代表的任期为两年,均可连选连任。该选举的时间一般定为每年八月,各乡通过选举产生的乡苏丹、毕和阿吾勒长有权参与投票。因疾病或其他原因无法参与投票者,可以在规定期限内以书面方式递送选票,后者与普通选票有同等效力。选举以简单多数原则确定人选。①

除了将"苏丹"转为官号纳入官僚行政体制外,充满自由主义色彩的 1822 年条例还从废奴的角度切入,强调苏丹仅为沙俄官僚体制下的官员,不可与普通牧民建立主奴关系。条例明文规定,苏丹对辖区内的哈萨克人不再有奴役的权力,而仅有当局授予的权力。在区、乡成立之前既有的奴隶可以保留,且有转让、出售和继承的权利,但禁止奴役作为自然人的哈萨克人。所有哈萨克人均有权拥有不动产,可在遭到压迫的情形下向苏丹的上级长官起诉。作为补偿,条例规定苏丹可免于肉刑(第 273—279 条)。

在基层司法领域,条例将涉及哈萨克人的司法案件分为刑事、民事和行政诉讼三类。刑事案件包括叛国、谋杀、抢劫、牲畜扣押(俄文:баранта,哈萨克文:барымта)和抗法等类。此类案件一概由区衙审理,并受省法院监督。行政诉讼涵盖对阿吾勒长、乡苏丹、大苏丹和区衙会议哈萨克代表等土著官员的诉讼案件。原告需依行政级别向高于被告对象一级的行政主官提起诉讼。

---

① Масевич М. Г. Материалы по истории политического строя Казахстана. Т. 1. С. 95.

包括盗窃在内的诉讼案件（исковые дела）则交于阿吾勒和乡中的毕处理。此类案件均以口头方式、依据哈萨克的宗法习惯处理，并在判决后立即执行。如原告对毕官的判决不服，可以书面方式向鄂木斯克省长提起上诉，请求再次审理。而毕的资格可因审判不公而随时被中止。[①] 值得注意的是，1822年条例尝试在乡以下实行行政和司法分立原则：条例规定，在乡和阿吾勒两级，乡苏丹无权干预司法。普通民事诉讼案件由毕官受理，而刑事与行政诉讼案件则主要由区衙受理。1822年条例并未明确毕官的产生方式。

1822年条例所规定的哈萨克基层政府以区衙为"区-乡-阿吾勒"三级行政体系的权力中心。区衙有永久驻地，且以书面公文处理日常案件，以俄语和鞑靼语登记簿册。日常事务中，如区衙成员出现分歧，案件依大苏丹意见处理，但各方意见须登记在册，提交省公署（第71条）。乡和阿吾勒两级的主官在日常行政中主要以口头方式下达政令，但涉及国家经费开支的活动，区、乡和阿吾勒三级均须以简便方式依照相关法律记账。大苏丹、区衙哈萨克代表、乡苏丹以及区衙和乡苏丹随从文员均根据编制从沙俄边疆当局获得薪金和补贴。区衙另有省公署支发的办公经费，以及用于赈灾、医疗和教育的拨款（第117—119条）。区衙配备有作为警察力量的哥萨克卫队（отряд）。哥萨克卫队由沙俄要塞线上的哥萨克调拨，一般常驻于区衙所在地；特殊情况下分拨驻扎到乡，为区衙执法力量的支柱。

为强化沙俄当局作为哈萨克官员权力来源的形象，1822年条例独辟一节规定上述哈萨克官员的行政级别。大苏丹在当选之日即获得沙俄陆军少校军衔（相当于八等文官），且在服务三个任

---

① Масевич М. Г. Материалы по истории политического строя Казахстана. Т. 1. С. 103—104.

期之后，有权向当局申请沙俄贵族（дворянство）身份。区衙中，其他官员均不得获得高于九等文官的品级。乡苏丹的级别相当于十二等文官。阿吾勒长和毕如没有获封官衔，则视同俄罗斯内地的村长（сельские головы）。①条例第50条明文规定，"所有被选任的吉尔吉斯人首领，在没有上级政府的同意下，均不得自行确定权责。他们仅仅是上级政府授权统治人民的地方官员"。

除赋予哈萨克基层政府职官品级观念之外，条例尤其重视建构选举和授权流程的仪式感。条例试图将大苏丹和区衙代表的选举大会塑造成新体制下的重大仪式。条例第二章以十条的篇幅阐述大苏丹的选举流程，甚至明文规定无法到场投票者的选票递送方式（第41条）。条例建议选举时间为8月，即哈萨克游牧民转向冬牧场之前时间相对宽裕的夏末时分，以便各氏族精英和普通牧民有机会参与到选举大会之中（第39条）。具体日期建议为哈萨克人的节日，便于举办重大仪式。选举的地点一般为区衙所在地（第44条），而区衙一般设在区辖境的地理中心（第70条）。区衙成员选举的得票情况甚至要求向全区公众公布（第43条）。条例要求，选举流程完成之后，应当加入特殊仪式，要求当选的哈萨克官员以传统方式宣誓任职（第304条）。当局应支持哈萨克人举行特殊庆典，祝贺大苏丹当选，以及为有特殊贡献的哈萨克人授勋颁奖（第44—45条）。

在开设区衙的实际过程中，西西伯利亚总督和鄂木斯克省长对大苏丹和区衙官员选举仪式极为重视。例如，为筹备1832年阿克莫林斯克区衙的开设，总督维利亚米诺夫（И. А. Вельяминов，1828—1834年在任）在一封致省长的信中写道："选举之后，在区衙成立时要举行仪式，使'半野蛮'的民众（полудикий народ）留下深刻印象。"为此总督特批1万卢布预算用于区衙举行仪式和采

---

① Масевич М. Г. Материалы по истории политического строя Казахстана. Т. 1. С. 95.

购礼品,而当年的整个区的新体制公职人员薪金及办公经费总预算仅 2.1 万卢布。①

与巨额投入对应的是精心准备的选举和设区仪式。仍以阿克莫林斯克区衙开设仪式为例,哥萨克卫队队长舒宾上校(Ф. К. Шубин)详细报道了仪式全程:1832 年 8 月 22 日上午十点,仪式以舒宾指挥的阅兵开始。在三发礼炮之后,军乐队奏乐。俄军官兵全副武装,在毡房前的广场列阵,以排为单位举行阅兵式。第二个环节是由哈萨克译员诵读 1822 年《西伯利亚吉尔吉斯人条例》的哈萨克文译本。诵读完毕后,与会乡苏丹和其他具有选举资格的哈萨克人进行大苏丹和区衙哈萨克人代表选举仪式。人选确定后,由哈萨克毛拉依习惯带领所有与会哈萨克人进行礼拜仪式,同时俄军乐队奏军乐。之后,当选的大苏丹和两位区衙哈萨克人代表在毛拉带领下宣誓,诵读以俄文起草、附哈译文的宣誓词,同时向沙皇和真主效忠。宣誓结束,宣誓人在誓词文件上签名或留下个人印章②,文件之后呈送省长、总督及中央。接着,先由与会哈萨克人祝贺所有当选的哈萨克官员长寿,后俄罗斯官员以俄语重复贺词。卫队鸣炮 31 响③,同时朝天鸣枪,高呼"乌拉"三次,复以小号奏乐。

之后,俄卫队司令向大苏丹呈递绣有区徽的旗帜,竖立于大苏丹毡房顶端。大苏丹与哈萨克人代表在毡房内挂沙皇尼古拉一世画像,置印有沙皇谕令的三棱柱(зецарло)于帐内。之后三人签署俄文起草、附哈译文的区衙设立文件。同一时间,卫队行进回营,仪式正式结束,转入宴请赠礼环节。俄卫队司令以每人一

---

① Масевич М. Г. Материалы по истории политического строя Казахстана. Т. 1. С. 147—148.

② 因游牧生产方式对识字并无需求,大多游牧社会贵族并不识字,故依靠刻在戒指上的印章替代签名。

③ 原文如此,疑为 21 响之误。

杯红酒及一俄磅牛肉的标准设宴招待与会众哈萨克苏丹、毕官和阿吾勒长,赠送礼物。宴饮间歇,俄方为歌舞和赛马等活动准备奖金,由哈方按习俗自行表演娱乐。仪式和宴请共计三天,哈萨克官民宴后各自返乡。①

　　这一耗资甚巨的仪式显然旨在整合俄哈双方的礼仪传统。仪式以俄式军礼为起止,以推举哈萨克部落首领的仪式(诵经礼拜、宣誓和祝贺)为主体。但仪式中间穿插诸多彰显沙俄新管理体制的细节,如宣誓文本为俄文起草的宣誓词而非《古兰经》选段,效忠后须书面落款,权力须在区旗和沙皇画像之下行使,宴请标准和歌舞游戏形式之间的平衡等。此次仪式中,并未出现欧亚草原游牧民族首领继位仪式中常见的抬毡环节。可能该仪式随沙俄废除中玉兹汗位而被一并废止,抑或哈萨克精英并不将大苏丹的地位等同于汗。② 在短短几页的报告中,后人可充分体会沙俄当局在宣示主权和尊重哈萨克人习俗之间的权衡。

　　概言之,在地方统治领域,新体制突破了18世纪沙俄对草原地区实行的羁縻统治传统,以民众推举加官方授权的方式形成乡和阿吾勒执政精英,并以这两级哈萨克官员为基础,推举出区级大苏丹和两名哈萨克代表。这一体系将此前沙俄边疆当局对哈萨克游牧社会的干预制度化:一方面,当局以选举之名使得游牧部落社会内部政治精英之间的竞争公开化、对当局而言"可视化"。另一方面,在行政流程上,通过建立省公署监管区乡选举,区衙监管乡、阿吾勒选举的制度,哈萨克基层政府的合法性表面上依然来源于游牧氏族和部族的选举,而沙俄边疆当局的授权则

---

① Масевич М. Г. Материалы по истории политического строя Казахстана. Т. 1. С. 151.
② 关于欧亚草原游牧民族首领继位仪式中抬毡环节的讨论,参见罗新:《黑毡上的北魏皇帝》,北京:海豚出版社,2014年,第24—48页;苏北海:《哈萨克族文化史》,乌鲁木齐:新疆大学出版社,1996年,第335—336页。关于哈萨克传统中汗继位仪式的抬毡行为记载,参见〔俄〕捷连季耶夫:《征服中亚史》(第一卷),武汉大学外文系译,第105页。

变得日益重要。

　　1822年条例的主要目标在于建立一套适用于草原地区的统治体制,但新管理体制并非彻底另起炉灶。在官号方面,新体制沿用了作为部族和氏族首领的"苏丹"称号,但极大地束缚了苏丹的权限。"毕"在传统哈萨克社会的地位因时而异。权位高者,有17—18世纪初头克汗时代传说分管三玉兹的托列(Толе би)、卡兹别克(Казыбек би)和艾伊铁克(Айтеке би)。但在1822年条例所建立的新管理体制下,毕成为了乡和阿吾勒两级司法体系的一种职务,仅有权受理民事诉讼案件。尽管如此,官号的制度化有利于新制度在草原地区生根,让部落精英和普通牧民逐渐接受相同头衔背后大相径庭的权力内涵。

三、画土分疆:1822年条例对草原空间的划分和维持

　　将土著精英整合入科层制管理体系仅仅是整个1822年条例所规划管理制度的一个方面。同样重要的是对哈萨克草原东部地区的空间划分和空间秩序的维持。尽管1822年条例仍明确以血缘为基础划分阿吾勒和乡,但在承认血缘原则重要性的同时,沙俄当局通过诸多手段强化内外边界观念,进而将区-乡-阿吾勒的纵向科层组织与横向的空间划分结合,旨在限制游牧人的移动性,抑制游牧社会跨区域的联合潜力。

　　《西伯利亚吉尔吉斯人条例》的第一章标题即为"划界"(Разделение)。条例要求依照区-乡-阿吾勒三级行政单位划分沿额尔齐斯河西伯利亚要塞线以西以南的哈萨克草原东部地区,即条例中所谓"要塞线外吉尔吉斯人"(залинейные киргизы)居住地区。各区边界的划分由俄要塞线军需官负责。区边界一经划定,各区衙"权力不得超越行政边界"(第10、60条)。条例强调,"每

个区的居民未经地方长官允许不得越界"(第9条)。各区被禁止在其他区衙辖境内自行缉捕罪犯和逃亡者,而须通知逃人所在区境的区衙以采取措施。在乡边界层面,条例同样强调由行政边界来设定权力实行的空间范围:如乡边界划定后,同一氏族被划入两个乡,则乡苏丹不可管理两个乡的事务。"在乡公社同意的情况下,权力可交给其子或兄弟;否则需要通过选举产生新的乡苏丹"(第35条)。乡苏丹不得在辖境以外的乡行使权力,即使其他乡的哈萨克人与苏丹有血缘关系(第107条)。阿吾勒长在没有通报苏丹的前提下不允许自行游牧转场,且只有在苏丹下令的前提下,才可与其他官员发生职务上的联系。上述条文旨在以行政原则取代传统的血缘纽带,重新建构各层级的游牧民组织。

条例所关心的不仅是俄属哈萨克草原东部地区内部边界的划定。根据距离要塞线的远近,各区被分为近线区(близ-линейные округи)和边境区两类(пограничные округи)。属于边境区一类的各区须在远离要塞线的一侧树立界标,以宣示沙俄主权界线。同时,边境各区应配备规模更大的哥萨克卫队,以戍卫边界。区衙成员应率领哥萨克卫队巡查边界,平日由边境各阿吾勒长负责巡查事务。在重要地块应树立永久性界标(第77—80条)。条例规定,"禁止俄属哈萨克人越过此边界游牧"(第78条)。

在主权边界内,要塞线则有区分内地与边疆的功能。近线区负有限制哈萨克牧民任意越界进入线内省份的义务。在有贸易需求的情况下,哈萨克牧民可以进入要塞线上的堡垒和附近的村庄进行交易。越界游牧的行为只有在得到区衙和地方法庭允准的情况下才可进行(第88—93条)。这些关于国界和内外边界的规定在短时间内显然不易落实,但条文本身和开设各区时宣读条文的仪式均有宣示主权边界、强化牧民边界意识的功效。

边界一经划定,对跨界移动的管控也会相应匹配。除上文提到常规的游牧活动以外,条例重点关切的尚有两类移动方式:商贸与牲畜扣押。在商贸方面，条例规定，区衙有义务收集过境商人和商队的信息，并提供保护。所有异国人士（иноземец）在进入第一个俄属边境区时，区衙负责出具书面文件（письменный вид）。如异国人士意图经要塞线进入俄内地省份，区衙须护送其至最近的要塞线关卡。异国人士通关须出示区衙出具的书面文件。如异国人士或商旅行进路线未经区衙驻地，则可由边境某乡苏丹处出具书面文件，供要塞线关卡查验。乡苏丹出具的书面文件须上报区衙（第 69、83 条）。所有经要塞线入内地省份的异国人士和商旅均须经关卡查验，其书面文件须上报省公署。在处置非法越境的异国人部分，条例仅提到对清朝臣民的处理方式：扣留后送交省公署，并由省公署遣送至恰克图（第 86 条）。对旅行者和商队的管控，能有效体现新管理体制空间划分的意义，并在日常的行政实践中强化区乡两级哈萨克官员对行政边界的认知，进而强化沙俄当局试图塑造的边界观念，限制游牧群体的移动性。

　　边界管控的另一重点是抑制牲畜扣押行为。牲畜扣押是游牧社会常见的一种现象。它指的是某游牧民或氏族因感到遭受来自另一人或氏族的不公正待遇，通过劫掠、扣留对方牲畜的方式迫使对方谈判补偿。在完成谈判后，扣押牲畜的一方往往会交还全部牲畜，或扣留一部分作为赔偿。① 然而此类朴素的草原传统容易诱发氏族乃至部落间的冲突，以致形成长期纷争。因此，对于试图在草原上建立稳固政治秩序的沙俄当局而言，牲畜扣押不可作为单纯的民族习惯对待。1822 年条例第五章将涉及哈萨克人的司法案件分为刑事、民事和行政诉讼案件三类，而牲畜扣

---

① 关于牲畜扣押的相关描述，国内较早的研究参见苏北海：《哈萨克族文化史》，第 363 和 366 页；英语学界的主要研究参见 Virginia Martin, *Law and Custom in the Steppe: the Kazakhs of the Middle Horde and Russian Colonialism in the Nineteenth Century*, pp. 140—155。但马丁没有注意到的是，与哈萨克草原地区牲畜扣押相关的立法至少可追溯到 1822 年条例。

押与叛国、谋杀和抢劫一道被定义为刑事案件,须由区衙派人侦查、区衙会议审判且受到省法院监督(第206—214条)。乡苏丹作为氏族中有影响力的人物,往往与牲畜扣押事件的当事方有血缘或地缘联系。故条例规定,"如苏丹被指控放任抢劫或牲畜扣押,甚至卷入其中,则立即移送法庭",接受刑事审判(第256条)。

除此之外,条例专辟一节,规定草原地区的防疫隔离措施。而这部分措施的设计,则充分利用了前述官僚体制和行政区划,将对潜在病疫的应对转变为强化行政建制的有利因素。条例将应对疫病的主要责任置于区衙。一旦出现牲畜倒毙现象,区衙一方面需要立即通报临近的要塞线长官;另一方面应以乡为单位,切断疫病乡与无疫病乡之间的联系,通过草原地区的哨所士兵传递信息。区衙要警告无疫病乡的哈萨克人尽快转场,远离出现疫病的牧区,并针对易感畜群建立隔离措施。而乡苏丹和阿吾勒长必须尽快向普通牧户传播讯息,以防疫病扩散(第236—242条)。由此,疫病将成为强化沙俄行政机构和行政区划的机遇。

1822年条例所见划分辖区和维系边界的条款主要涉及对行政机构辖区的界定和对普通民众移动行为的限制。需要指出的是,在这一体制落实之前,草原地区并非如后世文人想象的自由世界:游牧氏族和部落之间同样存在依习惯、协商或暴力划分的牧区边界。而1822年条例首次在哈萨克草原东部地区以成文法的形式规定行政层级及对应的行政边界。与此相应,行政边界在规范意义上划定了各级哈萨克官员的权力边界。结合要塞线海关、司法和防疫隔离等制度,沙俄当局通过对放牧、迁徙、牲畜扣押、疫病防治等行为的规制,使行政边界逐渐从文本变为普通哈萨克牧户要面对的生活现实,进而使之成为沙俄统治秩序的基石。

四、限牧劝农:1822年条例对牧人定居的引导

如前文所述,从沙俄当局的角度来看,哈萨克人对于西伯利

亚要塞线的根本威胁源于其游牧生活方式所蕴含的军事潜能。设官立制和划分疆界均为抑制草原地区兴起大规模游牧政权的手段。而在前现代社会,要从根本上消除游牧集团对农耕社会的军事威胁,最终需要通过游牧民的大规模定居和转入农耕生活方式来实现。1822年条例对各级政府在信息收集、房舍修建、土地分配利用,以及社会服务等方面作出详细规定。这反映出起草者斯佩兰斯基充分理解牧人定居和发展草原地区农业、商业对于维持草原秩序的重要性。

发展草原地区经济,首先需要准确的人口和土地资源的统计信息。1822年条例要求各区衙登记本区下辖各乡苏丹和阿吾勒长的真实姓名和驻地变动情况;每三年进行一次各乡和阿吾勒的帐户及异动信息的普查,以便统计人口数量;如辖区内有建筑或不动产,则要求登记该地块信息(第68条)。

其次,边疆当局以拨款激励区衙修建各类房舍,将区衙驻地发展为具有商业意义的集镇。1822年条例规定,每个区都必须建造以下四类建筑:—1)区衙办公房舍和区衙文员的住所;—2)神职人员的礼拜寺;—3)可服务150—200人的诊所;—4)哥萨克卫队的兵营(第124条)。为此,各区衙必须制定预算,上报省公署,并按照预算执行建筑计划。在引入1822年条例的最初五年,执行该条例的各区哈萨克人享受五年的免税优惠,但鼓励哈萨克人自愿捐赠牲畜、物品或货币以支持医院、学校和福利机构房舍的建设。捐赠物资均需由区衙登记造册,呈报省公署。

相对准确的人口和土地信息是后续区衙依照条例分配土地使用权的基础,而土地利用政策则明确包含引导牧人定居和参与农耕的目标。1822年条例规定,每个区须指定地块,划分适用于农牧、手工业和商业的土地。大苏丹有权使用区衙驻地周边5—7平方俄里的土地;每位区衙哈萨克代表有权使用2平方俄里土地;每位区衙俄罗斯代表有权使用1平方俄里土地。区衙翻译和文员的土地分配标准对标同级哥萨克军官。而驻扎在草原地区的哥萨克卫队成员,每人可分得 15 俄亩份地用于维持生计。此外,如有自愿从事农耕的哈萨克人,每人可获得 15 俄亩土地,由区衙监督其耕种和使用状况。条例要求,区衙的俄罗斯代表和哥萨克卫队成员应作出表率,积极参与农耕和建筑修造工作。如有可能,应发展园艺、养蜂和其他副业。应吸引苏丹、阿吾勒长和普通哈萨克人积极利用区衙下辖的各类设施,为他们提供帮助、支持和建议,以吸引更多人适应定居生活。如已分配土地在五年内未经耕种或使用,则区衙有权收回并重新分配(第 167—183 条)。

值得注意的是,1822 年条例的起草者还尝试在草原地区引入包括公共粮食供应、医疗、防疫、教育和社会保障等方面的社会服务机构。这些机构的存在也将更有利于吸引牧人转入定居生活。条例以 17 条的篇幅规定公共粮食供应政策,第 150 条开宗明义:"即使小麦并非吉尔吉斯人的主要食物,为了预防他们因牲畜倒毙或染病而陷入饥荒,以及为鼓励他们务农定居,要在每个区设立官粮铺(казенная хлебная продажа)。"①官粮铺的定位是为草原地区牧民提供基本的粮食供应,尤其是在灾荒时期平抑粮价。为此,鄂木斯克省为每个新开设的外区准备 3 万卢布贷款。待官粮铺的资本规模达到初始资本的 2.5 倍之后,可开始还贷。条例对官粮铺的利润、销售价位和销售量都作出具体限制。各区官粮铺的主管和护卫人选由省公署确定,其薪金从官粮铺营业利润中支发(第 150—164 条)。值得注意的是,第 160 条规定,官粮铺以俄国货币进行粮食交易。而 1822 年条例规定的对哈萨克牧民的征税方式仍然是值百抽一的牲畜实物税(ясак)。② 可见,除维系

---

① Масевич М. Г. Материалы по истории политического строя Қазахстана. Т. 1. С. 100.

② 即牧户每占有一百头牲畜,每年须向当局上缴一头作为赋税,参见 Масевич М. Г. Материалы по истории политического строя Қазахстана. Т. 1. С. 100.

基本的粮食供应外,在草原地区开设官粮铺还有推广沙俄法币使用、将边疆地区纳入俄属西伯利亚地区经济循环以吸引哈萨克人定居农耕的目的。

在医疗卫生方面,条例规定,每个区须配备两名医生(лекарь),为官兵和居民提供医疗服务。每个区须建设固定的诊所,为区内贫穷和重病的哈萨克人提供诊疗场所。诊所内的勤杂人员可雇用贫穷的哈萨克人,其开支由各乡和阿吾勒承担,日常运营由区衙管理。医生应该为患者的需求在区内走访。此外,医生应该尽可能劝说哈萨克人接种天花疫苗,由当局提供物质激励(第229—235条)。

在文化和教育方面,条例起草者认为哈萨克人当时的信仰更倾向于原始多神崇拜,而非正统的伊斯兰信仰,故存在吸引大多数哈萨克人皈依东正教的可能性。条例鼓励省公署联系教会,向草原地区派遣传教士。如果某个区皈依东正教的人数达到一千人,那么鄂木斯克省必须拨款建造教堂,并要求教会分配牧师。如牧师顺利进驻,应与省教育部门长官配合,尽力筹款建立教会学校,教授哈萨克学童俄文读写、算术和法律。乡苏丹和阿吾勒长的子弟如自愿入俄罗斯学校学习,可由当局公费支持。学童在接受俄文读写和算术训练后,如家长同意,可担任公职。除上述待建的草原地区教会学校以外,其他俄罗斯学校均应以各种方式支持哈萨克人就学。条例还承诺,每个哈萨克人都有权依法送子弟到俄罗斯学校接受教育(第243—249条)。在社会福利方面,条例要求各州厅准备5—10顶帐篷用于社会救助,为受伤、年长、有精神疾病和丧失劳动能力的人提供帮助(第252—253条)。

促进草原地区的土地开发和公共设施建设显然需要鄂木斯克省长和省公署支持。条例的起草者也充分考虑到了这一方面。条例规定,省长必须关心哈萨克人的受教育和住房建设状况,并派遣军需官赴从事农耕的哈萨克人处协助丈量土地(第264—265

条)。当局可根据需求发放一次性补贴,为其在草原上建造和维修房舍(第120条)。省长还有义务调查要塞线和临近集镇的农具交易情况,保障农具供给。哥萨克卫队在赴草原地区之前,应携带铸造工具,以便在当地开设工匠店铺。此外,省公署应该鼓励各区为率先在农垦、养蜂或其他事业方面取得成就的哈萨克人授奖(第185—187条)。在商贸方面,条例允许商旅免税通过哈萨克草原,且不对商旅与哈萨克人之间的贸易行为征税,以便吸引更多商旅赴草原地区(第193—194条)。条例规定省长每年需亲自或派人到草原地区考察一次,巡视秩序。

条例甚至考虑到为接受定居生活方式和俄罗斯教育的哈萨克人打开社会上升通道。条例规定,在乡公社和地方长官允准的情况下,帝国境内的哈萨克人有权赴内地省份谋生。每位哈萨克人均有权申请加入帝国的某一阶层(государственное сословие),有权登记注册为某一行会成员。在转入其他阶层后,哈萨克人脱去"异族"身份,转而承担相应阶层的权利义务(第268—271条)。

综上所述,1822年条例尝试以区衙为政策落实的中坚力量,通过鼓励定居农垦、引入医疗教育等社会服务、招徕商旅和为哈萨克人提供融入帝国社会主流等手段,吸引部分游牧民接受定居生活方式,逐步实现帝国对草原地区的整合。

五、1822年条例的落实与哈萨克草原东部地区的政策实践

尽管1822年条例全文通篇以主权者的口吻规定哈萨克草原东部的政治事务,但事实上,要塞线外的第一个外区区衙的开设要等到条例颁布近两年之后。1824年4月8日,鄂木斯克省下辖的第一个外区,卡拉卡尔林斯克区(Каркаралинский округ)完成

大苏丹①和区衙代表选举。此次选举中，一部分下辖乡的苏丹没有到场参加。最终当选大苏丹的是托热（哈萨克语：төре）出身的图尔逊·钦吉索夫（Турсун Чингисов），为内帐布凯汗（Букей хан，1742—1815年）子侄。② 为支持区衙工作，鄂木斯克省选派鄂木斯克亚洲学堂（Омское азиатское училище）的三名学员赴该区担任下辖乡苏丹的书吏。区衙哥萨克卫队由要塞线抽调的250名哥萨克组成。在区衙开设的政令中，省长要求哥萨克携带农具和种子，在区衙周边从事农垦，以免对区哈萨克牧民造成经济负担，并通过发展农业吸引牧民定居。区衙开设之时，区、乡和阿吾勒的划界工作尚未落实。同年4月29日，鄂木斯克省开设第二个外区——科克切塔夫区（Кокчетавский округ）。当选的大苏丹是同为托热出身的迦拜杜拉（Габайдулла），即已故的中玉兹瓦里汗之子。③ 这两个区的共同特点是存在支持沙俄新管理体制的哈萨克传统部族精英。而区衙所需的书吏、译员、作为护卫的哥萨克卫队和最初五年的运行经费均由俄当局提供。尽管区下辖各乡仍存在反对新管理体制的势力，两个区衙依然顺利开设。④

此后近七年时间，鄂木斯克省并未新设任何外区。到1830年代，该省陆续开设五个区：阿亚古兹区（Аягузский，1831年），阿克莫林斯克区（Акмолинский，1832年），巴彦阿吾勒区（Баян-

---

① 哈萨克斯坦著名思想家阿拜·库南巴耶夫的父亲库南拜（Кунанбай Оскенбаев）于1849—1852年担任该区大苏丹。

② 此人之后连续六个任期担任该区大苏丹（1824—1843），且其子图列克（Тулек）和谢尔江（Сержан）在19世纪后半期也出任过该区大苏丹。

③ 迦拜杜拉一度尝试争取清廷支持称汗，但为俄当局察觉，于卡尔卡拉林斯克将其逮捕。此后，出身平民阶层（即所谓"黑骨"阶层）的吉勒加尔·拜托金（Джилгар Байтокин），以及瓦里汗的长孙阿布赍·加巴索夫（Аблай Габассов）相继担任科克切塔夫区大苏丹。参见 Зилгара Байтокаулы//Казахстанская национальная энциклопедия. Т. 2. Алматы, 2005. С. 408—409。

④ Письмо султана Сасыма Аблайханова оренбургскому военному губернатору с просьбой закрыть Кокчетавский окружной приказ. 24 июня 1825. //Масевич М. Г. Материалы по истории политического строя Казахстана. Т. 1. С. 137.

аульский,1833年),乌奇布拉克区(Уч-булаксий,1833年),阿曼卡拉盖区(Аман-Карагайский,1834年)。与条例文本中的核心关切相似,各区开设时,西西伯利亚总督和鄂木斯克省长的关注重点主要为以下五方面:(1)乡和阿吾勒精英对区衙首脑选举和宣誓效忠仪式的参与;(2)区和乡两级行政单位边界的划分;(3)对牲畜扣押行为的严格限制;(4)对农垦和商贸的支持;(5)吸引尚未效忠的哈萨克部族加入俄籍、采纳新管理体制。①

随着1838年《西伯利亚吉尔吉斯人单独管理的条例》(Положение об отдельном управлении Сибирскими Киргизами)颁布,鄂木斯克省被撤销,改设"西伯利亚吉尔吉斯边防管理局"。鄂木斯克省下辖七个哈萨克外区中,乌奇布拉克与阿曼卡拉盖两个区被撤并,外区数量减少到五个。1840年代以后,因清廷为浩罕威胁和国内财政危机所困,难以有效维持对巴尔喀什湖地区的控制,沙俄的西伯利亚当局趁机逐渐向南扩张:1844年设立科克佩克特区(Кокпектинский),其区衙位于斋桑泊西北。1846年,俄军在准噶尔阿拉套西麓构筑科帕尔(Копал)要塞。1854年,俄军南下至外伊犁阿拉套,于阿拉套北麓阿拉木图河岸修建维尔内堡(即今哈萨克斯坦阿拉木图城前身)。同年沙俄政府颁布《塞米巴拉金斯克省管理条例》,将哈萨克草原东部地区改为西西伯利亚总督区下辖西伯利亚吉尔吉斯省(Область сибирских киргизов)和塞米巴拉金斯克省(Семипалатинская область)。

19世纪中期途经哈萨克草原东部地区的俄国军政官员和旅行家从不同角度记述了1822年条例颁布后不到半个世纪时间内该地区的变化。至1860年代,草原东部地区的省-区-乡-阿吾勒

---

① Правила деятельности Каркаралинского окружного приказа, составленные омским областным начальником. 11 апреля 1824. // Масевич М. Г. Материалы по истории политического строя Казахстана. Т. 1. С. 112—118.

四级行政体制已稳固建立,且区衙会议规模扩展到七人(大苏丹和俄哈各三名代表)。因大苏丹和哈萨克代表大多不识字,三名俄罗斯代表中一人担任常任代表,掌管区衙文书工作。此外,区衙的实际权力因 1820 年代至 1840 年代频繁的战事而被架空:这一时期,以肯尼萨尔起义为代表的抗俄势力与俄当局的斗争导致军队和大量武装移民进驻草原东部地区,成为维持地方秩序的主要力量。区衙甚至需要向邻近驻军求助以处理凶杀、抢劫和牲畜扣押案件。在司法方面,区衙的司法职能因哈萨克人不熟悉俄罗斯式司法程序而长期未能落实。相比之下,制度化的毕法庭同时受到哈萨克人和哥萨克的欢迎。

在边界管控方面,19 世纪中期的俄国旅行者鲜少记载哈萨克部族跨越额尔齐斯河游牧的情形。尽管区和乡的边界尚未稳固,行政体系带来的区域划分观念已经存在。在引导定居方面,阿克莫林斯克(即今日哈萨克斯坦首都努尔苏丹的前身)区衙驻地发展成区域商贸中心,为商人与牧民自发交易的场所。至 1860 年代中期,该地一年的货物周转额达 150 万银卢布。[1] 值得注意的是,19 世纪中期到访草原东部地区的俄军政官员大多抱怨该地区的管理制度尚无力将俄罗斯的器物制度和文化扩展到本地社群,但鲜少有人反映本地统治不够稳固。可见,至 1860 年代,沙俄的军政力量已经有效控制哈萨克草原东部地区的政治秩序,形成跨地域哈萨克人游牧政权的可能性已经基本排除;以下诺夫哥罗德和伊尔比特的集市为枢纽的沙俄商贸网络也已经渗透到该地,尽管管理体制中的司法、商贸、文教和社会服务等职能仍相对虚弱。

1865 年,俄军攻克塔什干城。草原西部和东部地区的要塞线至此完成合围,沙俄当局亦开始考虑重构中亚边疆的行政管理体制。在 1865 年吉尔斯(Ф. К. Гирс)考察团完成对草原地区的调研

---

[1] Гейнс А. К. Собрание литературных трудов. СПб. , 1897. С. 114.

之后，沙俄当局以调研报告为基础，于 1867 年和 1868 年各颁布《七河省和锡尔河省管理条例》和《乌拉尔、图尔盖、阿克莫林斯克、塞米巴拉金斯克诸省临时管理条例》。草原东部地区分入阿克莫林斯克和塞米巴拉金斯克两省。行政架构上最大的变革是撤区改县，将由大苏丹和俄、哈代表组成的区衙改为由俄罗斯校级军官担任的县长（уездный начальник）和县公署（уездное правление），而哈萨克基层政府仅保留乡和阿吾勒两级。

1822 年《西伯利亚吉尔吉斯人条例》至此似乎已退出历史舞台，但这部由斯佩兰斯基起草的法令所包含的一系列基本原则依然蕴含在 1868 年临时条例和 1891 年《草原诸省管理条例》之中。以选举加俄当局批准产生的哈萨克官员管理基层，以区（1868 年改为县）和乡为单位划分辖区，以农耕、商贸、文教和社会事业鼓励牧民定居，这三方面政策依然构成 19 世纪后半期沙俄在草原地区统治的支柱。

结语：作为哈萨克草原东部历史转折点的 1822 年条例

作为斯佩兰斯基一生宏大立法事业的一部分，《西伯利亚吉尔吉斯人条例》以 319 条的篇幅建构了一整套结合草原游牧传统的沙俄统治体制。以吸纳哈萨克部落精英为基础的科层制管理、以科层制为中心的行政区划和边界管理，均为防范草原地区形成跨地域游牧政权的手段。而要从根本上消除欧亚历史上游牧帝国出现的可能性，彻底将农耕管理体制建立在草原之上，则需要以多种措施吸引牧民转入定居生活。配合欧洲近代出现的火器制造、要塞修筑、土地勘测、后勤管理等技术，1822 年条例所推行的官僚制、行政区划和定居政策在相对有限的人员进驻和资金投入的条件下，经十数年基本覆盖"西伯利亚吉尔吉斯人"地区。

克里米亚战争（1853—1856年）之后，沙俄在中亚地区的扩张如疾风骤雨一般。但"马上得天下，安能马上治之"，沙俄在新征服领土上的制度建设却鲜为前人学者所关注。在沙俄的中亚地区统治体制发展过程中，1822年条例具有奠基性作用。在1822年之前，沙俄更多强调对草原东部地区因俗而治，即通过封赏部族首领，获得柔性甚或仅有象征意义的控制。而1822年条例在行政上将冠以"苏丹"名号的部族首领转为边疆当局领导下的区、乡和阿吾勒各级官僚；在地缘政治层面，各区、乡划定疆界，以区、乡和要塞线力量限制越界游牧；在社会经济方面，通过土地利用、税收、文教和社会保障等手段优待定居人口以削弱哈萨克人的游牧传统。

1822年条例标志着沙俄对中亚的统治从19世纪以前的"因俗而治"转入更为直接的军政统治。此后，随着沙俄在19世纪中期派遣重兵征讨浩罕、布哈拉和希瓦三汗国，吞并土库曼人游牧地区，终建立以突厥斯坦总督区（1867—1917年）和草原总督区（1882—1917年）为支柱的中亚统治体系。两者对应的1886年和1891年管理条例将土著政府的层级压缩到乡、村（农耕区）或乡、阿吾勒（牧区）两级，以更为细致的条款规定乡、村两级政府和毕的选举流程，以更大力度介入习惯法所规制的民事诉讼领域。概言之，1822年条例标志着沙俄对哈萨克草原地区的统治政策从羁縻转向建置，旨在抑制草原地区大规模游牧政权的出现，将草原地区从"危厄边疆"逐步转为帝国纵深腹地。

作者简介：施越，北京大学外国语学院助理教授。

帝国时期的俄国权力史
——研究方法论问题

德米特里·安德烈耶夫

对帝国时期俄国历史的研究是多角度的。近来最流行的一条研究路径,是探寻多民族性是如何与中央集权的管理体系,更重要的是,如何与占主导地位的、统一的文化相融合的。这种文化显然不仅是简单的"民族间交往的语言",它更为重要的意义是用来整合俄国广阔的欧亚空间。从民族性的角度研究帝俄时期的历史,许多方法论层面的创新就出现了,它们都涉及相关的人文(有时不止是人文)学科。在这样的背景下,当下学界对帝国权力现象的研究明显是滞后的。表面上看,这个题目不时发生的政治化确实产生了影响:苏联解体后的最初几年里,政治史被看作简化了的自由主义和保守主义原则的对抗,这并不符合丰富而复杂的现实。如今,这种做法已经完全不合时宜了,取而代之的是另一些概念,例如下面将要谈到的"日常政治",但这些概念和正确理解过去也相去甚远。本文在一些西方思想家著作的基础上,从方法论角度提出了一些思考,或许可以让我们更为准确地了解18世纪至20世纪初的最高权力是如何运作的,以及专制制度的起源及其决策的执行者即官僚集团之间的关系是什么样的。

我们应当从这个问题的总体入手。18世纪初的二十五年,彼得大帝施行了自己规模宏大的改革。其改革的主要目的,在于使国家机构可以高效地、有力地保证国家的发展及其外交利益的达成。彼得大帝认为,这种高效性可以通过借鉴西方国家体制和西方官僚文化来实现,同时,他在位时期用绝对权力保证了这种借鉴的成效。沙皇可以与他设立的参政院分享自己的最高权力(这一机构的职权分化最初并不明晰),但是鉴于他所处的绝对高位,这种做法绝不会威胁到他的权力。

但到彼得大帝的继任者时,情况就完全不同了。那些恰好位居新机构领导职位的上层政治精英们,不止一次地试图借助君权加强自己的力量,或公开坦率(就像在1730年所做的那样)或含蓄间接。但在当时,由于自己的弱小和年轻,新的制度性官僚阶层还无法与专制制度相抗衡。

自彼得大帝时期开始发展的俄国官僚阶层,在他去世后愈发成为君主施行自己意志时不可或缺的工具。这个阶层的宗旨,可以被称为俄国版本的官房学派。众所周知,这一在三十年战争后的德意志出现的观点体系被概括为,国家机构必须严格遵守其职能目标,以利于国家总体财政状况的改善。17世纪下半叶至18世纪,官房学派被不同的欧洲国家所接受,然而在俄国,正如上文提到的,官房学派的实践以一种特殊的形式表现出来。俄国官员开始将这种严格而实用的功能主义阐释为一种自己职权范围内的专属地位。

在西欧,官僚功能主义必然以君主控制下的机构体系的形成为前提(不同国家中这种控制的程度有所不同,但抛开它,就不可能达成完整的政策,也就不可能有健全有效的财政管理)。这样,用马克斯·韦伯的话来说,"现代统治史"是从"职业官吏的集体式机构的发展"开始的。随着时间的推移,"官吏团体"只有在成为一个"集体",即"团结一致"的前提下,才能对君主进行"政治上的控制"(大公们也就不可避免地成为了"外行统治者")。并且按照韦伯的逻辑,在这样的情况下,君主们实际上帮助了这些"团体"。由于单独的官吏可以更有效地对大公进行"持续而坚韧/顽强的抵抗",所以当后者自己意识到这种"不可逆转的向专业官僚统治过渡的趋势"时,就会去建立"集体协商制",以便保住"主宰者"的位置,即使其本质仍是一个"外行统治者"。当"理性的职业官僚"取得"最终的不可改变的胜利"的时候,从一个独一的中心发出的管理——即在一个首相的帮助下——对"集体"来说就变得十分必要。当君主和"集体"开始互相掩饰的时候,上述情况就出现了。这样的管理中的"独裁"的确立,便意味着官僚主义的胜利。①

在俄国,官员觉得自己就是自己工作职位上的小独裁者,他最主要的任务,就是从自己的职位上最大限度地捞取这一地位带来的好处。这种好处不一定就被认为是贿赂,可能是建立有利可图的联系,或是获得某些特权,或其他的一些东西。官员把构建功能性系统的任务交给了自己的上司,而上司又将其交给了自己的上司。于是,一切又都寄托在皇帝身上,他不得不保证这个官僚金字塔内部的联系。在这种情形下,官员与这样的上司之间,以及与他最大的上司——皇帝之间,自然就产生了对立。最初,这种对立情绪只限于对直接的上司,而且大多是在暗中的。但在权力内部,这种冲突的逻辑和方向是相当明确的。这一切恰好发生在18世纪下半叶,也就是叶卡捷琳娜二世统治时期。

然而,除了这种案头的对立之外,叶卡捷琳娜二世治下,贵族官员精英们的另一种对立情绪——意识形态上和行为上的——也拥有了基础。叶卡捷琳娜不仅参与谋杀了她的丈夫——皇帝彼得三世,而且违背了几个世纪以来的王位继承传统,剥夺了她的儿子保罗——即使在他成年后——在父亲死后登上王位的机

---

① Вебер М. Хозяйство и общество: очерки понимающей социологии: В 4 т. Т. I. Социология. М. : Издательский дом Высшей школы экономики, 2016. С. 317.

会,并开始亲自执政。为了博得贵族精英的好感,她不仅使贵族摆脱了义务服役的束缚,而且允许贵族实行自己的阶层自治,这成为与专制政治文化完全格格不入的绿洲,最终成为反对派自由主义情绪的源头。

正是在叶卡捷琳娜二世统治时期,确立了一种存续到1917年君主专制消亡的权力运行模式。这种模式包含在一个相当复杂的专制君主与他的权力工具——集中在国家机构中的官吏的共存中,而专制君主仍是发展的主要和唯一的主体。一方面,这种共存保证了解决管理任务时的伙伴关系;另一方面,权力主体(即专制君主)与其工具(即官僚制度和机构)之间的矛盾则不可避免地加剧。后者试图从工具变成平起平坐的伙伴,而这只有通过限制皇权、将其从专制转变为宪制才可能得以实现。这就是为什么官僚阶层成为了自由主义政治价值观的主要载体。

整个专制国家随后的历史,都是专制制度逐渐让位、官僚集团逐渐强大的历史,或者至少是放缓了的这一进程的历史,就像尼古拉一世统治时期那样。亚历山大一世的统治奠定了专制权力在其剩余存在时间里的运作模式,这一模式具有以下特点。

首先,进行政治改革不是为了使国家的状况发生质的变化,而是为了改革本身——为了模仿对启蒙运动理想的热衷,而启蒙运动理想当时被认为是自由主义价值观的最准确的表达。所以问题就在于模仿,在于建立专门的模仿的机构。创建于1810年的国务会议(Государственный совет)并不是议会,而是最高官僚集团的研讨法案的机关。换句话说,它只不过是某种表象,但即便如此,它还是创造出了新的政治现实。从此之后,未经事先讨论,皇帝不能再颁布法律(закон),皇帝的特权仅限于颁布个人命令(указ)。在俄国的立法实践中,没有将问题明确划分为需要通过法律解决的和需要通过个人命令解决的。但事实上,更根本的问题必须通过法律解决,即通过国务会议的审核研讨。此外,即使是模仿的机构,也塑造了某种政治习惯,这已经是不争的事实。

第二,为了改革而进行的改革只发生在纯粹的官僚领域。尽管18世纪的国家机器远没有发挥出自己的潜力,但亚历山大一世还是在此基础上组建了俄罗斯帝国的"部"体制。相比18世纪的"院"(Collegia/Коллегия 效仿瑞典的国家机构建制,相当于"部"。——译者),此时的部是更集中、更具有垂直组织性的机构。由此,皇帝对大臣们的依赖明显加强,他们成了皇帝的主要的信息传递者,向皇帝报告由他们负责的各个国家管理领域的情况。尽管在没有出现首相领导的统一政府的情况下,我们没有理由说,此时已经形成了大臣们的专政,但仍旧不能低估最高统治者与其统治工具之间关系的质的变化。很明显,在没有集体政府内阁的情况下,大臣个人向皇帝呈交报告的做法,使皇帝依旧保有着主要和唯一决策者的位置。但这里形成了某种特定的管理传统,即从这些模糊不清的执行者中脱颖而出的部长们变成了可靠的信息传递者,没有他们,最高权力也就不复存在。

通常认为,亚历山大一世的继任者尼古拉一世是其兄长的对立面,因为他甚至拒绝对任何可能被认为具有自由主义内容的做法进行模仿。然而,实际上,尼古拉一世不仅没有放弃亚历山大一世的既定路线,还在很多方面都对其有所发展。一方面,与亚历山大一世不同,他不仅没有作出要恩赐宪法的样子,还采取完全相反的行动,在控制社会舆论方面施行了保守守旧的政策。另一方面,国务会议继续运作,帝位被官僚包围的状态大大增强。皇帝设立的御前办公厅,本意是为了控制官僚垂直部门的活动,但实际上它变成了一个额外的官僚机构,且履行职责不力,迫使皇帝不得不亲自深入诸多循规蹈矩的管理问题中去,使他"神圣"的专制君主形象变成了一个检查整个国家机器的形象。

这种单方面延续的亚历山大一世的路线,即没有自由化的官僚化,在尼古拉一世死后和亚历山大二世登基后,对之前19世纪初的形势造成了一种挫折。当时的高级官员不仅是沙皇权力事实上的伙伴,而且是自由主义价值观的传播者。正是在这个意义上,可以理解亚历山大二世时代的自由主义官僚现象,他们成为了大改革(将农民从农奴制的人身依附关系中解放出来,土地改革,建立地方自治,司法改革和其他改革)的主要发起者和推动者。自由主义官僚认为,只有当俄国的现代化不仅是功能性的——技术上和组织上的,而且变为社会政治的,即可以保证公众参与管理的自由和机会时,才有成功的可能。

在历史学的语境中,19世纪下半叶的社会公众(Общественность)被极度神话化了,被看作社会发展的自然产物,是其成熟化的表现。由此,公众产生了对参与至少地方一级政权的要求。而同时,在此前的俄国从未出现过任何形式的公民社会。公民社会的某些要素仅在贵族自治中出现过,而就算在这种情况下,它们也不过是一些要素、特征和潜质罢了。亚历山大二世时期的社会公众则是完全不同的,这一群体包括下层官员,以及众多公职人员、专业人士,还有通过新闻媒体制造舆论的人。从根本上改变了社会结构的1860年代至—1870年代大改革,造就了一大批这样的"新人"。

和在与君主合作中注定失败的上层官僚不同,社会公众认为自己不需要承担这种义务。因此,他们主要的,事实上也是唯一的动机是破坏国家的现有秩序。他们认为这种秩序是不公正的,因为它没有提供他们认为自己应得的在权力中的位置。

这样一来,作为大改革的后果,在俄国形成了一种新的现实,迫使彼得大帝改革创造的官僚专制制度走上了一条别无选择的发展道路。从18世纪末开始,君主专制意识形态的官僚主义外壳不仅力图摆脱其从属和工具地位,成为君主事实上的"共同执政者",还造就了一种敌视皇位的政治价值观。在上层官僚集团中,这些价值观念更多是以一种潜伏的形式存在着,它表现为这样一种信念,即君主迟早会像欧洲国家那样从专制转向宪制(更准确地说,就像当时俄国关于欧洲宪制流行的神话一样。因为从形式上看,当时的主要君主国,更不用说帝国型的君主国了,都很难被看作是宪制)。而在下层官僚团体——即所谓的社会公众中,反对政体的声音变得公开化,他们毫不掩饰对专制制度的敌视态度,希望进行更彻底的政治变革。

因此,1905年,出现了两种对这一矛盾的解决方式,这都是有征兆的。社会公众此时拥有了一个真正的议会——国家杜马,而上层官僚集团则拥有了首相领导的集体政府内阁。几年后,这两个机构开始合作运转:杜马对其最中意的和最不中意的大臣形成社会舆论,内阁在行动中试图获得大多数代表的支持,尽管这些代表不是他们,而是皇帝选出的。这样的分工下,专制君主变得多余,并从1917年2月起不复存在。

在审视这两个世纪的总体情况时,我们应该着重讨论一下其中被学界鲜少关注的时期——改革后时期的后半段,即亚历山大三世在位时期和尼古拉二世在位的前半期,到1905—1906年根本性国家体制改革之前,这些改革意味着法理上(de jure)君主专制的终结(在这些改革后专制是否依旧存在,是一个单独的问题,需要独立考虑。应当指出,法律上它已经不存在了,而后直到1917年二月革命,这样的状态从法律事实变成了客观事实)。换句话说,我们讨论的是1881年之后(亚历山大二世驾崩,亚历山大三世登基),一直到1904年底的这段时间(1905—1906年政治危机开始的前夕,这场危机至今仍被继续称为"第一次俄国革命",但抛弃苏联历史学的这一传统,将其称为一场以改革为结局的危机,是更正确的做法)。

对这几乎四分之一个世纪的研究,比对其之前和之后的时代的研究都要薄弱,这一现象倒是很容易解释。

亚历山大二世统治时期长久以来一直吸引着研究者的注意,因为正是在他统治下进行的大改革,极大地改变了整个国家,并预示了它在 20 世纪初的更进一步的转型。

诚然,这种对改革的关注导致了历史学家兴趣点的某种偏移:被研究的首先也主要是改革——它的准备、过程与结果,而政治过程本身往往只作为一种背景被提出来,受到的关注要少得多。因此,1881 年 3 月发生的君主的更替被看作里程碑式事件,尽管苏联历史学家扎伊翁奇科夫斯基(П. А. Зайончковский)(第一位专门研究亚历山大二世统治末期到亚历山大三世统治初期的学者)认为,这一时期是一个过渡时期,无论如何也不能把它分为两个完全不同的时段。① 但无论如何,对大改革的密切关注确实发挥了作用:对于 1855—1881 年的政治史,当前研究任务需要做的只是进一步明确,而不是任何形式的重新发现。

对 1906—1917 年的所谓杜马君主制的研究是更为充分的,这也是很好理解的。原因非常明显,在苏联时期,对俄罗斯帝国末期的评价是极端政治化并具有倾向性的。自 1990 年代开始,这段历史被彻底重新书写,诸多新史料出版并被科学地使用,揭示了二月革命前 11 年那段历史的复杂性和模糊性。② 可以肯定地说,如今,对这一时段的新的史学认知已经大体固定下来,存在的讨论是就个别局部问题进行的,就此而产生的意见分歧通常超出了历史认知本身,而更多涉及世界观问题。

然而,对于 1881—1904 这段时间依旧存在很多问题。将它称为所谓的反改革时代,显然是不恰当的。近来,"保守稳定"的

---

① 扎伊翁奇科夫斯基讨论了亚历山大三世时内务部长伊格纳季耶夫(Н. П. Игнатьев)提出的重开缙绅会议的提议,他将其看作前一王朝的改革传统的延续。他在这里暗示是,从缙绅会议开始,或许会"在已知条件下导致其他结果"。参见:Зайончковский П. А. Кризис самодержавия на рубеже 1870—1880 - х годов. М. : Издательство Московского университета,1964. С. 472.

② 参见:Гайда Ф. А. Власть и общественность в России: диалог о пути политического развития (1910—1917). М. : Университет Дмитрия Пожарского, 2016. 604 с.

概念被用来作为这"一个半"沙皇统治的主要特征。

这一时期还有其他的名称。例如,米罗诺夫(Б. Н. Миронов)在他试图在如今完全解释清楚俄罗斯帝国到底是怎么一回事的三卷本大作中,谈到了作为大改革结果的"全阶层的合法君主制"的形成,在这种制度下,形成了构建"权力的合法形式"的条件,皇帝由此受到法律、地方自治和公众舆论的限制。然而,尽管亚历山大三世对大改革作了调整,但国家还是朝着君主立宪制"继续发展"。改革后时代的最后二十五年,俄罗斯帝国的政治体制"在不损害合法国家的形式的限制里,将一个合法的或规范性的国家和一个在法律框架内运作的行政制度结合起来"。

同时,虽然倒数第二位君主的统治在某种意义上被认为是专制的顶点,但沙皇本人还是受到了某些非常明显的制度约束。国务会议以及"整个官僚集团"都"在很大程度上"束缚着沙皇,"官场上的反对派"甚至"逼迫"他放弃了自己的一些意愿。[①]

在俄罗斯,传统上,政治主体性要么表现为权力的垄断,要么表现为权力的主体性要比那些公共人物的主体性强得多,这些公共人物与权力或提供权力的结构都没有任何关系。因此,一方面,评估一个存在并伴随某种时间间隔稳定再现的政治制度的主要标准,恰恰是权力的状态、特征和性质。另一方面,研究某一政治体制,实际就是研究其权力。也就是说,权力(它的现象、特征和矛盾)应该像是某种光学系统,通过它,我们可以得见时代的独有特征,且这些特征在此期间保持不变或相对不变。换句话说,对俄国来说,包括专制时期在内的政治史就是其权力史。

然而,一个必然的问题就出现了:究竟应该如何、从什么角度研究权力?索洛维约夫(К. А. Соловьев)在最近出版的专门论述这一

---

① Миронов Б. Н. Российская империя: от традиции к модерну: В 3 т. Т. 2. СПб.: Дмитрий Буланин, 2015. С. 406, 411, 410.

时期俄国政治制度流变的专著中,提出了"日常政治"(политическая повседневность)的概念,将其作为一种研究工具,他把这一概念称为对雅克·勒高夫的"新政治史"的发展。根据这一概念,不应优先分析与权力有关的具体事件,而应优先分析权力的"结构特征",即那些定义了"政治的"这个词的特性。在索洛维约夫看来,这种方法将极大地降低重构图景的主观性,因为具体事件——同时意味着还有反映着它们的源头——倾向于展示"例外情况",而它们会导致"对常态的歪曲看法"。"日常政治"则正是与规范、普通、惯例、程序、实践及"灰色日常生活"结合在一起,换句话说,与那些比起极端情况来更为可信的、在源头中反映出来的情况结合在一起。此外,正如索洛维约夫所确信的,"日常政治"的结构的转变进行得"极其缓慢",这使得研究者能够更详细地研究过去,从而更准确地对其进行描述。

"日常政治"的另一个特征也很重要:它对人的兴趣并不大,而是更愿意研究那些制定"游戏规则"的机构,正是在这样的规则中,我们可以找到具体事件发生的原因。换句话说,索洛维约夫提出,对"价值观"之外的原因、条件的研究比对结果的分析更为重要,可以更准确地再现和解释历史真实。总之,他主张以"日常政治"代替政治事件。①

这种做法在多大程度上是正确的?它似乎不仅不能使我们更接近理解历史真实,而且实际上还引发了它的又一轮神话化。这主要是由于索洛维约夫试图有倾向地以 20 世纪西方思想家的成就来支持他的概念,而这些成就近来已被吸收到历史研究的方法论框架之中。

索洛维约夫对施米特的思想的运用就是一个很好的例子。

---

① Соловьев К. А. Политическая система Российской империи в 1881—1905 гг.: проблема законотворчества. М.: Политическая энциклопедия, 2018. С. 8—12.

在向读者介绍自己的主要论点——专制制度在其官僚的外壳中消解,索洛维约夫引用上述这位德国学者的话说,所谓的"专制国家","在本质上"就是"行政权和政府的国家"。在另一处,他又引用施米特关于"法治国家"的说法。用索洛维约夫的话说,这是"非个人化的决策过程的胜利",是"懂得政府如何运作的专家的国家",是一种"缺乏能将战术决策与国家整体发展战略相结合起来的政治力量"的制度。在他看来,上述施米特所说的特点恰好符合19世纪末到20世纪初俄国的权力模式。①

无疑,在施米特对欧洲专制主义国家的重构与19、20世纪之交的专制主义之间建立上述类比是有根据的。但据此并不能说,俄国统治者的行为就和韦伯所说的君主一样,后者感受到了自己在管理上的游离状态,他们一方面要"避免高度职业化的官员的影响的不断扩大",另一方面力图"将最高领导层控制在自己手中"。② 沙皇们竭力证明着自己脱离官僚群体的独立性,而这种努力的顶峰恰恰是在19、20世纪之交。他们的做法可以用施米特提出的两个模型来概括,而索洛维约夫对此却没有给予应有的重视。

第一种模型,是某种理想型的主权者。对此索洛维约夫只是顺便提及,③但对它理应有更深入的思考。施米特提出的这位主权者是这样一种形象:他在国家中创造出一种本质上新的政治现实,他"站在现行正常的法律秩序之外,但仍然隶属于它";他可以拥有"宪法规定的不受约束的权力",在法律规定的权限框架之外行事;当旧情态由于与当下不符而被自己废除时,他就是新情态的创造者。因此,"非常状态"是界定主权者能力本质的最佳时

---

① Соловьев К. А. Политическая система Российской империи в 1881—1905 гг.: проблема законотворчества. М.: Политическая энциклопедия, 2018, С. 21, 102—103.

② Вебер М. Политика как призвание и профессия//Вебер М. Избранные произведения. М.: Прогресс, 1990. С. 659.

③ Соловьев К. А. Указ. соч. С. 100—101.

机。也就是说,借助"日常政治",诉诸常态和"灰色日常生活",是不能理解主权者的现象学的,因为他正是在特殊情况下才表现出自己的特殊性来。"规范证明不了什么",施米特在谈到主权者时说,"非常状态却能证明一切;它不仅确认规范的存在,规范也只能来自非常状态"。①

局限在"日常政治"框架内的方法迫使索洛维约夫从皇帝的这种实践中看到了"法律的不可动摇"的必要性与"专制神话"之间的矛盾(而索洛维约夫似乎也认为,施米特式的主权者的行为准确地反映了俄国沙皇对自己使命的想法,不过书中并没有对"政治神学"的这一片段进行详细论述)。他认为,官员们对这一矛盾视而不见,甚至以豁免权的形式使主权者的这种特殊能力合法化,即在特定情况下允许对更普遍的秩序规范的否定和曲解。②

但这正是问题的关键所在,将主权者权力归结为豁免权,这对于理解皇权的自我认知是错误的——而且是原则性错误——虽然就某些具体的立法实践而言也是正确的。尽管从18世纪到20世纪初,俄国的最高权力无疑得到了合理化和常规化,但它对自己的认知还是中世纪字面意义上的"活法律"(живой закон/living law)现象,③这种认识不仅没有向更现实的方向转变,甚至有所加剧。这一时期有很多这样的例子:例如亚历山大三世艰难地

---

① 〔德〕施米特:《政治的神学》,刘宗坤、吴增定等译,上海:上海人民出版社,2017年,第31—32页。——译者)Шмитт К. Политическая теология. Четыре главы к учению о суверенитете//Шмитт К. Понятие политического/Под ред. А. Ф. Филиппова. СПб. : Наука,2016. С. 10,13,15—17.

② Соловьев К. А. Указ. соч. С. 48—49.

③ 援引的是12—13世纪拜占庭圣典学家费奥多尔·瓦尔萨蒙(Феодор Вальсамон)和德米特里·霍马提安(Димитри II Хоматиан)的作品,联系施米特提出的与他们相关的关于"非常状态"的概念。伟大的法国拜占庭学者达日隆(Gibert Dagron)展示了那个时代帝国的法律实践如何对希腊化的思想做了肯定,即恺撒是凌驾于法律之上的,因为他本身就是一个"活法律"。参见:Дагрон Ж. Император и священник:этюд о византийском «цезарепапизме». СПб. : Филологический факультет СПбГУ; Нестор-История,2010. С. 33—34。

摆脱着自己父亲留下的定式——将实现自己的最高管理权作为目标,摆脱着在位期间把自己、自己的家庭和威权的"日常生活"作为秩序、福祉与发展的基本和不可动摇的保障的统治习惯;再如尼古拉二世的一些有时看上去很奇怪的意图,往往在他处理王朝危机、解决与最高统治权继承相关的问题,以及与当时政治有关的问题时表现出来。

俄国末代沙皇时代更生动、明显的例子——尽管超出了后改革时代——即1907年所谓的第三次六月政变,尼古拉二世正式违反了一年多之前他自己签署的新版《俄罗斯帝国基本法》。但这就是问题的关键,在1906—1917年,专制制度既无法律保障,也没有事实保障,但最重要的是君主自己认为,他的特权在许多方面(并不是所有方面——君主自己也明白这一点)都没有改变,就像1905—1906年改革之前一样。

这个最重要的例子,预示了上文提到的后来对君主来说不可避免的、部级官僚对杜马的依赖,以及君主将自己的行为与公众舆论联系起来的必要性,而这些舆论,尽管有所失真,但是由杜马传达的。这样的例子是不能用"日常政治"的观点来理解的。

在"第三次六月政变"的例子中,这个问题被可以重新表述为:签署《基本法》的皇帝是相对于《基本法》而言的外部宪法力量,这种力量保留着进行非常的、合法的未经事先规定的修正权,抑或是皇帝也依旧处在这些法律所描述的空间之内,因此也必须遵守这些法律?这个问题没有明确的答案,①但对于历史现实的重构来说,对它的表述非常重要——如果我们只看到过去的"日常政治",那么这种重构原则上是不可能达成的。

---

① 严格地说,比导致"第三次六月政变"的决定更公然违反成文法的,是尼古拉二世宣布退位并将权力移交给他的弟弟,也就是剥夺了自己儿子的王位继承权。这些行为也只有在施米特的逻辑中才能得到充分的理解和解释。

意大利哲学家吉奥乔·阿甘本也是这样解释施米特关于主权者的学说的,批评施米特的同时,他非常准确地阐释了主权者权力的主要悖论:"主权者同时处在法律体系之内和之外",也就是说,"拥有中止法律行为的合法权力的主权者,将自己置于法律之外",而"主权者的权力"本身就是"一种初始结构,在这一结构中法律与生活相关联,同时又将生活纳入中止自身行动的法令之中"。①

索洛维约夫在思考亚历山大三世和尼古拉二世的"亲密圈子"的作用时使用了施米特提出的第二种模型,②但他的这种使用是经验主义的,而且没有关注到这位德国学者在自己出色而精炼的作品中提出的掌权者与他周围直接环境的互动模式。这第二种模型恰恰就是主权者包裹模型。(正是这种包围被看作官僚阶层反对独裁政权的一种阴谋。同时,施米特所指的,不仅仅是,或者说与其说是官僚阶层的包裹,不如说正是主权者对恰好在他身边的人的依赖性的确立。)施米特认为,这种现象的出现,是源于所有主权者的致命弱点——他原则上获取信息的能力是受限的。施米特指出,成为统治者的信息传递者的人,"已经分了权力的一杯羹",他可以是任何官员——部长、文牍员,或者是能够"间接地让统治者的耳朵转向自己"的人。换句话说,这位信息传递者所做的不过是分享了自己的"印象和动机",而他与之分享的那个人,则会在自己的决定中加入相似的——通常是主观的——观念。这是"直接权力"如何受到"间接影响"的模型。统治者意识到这种依赖性,并试图求助于其他一些人的帮助,而不是"自己的长期顾问",结果他们发现自己被"新的且往往是怪异的依赖性"

---

① Агамбен Дж. Homo sacer. Суверенная власть и голая жизнь. М.: Европа, 2011. С. 22, 40.

② Соловьев К. А. Указ. соч. С. 84—89.

所俘虏。

基于这样的观察,施米特总结出了关于两个互相关联的、与权力相关的空间的论述:"直接权力空间"及它以"间接影响和力量的前空间"形式存在的特殊外壳。这个"前空间"可能是一种"入耳通道",或是一个特殊的"走廊",沿着它可以真正到达"统治者的内心"。任何法律秩序和制度环境都无法"彻底消除"这样的"前空间",想要绕过它是不可能的。在整个人类历史上,在"权力的前空间"中有一个由"中间者"——从部长和神职人员到副官、情妇和仆从——组成的"杂乱无章的混合社会"。"前空间"的形式多样,有"官方的国事厅","尊贵的先生们"在那里排着队向统治者作报告;还有"私人办公室",不一而足。

权力越是集中在某一个人手中,占据"前空间"和掌控"走廊"的人们之间的斗争就越是激烈和无所顾忌。对于任何一个权力来说,这种"在间接影响的迷雾中的斗争"都是必不可少,也是不可避免的。这种斗争反映了权力的"内在辩证法"。任何"直接权力的加强",都使得"间接影响的迷雾"变得更加浓密而厚重。

统治者手中的"直接权力"越集中,他就越孤立。"走廊"恰恰"将他与根基撕裂开来":现在他只能"间接"接触到那些他掌控的人,至于其他的被统治者,他们和统治者之间已经无法相互接触。统治者达到极限的孤立造成了这种情况,这种孤立可能是"权力机器"造成的。在实践中,这表现为"直接权力与间接影响的转化",这种变化不断发生在日常生活的诸多现象中。

由此,施米特得出了他的主要结论:"向君主汇报的问题就是整个君主制度的关键问题,因为它们是可以到达高层的问题。"[1]

这种"空间"与"前空间"的永恒冲突,其实是矛盾的。一方

---

[1] Шмитт К. Разговор о власти и о доступе к властителю // Социологическое обозрение. 2007. Т. 6. № 2. С. 31—33.

面,"中间者"不可避免地偷走了统治者的部分主权。另一方面,掌权者与"中间者"沟通的神秘性及其与外界的隔绝性本身,又保证了对掌权者统治的神圣性的维持。因此,反对"中间者"束缚的斗争,同时也是对主权者权力中不符合法律框架的性质即其无约束性的斗争。众所周知,在19、20世纪之交的俄国,正是部委报告中的"极权主义"成了官僚集团批判的主要对象之一,而他们希望建立一个以首相为首的统一政府,这一公开的、形式上的理由,使得部门间的管理问题最终得以高效解决,这其中同样也包含了官员夙愿的隐秘含义——使君主接收信息的程序(也意味着他的决策程序)更加透明,从而使他的权力减少到宪法规定的程度。这就是为什么1905—1906年的改革实际上是与这些行动一起开始的:建立议会和一个由首相领导的联合政府。

俄罗斯社会学家菲利波夫(А. Ф. Филиппов)研究、翻译并出版了施米特的著作,他从统治者与"间接权力"的关系和权力本身的局限性两个方面对《关于权力的对话》(Разговор о власти и о доступе к властителю)作了重要评论。

菲利波夫指出,施米特的掌权者"不在权力的前空间中掌控事态"。他认为,这样的掌权者可能会在"前空间"中的"中间者"之间挑起争斗,但并不能肯定地说,这样的掌权者"从一开始就控制了游戏的结果"。这一点在尼古拉二世统治前半期的一些例子中表现得尤为明显,当时沙皇感觉到官僚集团对自己权力的压制越来越大,于是求助于各种"普通人"参谋,而这总是会导致对名誉的损害(施米特所说的""怪异的""新的依赖性")。

菲利波夫指出了"权力的自法性(самозаконный характер)"。这体现在,发出命令的人"启动了一连串的原因和结果,但他却无法对其进行追踪"。因此,如果我们把权力看作是一种"实现目标的强大能力",那么它在这个特定意义上的有效性便是值得怀疑的。权力可以同时被视作手段和媒介,但当它体现"在媒介本身"

的实践里时,"它作为手段的效果就会变差"。①

上述由19世纪末至20世纪初的俄国君主制而来的观察,同施米特的观点一起,可以被看作理解专制制度主要矛盾的基础。这种政治制度正是作为管理实践而先验无效的,但同时作为在一定的历史时期内保障国家主体性和安全性的必然选择(尽管伴随着巨大的成本、不可估量的社会代价和大幅度跨越),它还是取得了与欧洲现代主义要求相符合的发展。

因此,亨廷顿把"君主-现代化者"看作提供现代化可能性的制度的"人质",因为这个制度阻碍了"民众的政治积极性"的增强,②这对于解释具体的俄国现代化是不适用的,原因有二。首先,从彼得大帝到1917年,专制君主不仅是现代化的主要推动者,而且是现代化的条件和目的,这要从其不可避免性、生存性和动员性等方面来理解。由这种口号推动的现代化不需要任何人的"政治积极性"。其次,"政治积极性"不仅不必要,而且在这种现代化模式下,它可能并不能构成有利条件,反而成为变革的阻碍。然而,在很大程度上,上述亨廷顿思想的发展似乎适用于描述俄罗斯的现代化:"现代化早期阶段的成功取决于这种传统制度的加强(即君主制),而现代化的进程又会逐渐削弱其合法性。"③但这里理应对"很大程度上"做一个更明确的界定,因为亨廷顿所指出的趋势虽然也发生在俄罗斯帝国,但其结果应该用不同的方式来描述:随着现代化进程的推进,被削弱的不是君主的合法性,而是他作为现代化的"关键组成"的能力,也就是说,如果

---

① Филиппов А. Ф. Власть как средство и среда: два рассуждения на тему Карла Шмитта//Филиппов А. Ф. Sociologia: наблюдения, опыты, перспективы. Т. 2/Под общ. ред. С. П. Баньковской. СПб.: Владимир Даль, 2015. С. 291, 293—295.

② Хантингтон С. Политический порядок в меняющихся обществах. М.: Прогресс-Традиция, 2004. С. 178.

③ 同上。

我们一定要使用"合法性"一词,就不能从法律意义上理解它,而是要从超验意义的角度出发。

是的,专制政府是个糟糕的管理者,但它并不是韦伯所说的"外行",因为没有专制政府,任何事情都行不通。这一点从1917年2月开始的革命就可以看出来,这场革命持续了10年,直到某个类专制复制品被重新制造出来。俄国官僚集团梦想着宪法,对最高权力极度不满,又对具体的管理问题无能为力,他们清楚地知道自己面对的并不是一个"外行"。

可以得出这样的结论:由于将自己的主权移交给了其他任何机构,专制制度从根本上不具有改革性。只有严格遵守以下这两个条件,俄罗斯帝国的现代化才能取得积极成果。第一,它应该以动员的方式进行,其中皇帝要成为这种行动的主要和唯一的思想上的开端。第二,它无论如何不能是对最高权力的削弱。从这个意义上说,反对派在二月革命前夕提出的"不实行宪政改革就不可能取得第一次世界大战的胜利"的关键论点,从根本上说是站不住脚的。俄罗斯帝国只有在动员模式下,在最高权力的领导下,才能或多或少有效地解决其发展中的具体问题,首先就是涉及主权保障的问题。只有在这种时刻,它的潜力才会充分显现出来。而其他的发展方式——改革的方式,例如大改革——则必然会引发一种与专制不相容的新的社会现实的出现。

作者简介:德米特里·安德烈耶夫(Dmitry Andreev),莫斯科国立罗蒙诺索夫大学历史系副教授、副主任。

(赵正楠译,庄宇审校)

19世纪下半期至20世纪初俄国工商业政策与经济发展

张广翔

  克里米亚战争的失利使俄国政府彻底觉醒,意识到发展铁路交通和民族大工业的重要意义。俄国的工业要远远落后于英法等老牌资本主义强国。在这种条件下,国家干预就是发展工业的必然手段。俄国政府于1861年废除了腐朽的农奴制,解决了工业自由劳动力短缺的难题,国家开始对工业发展进行深度干预。1870年代起,俄国政府开始加强对本国工商业的保护,不断提高保护关税的级别,外国商品进口量大幅度缩减,民族工业有了长足发展。俄国政府在国际资本市场大举发行国债,为铁路修建筹措了巨额资本,国家铁路网迅速扩大,拉动工商业进一步增长。1880年代,俄国政府一方面大力扶植重工业的发展,另一方面整体提高国外商品的进口关税,采用各种手段引进外资。1890年代,俄国关税保护级别达到顶峰,财政部货币改革成功后,国家货币流通逐步稳定,国外直接投资和间接投资空前高涨。这一时期铁路修建迎来了历史上第二个高峰期,俄国完成工业化。20世纪初的世界经济危机影响范围巨大,西欧各国的投资额锐减,俄国的银行资本和国外资本不断融合。1909—1913年是俄国工业发展第二次高涨时期,此时期大量外资投向俄国工业,至一战前,俄国的经济发展备受世界瞩目。克里米亚战争至一战前,历任财政大臣和工商业大臣都不遗余力地坚决执行关税保护、引进外资、兴修铁路等国家干预政策,在短短半个世纪内实现了俄国的工业化。

一、俄国工商业政策的基本特征

国家干预是俄国工商业政策最主要的特征。受国家时局及经济状况的影响,俄国不可能以市场为导向来实现工商业的自然增长,必须要依靠国家干预的手段。克里米亚战争失利后,俄国政府彻底觉醒,认为铁路交通和工业落后是导致战争失败的直接原因,而深层的原因则是农奴制的经济体制。为了挽回昔日霸主地位,俄国政府制定了宏观的国家发展策略。在国家的干预下,俄国的工商业取得长足发展,冶金、机器制造、煤炭和石油工业更是突飞猛进。

政府扶持工商业既不应该被理解成是长期的,也不能被理解是万能的政策。俄国政府经济政策的主要动因是在资本主义生产方式的基础上发展生产力。这一政策是在统治阶级与个别阶级的直接和间接利益矛盾下形成的,它注定具有狭隘性的特征。

俄国在经济和政治中保留了大量农奴制残余,在解决国家工商业发展任务时,这些残余阻碍了工商业的有机发展,放慢了农业资本主义演化的速度。在经济关系中保留落后贵族的大庄园、村社土地所有制,农民处于无权的地位。农业资本主义发展的缓慢与工业资本主义的迅速发展形成鲜明的对比,使得俄国工商业政策的本质具有特殊性和矛盾性。[1] 1861年,俄国废除了农奴制,确立以资本主义生产方式发展民族工商业的方针。在国民经济落后的条件下,采取资本主义方式是俄国政府发展民族工商业

---

[1] 梁红刚:《1861—1914年俄国工商业政策研究》,博士学位论文,吉林大学东北亚研究院,2015年,第167页。

的唯一出路。但实行这种方针并不是俄国政府心甘情愿的决策,而是为发展民族工商业所被迫采取的手段,是实现政府既定目标的一个跳板。

政府意识到国家经济发展必须借助资本主义发展模式,但却极力掩盖这一事实。19世纪下半叶的官方文件中提到的不是"资本主义发展",而是"经济发展",这绝对不是某种人为干预手段,而是准确反映了政府对政策任务的理解。俄国政府在经济上实行一系列资本主义改革的同时,在政治上却不断强化君主专制统治地位,导致国家经济发展和政治体制间的矛盾无法调和。为使领地贵族适应改革后的新条件,俄国在农村经济中保留了大量封建农奴制残余。但俄国政府经济干预政策客观上促进了工商业的飞速发展,尤其是重工业取得了斐然成就。

二、俄国保护关税政策

关税政策历来都是国家工商业政策的重要组成部分,俄国政府对此问题也十分关注。在国家干预手段中,保护关税政策是最有效的武器。1892年,恩格斯在给H.丹尼尔逊的信中曾指出:"如果俄国要实现真正的民族大工业,就必须实行保护关税政策,这一点毋庸置疑。"[1]

(一)禁止性关税政策向温和保护关税政策过渡

随着俄国工场手工业的发展,禁止性关税政策的缺陷也就暴露无遗,主要的弊端是限制了俄国商品出口。[2] 1840年代俄国工

---

[1] Переписка К. Маркса и Ф. Энгельса с русскими политическими деятелями. М.:Государственное издательство политической литературы. 1951. С. 165.

[2] Соболев М. Н. Таможенная политика России во второй половине XIX века. В двух частях Ч. I. М.:РОССПЭН. 2012. С. 31.

业发展势头良好,但外国工业原料无法进入俄国,本国工业又不具备自给自足能力,所以1850年俄国政府调整了关税税率。大幅下调原料和半成品的陆路进口关税。1853—1856年的克里米亚战争是尼古拉一世试图摆脱农奴制危机的尝试。但是,俄国政府在战争中遭到重创,不仅国际地位有所下降,政府在国内的威望也受到了很大影响。此后,俄国政府采取了保护工业发展的经济方针,试图通过兴修铁路拉动经济增长。因此,1857年俄国进一步调整关税。1857年税率改革最鲜明的特点是为金属材料和金属制品的进口创造了有利条件,为铁路工业的发展提供了保障。为了用先进机器和设备来装备本国企业,1857年俄国还规定机器和设备进口免征关税。

1866年世界经济危机也波及俄国,触动了众多工业资本家的利益。国家财政和经济处境迫使俄国政府进行关税改革。依据1868年税率,棉花、煤炭和一些机器的进口免征关税,对生铁和铁制品只征收小额关税。1868年税率与1850年、1857年税率相比,保护性特征更强。皮革制品与亚麻制品进口关税的额度达到其自身价值的22%,棉布、毛织品和棉织品的关税比例分别为本身价值的24%、26%—30%和34%—36%。[1] 这说明了1868年税率仍属于保护性关税。

(二)从温和保护关税向强保护关税政策的过渡

1870年代,俄国政治和经济形势发生变化。1873年经济危机重创了俄国的纺织业、黑色冶金业和燃料工业。国家信贷体系异常混乱,多家商业银行相继倒闭,国家财政状况一落千丈。俄土战争前夕,财政大臣赖腾(М. Х. Рейтерн)再次尝试实施金币关

---

[1] Соболев М. Н. Таможенная политика России во второй половине XIX века. С. 301—310.

税制。财政部认为必须限制进口,用金币征收关税是达到这一目的最有效的措施。这种措施既能增加财政收入,又能保护本国工业的发展,这意味着赖腾赞同严格保护关税政策。自 1877 年新税率实施之后,俄国几乎所有进口商品的关税增加了 30%。其关税保护级别可见一斑。金币关税制的出台主要是出于财政方面考虑,但是这一体制对俄国工业发展的重要作用也不容忽视。

为增加国库收入,平衡贸易收支,1882 年、1884 年和 1885 年财政大臣本格(Н. Х. Бунге)连续三次提高关税税率。1882 年提高了所有原料和半成品的进口关税,工业品的关税也在原来基础上进一步提高。1884 年末,本格对关税税率做了部分调整。1885 年 6 月财政部再次将进口工业品的关税税率全面提高 20%。[①]

在重工业领域,政府的保护政策主要是通过国家的直接干预来实现,这种干预手段主要是实行更高级别的保护关税政策与国家的扶持政策相结合。重点保护的对象是运输机器制造业、冶金业及燃料工业。И. В. 根金认为,政府对上述重工业领域的保护主要是通过关税保护政策、政府订单、大额贷款及政府直接参与企业管理等方式实现。[②]

1880 年代俄国财政部连续提高燃料、金属及金属制品的进口关税,对俄国的重工业实行了严格的保护。1877 年实行的金币关税制严重冲击了德国的商品进口,至 1887 年德国商品所占的比例降至 29%。[③] 德国对俄国提高关税的做法极为不满,作为报复,德国政府也提高了对俄国粮食征收的进口关税,这为俄德关

[①] Куприянова Л. В. Таможенно-промышленный протекционизм и российские предприниматели (40—80—е годы XIX века) М. :Институт российской истории РАН, 1994. С. 118.

[②] Гиндин И. Ф. Государственный банк и экономическая политика царского правительства (1861—1892 г.). М. :Госфиниздат,1960. С. 239.

[③] Покровский С. А. Внешняя торговля и внешняя торговая политика России. М. :Международная книга,1947. С. 299.

税战埋下伏笔。

维什涅格拉特茨基（И. А. Вышнеградский）出任财政大臣之后,继承了本格的关税保护方针,全面提高生铁、钢材、铁制品、机器、煤炭、焦炭、原棉、羊毛、食糖等商品的关税。1890年8月,财政部出台法令,规定除少数商品外,多数商品关税在原有基础上提高20％。[①] 俄国加强保护关税的做法损害了德国的利益,为此,俾斯麦下令降低德国市场上俄国有价证券的价值,反对俄国提出的公债转期措施。俾斯麦的举措动摇了俄国在德期票市场的地位,俄国的有价证券被迫开始撤离德国,俄国政府为此付出惨重的经济代价,两国交恶进一步加深。

为应对德国的挑战,维什涅格拉特茨基任命俄国著名学者门捷列夫（Д. И. Менделеев）担任税率改革委员会主席,再次调整俄国的关税税率。门捷列夫是俄国保护关税派最杰出的代表。在税改过程中他还邀请许多经济学家参与方案制定工作。由于财政大臣得到亚历山大三世的信任和支持,门捷列夫的税改方案直接被提交国务会议讨论。财政部的税改方案不仅把关税政策与保护工业联系起来,而且也体现出增加财政收入的目的。1891年5月,国务会议通过税改方案,新税率于1891年7月1日正式实施。

(三)国家间的双边贸易协定取代自主关税

1891年关税是自主关税政策,适用于俄国所有贸易伙伴。此时西欧实行的是差别关税制。维特继任财政大臣之后,仍把1891年税率作为其关税政策的基础。沙皇赋予财政部必要时可提高关税的权力,即对不向俄国粮食提供优惠进口关税的国家,财政部有权直接提高这些国家商品进口的关税,无需报请国君同意。

---

① Шепелев Л. Е. Царизм и буржуазия во второй половине XIX века. Проблемы торгово-промышленной политики. Л. : Наука, 1981. С. 166—167.

维特指出,"国务会议认为这种特权只是停留在纸面上,并不能付诸实践"。① 由于德国提高俄国粮食的进口税率,维特行使特权,全面提高德国商品的进口关税。德俄关税战全面爆发。在关税战中俄国顶住了压力,迫使德国于 1894 年同其签订了贸易协定。此后俄国与法国、奥匈帝国等国相继签署类似的贸易协定。20 世纪初,国家间的双边贸易协定取代自主关税。俄国政府调整关税政策的原因较多,但主要目的还是保护本国工业。

三、俄国引进外资政策

1861—1914 年间,俄国政府引进外资主要有三种途径:第一,政府举债;第二,外国企业对俄经济直接投资;第三,外国有价证券投资。19 世纪中期以前俄国引进外资归政府统一调配,外资引进主要是通过国家举债,主要用于弥补国家预算赤字和修建铁路②。

(一)俄国引进外资的缘起

俄国奉行引进外资的政策有深刻的历史背景。1769 年,俄国政府首次向荷兰借款,从此,它不断谋求从国外借款以弥补预算赤字。1801—1913 年间,俄国竟有 82 年的预算赤字③。经济濒临崩溃、向国外举债已成为"维系专制制度的最重要条件"。这是俄国一再向国外举债的深层原因。

鉴于克里米亚战争失败的教训,沙俄政府采取了加快国内工业发展的方针。然而,国内的积累主要用于维系专制制度的运转

---

① Витте С. Ю. Воспоминания в 3-х т. Том II. М.:Соцэкгиз,1960. С. 302.

② Денисов А. Е. Государственные займы Российской империи 1798—1917 гг. М.:Финансы и кредит,2005 С. 13—22.

③ 张广翔:《外国资本与俄国工业化》,《历史研究》,1995 年第 6 期,第 144 页。

和保证地主阶级的各种需要,很难顾及国民经济的发展,加之其资本受诸多因素限制,轻易不向工业投资①。因此,俄国要发展生产力,吸引外资就成了"唯一可行的和自然而然的手段"。② 这是俄国吸引外资发展国民经济的直接原因。

通常认为,俄国引进外资是其国内积累不足所致,其实这是一种误解。沙皇专制制度将国内积累绝大部分用于非生产目的,庞大的军事支出对国家经济造成极大压力。1802—1892年俄国军事支出一直占国家预算的35%,③1903—1913年俄国军费占国家支出的29%,达90亿卢布,其中仅日俄战争就耗资25亿卢布,④而1861—1914年外资对俄国生产性投资57.76亿卢布,其中直接投资才19.6亿卢布。⑤ 可见,引进外资成了专制制度将国内积累转移到非生产领域的保证。

(二)俄国引进外资的争论

沙俄政府对间接引进外资争议不大,但围绕直接引进外资发展国民经济问题则是一波三折。维特以前的三任财政大臣赖腾、本格、维什涅格拉德茨基都把发展工商业视为国家的首要任务,为扶植民族工业发展,他们都明确提出了引进外资。但由于当时俄国政府各部门自行其是,互不协商,所制定的政策常常相左。因此,沙皇的支持和信任几乎就成了大臣们拟定措施获得国务会

---

① Шепелев Л. Е. Царизм и буржуазия в 1904—1914 гг. Проблемы торгово-промышленной политики. Л. :Наука,1987. С. 192.

② Шепелев Л. Е. Царизм и буржуазия во второй половине XIX века. Проблемы торгово-промышленной политики. С. 86.

③ Лапин В. В. Военные расходы России в XIX в. СПб. :Наука,1991. С. 150.

④ Шебалдин Ю. Н. Государственный расход царской России в начале XX в. // Исторические записки. Т. 65. 1959. С. 182.

⑤ Бовикин В. Н. К запросу о роли иностранного капитала в России//Ведомость МГУ. 1964 (1). С. 69.

议和财政委员会批准的保证。① 由于这三任财政大臣对沙皇的影响有限,他们倡导的引进外资的政策遇到了很大阻力。1892年,维特担任财政大臣后,开始雄心勃勃地推行国家工业化计划。他认为,加快工业发展要靠不受限制地引进外资,加强国家对酒的垄断,提高间接税,增加国内积累,同时,实行保护关税,鼓励出口等项政策,使俄国工业免受西欧的竞争。

为稳定币制,维特在1895—1897年果断地实行了金本位制,使卢布汇率趋于稳定。此举使欧洲资本家对俄国投资的信心增加。而且,俄国于1891年实行了新的关税税率,向俄国输出资本比输出商品更有利可图,进而促使外资加大对俄国的直接投资。保守派贵族和工业主强烈反对政府的引进外资政策。反动贵族惧怕引进外资会加速俄国资本主义进程,而主张"回归过去,恢复农奴制"。② 沙皇尼古拉二世态度也不明朗。

在引进外资的政策受到严峻考验的情况下,维特运用舆论工具,广泛宣传引进外资的意义,利用著名学者门捷列夫的威望及其与沙皇的私交说项。1898年11月,门捷列夫致信尼古拉二世,向他详细阐述引进外资的必要性。此信被欣然接受,并按沙皇旨意印发国务会议成员传阅。③ 维特深知得到沙皇的支持至关重要,1899年2月维特将《必须制定和坚决遵循帝国既定工商业政策》的万言报告呈交沙皇,并说服沙皇将其交由大臣委员会议进行讨论。

维特引进外资的方针终于占了上风,其后任者科科夫采夫(В. И. Коковцов)、季马舍夫(С. И. Тимашев)继承了他的鼓励引进外资的思想。科科夫采夫还把外资视为补充和刺激民族资本的力量,力

---

① Шепелев Л. Е. Царизм и буржуазия во второй половине XIX века. Проблемы торгово-промышленной политики. С. 14 —15.

② Соловьев Ю. Б. Из истории империализма в России. М. :Наука,1959. С. 388.

③ Шепелев Л. Е. Царизм и буржуазия во второй половине XIX века. Проблемы торгово-промышленной политики. С. 221.

主营造积极引进外资的氛围。①值得注意的是,这一时期俄国企业主并没有把外资视为国内市场的竞争对手,而是积极支持引进。究其原因,苏联学者舍别列夫(Л. Е. Шепелев)认为,允许外资介入的地区和部门是俄国企业主尚未涉足或很少涉足的地区和部门。俄国企业主的投机活动客观上需要外资,因为外资介入有利于改善国内工商业活动条件,有利于保护俄国企业主的政治和经济利益。

从1910年起,随着俄国工业发展再次高涨,俄国舆论界和杜马抵制外资的呼声又开始抬头。1913—1914年,一些民族主义色彩浓厚的报刊指责外资限制俄国重大工业发展,提出"资本国有化"的口号,要求限制外国人的企业活动,限制外国人办公司和购置不动产。②但此时对外资限制的实际意义不大,因为第一次世界大战的阴影已日趋逼近。

四、俄国兴修铁路政策

克里米亚战争后,俄国深刻认识到铁路无可取代的战略和经济意义。在国内资本积累不足、国库空虚的窘境下,政府积极引进外资,大力支持私人资本兴修铁路。但私有铁路企业经营不善,亏损严重,造成国库亏空。为了国家的经济和战略安全,政府加强了对私有铁路企业的监管,支持大型私有铁路企业合并扩张,并付出高昂代价收购私营铁路。兴修铁路拉动了俄国重工业的发展。

(一)私有铁路企业掀起铁路承租热

到1865年,俄国有3500俄里铁路。而这一时期,英国有铁

---

① Монополия и экономическая политика царизма в конце XIX—начале XX в. Л. : Наука, 1987. С. 170—171.

② Шепелев Л. Е. Царизм и буржуазия в 1904—1914 гг. Проблемы торгово-промышленная политика. С. 195—197.

路2.2万公里,法国和德国平均有1.4万公里,美国有5.6万公里。① 对于俄国来说,铁路问题仍然是最头痛和亟待解决的问题之一。1860年代下半期,俄国政府利用世界金融市场的有利形势,再次希望引进外国资本修建铁路,从而加快国家资本主义工业发展。为了吸引大量外国信贷资本投资铁路,俄国政府逐渐制定出一套铁路固定资本担保体系。这是一种国家直接和间接扶持铁路股份公司的体系。按照俄国政府的法律条款,与政府签订私有铁路建设和经营协议的铁路企业主成立铁路股份公司,在整个承租期内铁路为股份公司的私有财产,承租期过后铁路由国家赎回。建设资金有四分之一是股票,四分之三是债券。俄国政府为股票和债券提供4.5%—5%的收入担保。② 债券资本是铁路公司的主要资金来源。

1866—1880年,政府共向私有铁路公司发放了53份承租协议,长度达1.5万俄里,组建了43个铁路股份公司,总资本达12.5亿卢布。③ 在此期间,政府向承租人提供相当于紧急贷款的债券资本。铁路公司在承租期内须按照章程偿还债券资本。到1870年代中期,在欧俄形成了以莫斯科为中心长达2万多俄里的铁路网,欧俄45%以上的疆域都被铁路网覆盖。铁路成为国家经济发展不可或缺的因素和国民经济结构的基础。俄国私有铁路企业形成和发展过程中的一个典型特点是政府扶持。

(二)政府加强对私有铁路的监管

俄国在经历了铁路承租热之后,私有铁路公司快速发展,但

---

① Соловьева А. М. Железнодорожный транспорт России во второй половине XIX в. М.: Наука, 1975. С. 95.

② Соловьева А. М. Железнодорожный транспорт России во второй половине XIX в. С. 100.

③ Соловьева А. М. Железнодорожный транспорт России во второй половине XIX в. С. 108.

相应的管理和监督制度却没有建立起来。铁路大亨们为追逐高额利润,在建设时偷工减料,仓促建成的铁路质量差,事故频繁发生;整个铁路系统没有统一的运价,各铁路公司在竞争中竞相压价,给国库造成沉重的负担。加强对私有铁路企业的监管,成为政府迫切的任务。

1884年6月,《政府对私有铁路公司经营实行监督的条例》得到沙皇批准。监察部对铁路公司的周转和经营管理业务进行监督。建立铁路监察部门——铁路处,取代报表司的铁路事务处。铁路处和地方机关应检查铁路公司董事会经营预算、财务报表,行政管理部门和铁路各部门的公文处理情况,对供货、工程进展情况进行监督,检查货运和客运列车,要求铁路行政部门提供各种信息和解释,追索由铁路公司造成的国家损失。

在1880年代前,各铁路公司为争夺客户,竞相压低运价。到1880年代初,运价之争已经波及俄国大部分铁路网,俄国政府不得不重新开始筹划运价改革。最终,1889年3月8日,运价改革最终完成,确定了国家对铁路运价的垄断。根据这个法律,运价事务的领导权集中在财政部,在其内部建立了专门机构,包括运价事务委员会、运价会议和铁路司,这些机构负责管理俄国铁路经济方面的所有事务。从1889年起,铁路运价政策成为俄国政府整个经济政策的重要组成部分。

(三)私营铁路国有化

私有铁路公司经营不善和营私舞弊,导致企业亏损、政府财政亏空。1880年代至1890年代,俄国资本主义成功发展,国家预算有所巩固,进出口贸易开始出现平衡,1885—1895年,贸易顺差为23.51亿卢布。在积极建立贸易平衡的同时,俄国政府在收支平衡上也有了明显的改善。① 因此,俄国政府有可能斥巨资收购私有铁路。

---

① Кислинский Н. А. Наша железнодорожная политика по документам Комитета министров. Т. 1. СПб. : Канцелярия Ком. министров,1902. С. 68.

俄国私有铁路国有化进程可以分为三个阶段：

第一阶段是1881—1886年，在此期间政府共收购了四条铁路，总长度1324俄里；第二阶段为1887—1892年，这一时期，俄国的资本主义有了较快的发展，俄国政府通过加大税收和粮食出口，以达到强化预算管理、消除赤字的目的。俄国政府将10条私有铁路赎归国有，长度5500俄里；第三阶段是处于经济上升期的1893—1900年，共收购23家私有铁路，总长超过1.4万俄里。[1] 1881—1900年，共有37家私有铁路被国家收购，总长度为2.1万俄里[2]，国家也为此付出了高昂代价。

(四) 20世纪初的铁路修建

1904—1905年俄日战争爆发，铁路的军事战略意义立刻凸显出来，这促进了19世纪末至20世纪初铁路网的快速发展。铁路交通的发展是资本集中的巨大推动力，俄国的大型垄断公司开始增加。1900年，大型铁路公司共有25家，股份资本达1.353亿卢布。到1914年，数量增加至54家，资本增加至2.162亿卢布。在垄断的过程中，银行发挥了积极作用，它们对私有铁路进行监管，为其提供修建资金。

20世纪初，俄国和许多欧洲国家一样，遭遇了1900—1903年严重的经济危机。铁路建设在这几年急剧缩减，工业品价格下降，工业投资减少。1909年，俄国工业走出低谷，上升态势一直持续到1914年。[3] 工业高涨推动铁路修建，俄国迎来了又一次兴修

---

[1] Соловьева А. М. Железнодорожный транспорт России во второй половине XIX в. С.179—185.

[2] Соловьева А. М. Железнодорожный транспорт России во второй половине XIX в. С.178.

[3] 梁红刚：《1861—1914年俄国工商业政策研究》，第164页。

铁路的小热潮。官营和私营铁路同时修建,新线路建设和复线铺设同时进行,车站设施不断完善,技术现代化加快。

五、俄国工商业政策的影响

关税保护、引进外资和兴修铁路等国家干预政策是俄国被迫采取的手段,客观上促进了俄国工商业的飞速发展。俄国史学界对国家干预经济发展一直有着褒贬不一的评价。笔者认为,这些政策是俄国完成工业化的奠基石。

(一)保护关税政策对俄国经济发展的影响

1857年,俄国政府确立了大力兴修铁路的政策,由于本国机器制造业的发展十分落后,铁路修建所需要的机器和设备只能依赖进口,所以俄国政府对1850年税率进行调整,1857年税率随之诞生。为刺激机器制造厂的生产,1868年税率规定,煤炭和一些机器的进口免征关税,对生铁和铁制品只征收小额关税。提供这些优惠条件旨在使本国企业以优惠价格购买必备的工业原料和机器设备,俄国机器制造业有了长足发展。

自1877年实行金币关税制后,机器制造业产量增长27%,但与西方资本主义国家相比,俄国的运输机器制造业生产力还非常落后。机器制造业发展缓慢的原因在于俄国进口机器在1881年前是免税的,本国企业所生产的蒸汽机和车厢不具备与外国产品竞争的能力。受1882年危机的影响,机器制造业的产量下滑11.5%。[1]

---

[1] Яковлев А. Ф. Экономические кризисы в России. М.: Государственное издательство политической литературы,1995. C. 141.

1880年代,俄国政府意识到机器制造业的重要意义,不断加大关税保护力度。到1881年俄国全面限制火车机车和列车车厢的进口,同时为本国企业提供优惠政策,俄国运输机器制造业才真正迎来发展高峰期。根据统计材料显示,俄国蒸汽机车的年产量从1887年的583台猛增到1900年的1065台,同期客车和货车车厢的产量分别从590节和23214节增长到了1446节和31703节。①

俄国关税保护政策抑制生铁等金属的进口,是俄国冶金工业飞速发展最重要的原因。1886—1896年,俄国生铁进口从1450万普特降至160万普特。铁的进口从1884年的近1800万普特缩减到1888年的500万普特。② 金属进口大幅缩减的同时国内生铁熔量大幅攀升。据统计,1880年俄国生铁熔量约为0.26亿普特,1885年、1890年、1895年和1900年,生铁熔量分别约为0.31亿、0.55亿、0.87亿和1.77亿普特。③

随着俄国加大对冶金工业的关税保护力度,到1890年代俄国冶金工业的发展速度已经超过了所有资本主义强国。1886—1896年,俄国生铁熔量从3250万普特增至9650万普特。法国完成此跨越耗时28年,美国、英国和德国的冶金工业达到这样的发展速度分别耗时23年、22年和12年。④

俄国对煤炭工业实行的关税保护政策效果较为明显,据统计,1872年俄国煤炭开采量仅为6640万普特,至1892年,煤炭的开采量猛增到4.24亿普特。此后几年煤炭开采量仍持续增长。1893年,俄国煤炭产量为4.65亿普特,至1900年,煤炭产量达到

---

① Хромов П. А. Экономика России периода промышленного капитализма. М.: ВПШ и АОН при ЦК КПСС,1963. С. 126.

② Куприянова Л. В. Таможенно-промышленный протекционизм и российские предприниматели (40—80-е годы XIX века). С. 212.

③ Статистический ежегодник на 1913 г. Петроград: Центральный стат. ком. М. В. Д. ,1913. С. 165.

④ Хромов П. А. Экономика России периода промышленного капитализма. С. 126.

了 10.03 亿普特。①

本国煤炭开采与进口的比例变化足以证明俄国煤炭工业的发展状况。1870 年代初,俄国的进口煤炭总量超过了本国开采量。1880 年代初煤炭进口量是俄国本国煤炭开采总量的约 1/3。1890 年代这一比例仅为 20%。② 这些数据充分证明了俄国煤炭工业的快速发展。

1890 年代俄国煤炭工业的发展速度远远高于其他资本主义国家。1891—1900 年,俄国的煤炭开采量增长了 159.5%,同期英国、美国、法国、德国的增长速度分别为 21.4%、59.2%、28.3% 和 58.9%。③

(二)引进外资对俄国经济发展的影响

外资是俄国石油工业发展的推力。1861—1914 年,俄国政府坚决实施引进外资的政策。根据 Л. Я. 艾温多夫统计,1917 年前投入俄国石油工业中的总资本约为 4.6 亿卢布,其中外资为 2.549亿卢布,占总资本的 55.4%。④ 外资引进弥补本国资本不足,促进俄国经济飞速发展。

1870 年代,为发展本国的石油工业,俄国政府采取了多项举措,吸引众多外国企业参与对俄石油工业的投资,俄国的石油开采量开始大幅攀升。1872 年,俄国政府取消石油包销制度,外国企业获得在俄国勘探和开采石油的权利,外资开始投向俄国石油

---

① Мендельсон. Л. А. Теория и история экономических кризисов. Т. II. М.: Соцэкгиз, 1955. С. 736—737; Шполянский Д. И. Монополии угольно-металлургической промышленности Юга России в начале XX в. М. Изд-во Акад. Наук СССР, 1953. С. 34.

② Куприянова Л. В. Таможенно-промышленный протекционизм и российские предприниматели (40—80—е годы XIX века). С. 240—241.

③ Хромов П. А. Экономика России периода промышленного капитализма. С. 131.

④ Эвентов Л. Иностранный капитал в нефтяной промышленности России (1874—1917). М.: Плановое хозяйство, 1925. С. 121—122.

工业。1877年,政府废除煤油消费税,该举措促进俄国石油工业的中外资进一步增长。1890—1900年,俄国石油产量从占世界石油产量的38％上升到51％,而同期美国则从68％跌至43％。俄国一跃成为世界头号石油大国。①

外资奠定了俄国冶金工业的基础。1880年代后半期,俄国生铁熔量提高79％,为过去25年的产量总和,1890年代生铁熔量增长3.2倍,至1913年,俄国生铁熔量达到2.83亿普特。但俄国冶金业取得如此成就并非是乌拉尔冶金基地的功劳,而是依靠兴起的南俄工业区。

在南俄的18家股份公司中,16家公司的股票在外国证券市场上挂牌销售。可以说,没有外国投资就没有南俄冶金业的辉煌。1913年俄国共有冶金厂167家,其中在南俄的工厂仅有22家,但生铁熔量却是乌拉尔地区的14倍,生产力水平高出乌拉尔地区5倍。南俄生铁熔量占全国总量的67％,炼钢产量占全国60％。②

1898—1900年间,俄国的冶金工业中外国股份资本占据第一位。1901—1909年,俄国的外国总股份资本为1.958亿卢布,投入冶金业的外国股份资本为5090万卢布,占25.5％,1910—1914年,冶金工业中外资为9750万卢布,占22.0％。③

外资也在俄国铁路修建中唱主角。1861—1914年,俄国铁路修建投资总额为48.16亿卢布,外资和俄国资本所占比例分别为74.5％和25.5％,其中在1861—1881年,外资占所有铁路投资的94.25％,1893—1900年,该比例为82.95％。④

---

① 张广翔:《外国资本与俄国工业化》,第144页。
② Донгаров А. Г. Иностранный капитал в России и СССР. М.: Международные отношения,1990. С. 22.
③ Оль П. В. Иностранные капиталы в народном хозяйстве довоенной России. Л.: Изд-во Всесоюз. акад. наук,1925. С. 31—32.
④ 张广翔:《外国资本与俄国工业化》,第152页。

外资的引进促进俄国铁路的快速修建,维特担任财政大臣之后,俄国出现了第二次铁路修建高潮。1893—1903年,俄国的铁路修建规模达到最大化,在此十年内完成2.2万俄里铁路的修建任务,超过以往20年的总和。①

(三)兴修铁路对俄国经济发展的影响

无论是商品性农业的发展还是工业品销售市场的扩大,均取决于铁路网的发展程度,这是衡量当时欧洲国家工业发展的重要尺度。1861年改革后,俄国把兴修铁路作为振兴经济的杠杆,因此俄国铁路建设速度较快。1893—1900年,俄国每年修筑铁路2800多公里,这个数字即使在今天也是很可观的。到1898年,铁路线已遍布于俄国欧洲部分所有省份、芬兰8省和亚洲部分的7个地区,连通全俄44%的城市。② 俄国欧洲部分的工业发达地区与能源、原料和粮食产地,以及边远地区的经济往来更为密切,缓解了运输滞后对经济发展和国防建设所造成的巨大压力,扩大了国内资本主义市场的规模和容量,进而使地区间的劳动分工更趋合理。大规模的铁路建设拉动了冶金业、运输机器制造业、采煤和石油业的发展。为建筑材料部门,如木材加工、制砖、水泥、玻璃、陶瓷等行业的兴起提供了机遇。③ 俄国铁路建设发展历程是俄国工业发展进程不可分割的一部分。

结　语

保护关税、引进外资和兴修铁路等国家干预政策是俄国工商

---

① Ионичев Н. П. Иностранный капитал в экономике России (XVIII-начало XX в.). С. 125.
② Соловьева А. М. Железнодорожный транспорт России во второй половине XIX в. С. 271—275.
③ 张广翔:《外国资本与俄国工业化》,第148页。

业发展的推动力。俄国政府保护工商业发展的总体方针确立之后，将保护关税、引进外资和兴修铁路作为长期坚持的政策。通过调整关税和引进外资为铁路修建创造条件，国家铁路网得以迅速扩大，不仅拉动了运输机器制造和冶金等工业的发展，而且扩大了商品销售市场。1870 年代，政府不断提高进口商品的关税税率，有效地保护了民族工商业的发展。1880 年代，政府加大对本国重工业的保护，连续提高金属、燃料和机器设备等商品的进口关税，俄国的煤炭、石油、冶金、机器制造等工业突飞猛进。关税保护政策为外资引进奠定基础，从 1890 年代开始俄国经济中的外资大幅攀升。外资流入促进俄国石油、冶金、采矿、机器制造、电力等工业的长足发展，扩大铁路修建的规模。关税保护、引进外资和兴修铁路是相互影响、相辅相成和有机结合的政策，是俄国工商业取得辉煌成就的重要手段。

作者简介：张广翔，吉林大学东北亚研究中心教授。

土地关系的变革与俄国村社制度的危机

罗爱林

1861年农奴制度废除后,俄国农村公社迎来新的发展时期。随着俄国从封建农奴制度向资本主义过渡,农村公社受到这种转型的强烈冲击。在社会变革过程中,农村公社固有的二重性更多地体现出矛盾性。现代化与民族传统、民主化与宗法制、公有制与私有制、集体生活与个性解放,这些矛盾一直缠绕着转型时期的俄国农村公社,并动摇着农村公社制度的根基。土地制度二重性和土地分配职能是农村公社得以长期存在的基本条件和具有巨大生命力的源泉。但经过19世纪中叶俄国思想界关于村社问题的论战和沙皇政府内部关于村社命运的讨论,村社土地私有制的主张逐渐得到俄国社会上层人士的认同,并且成为沙皇政府土地政策的发展方向。随着农奴制度的废除,村社内部土地私有制得到缓慢发展,进而带来村社土地重新分配减少、土地分配职能弱化,而这又反过来推动着村社土地私有化的步伐。村社土地私有化侵蚀着村社制度的肌体,使村社制度面临生存危机,斯托雷平则用政府之手加速了这种进程。研究转型时期俄国农村公社内部土地关系的变革及由此而来的村社制度危机,对于我们更好地理解马克思东方社会理论的演变、民粹派思想的局限性有重要的帮助。

一、1861年改革前夕沙皇政府内部关于村社命运及其土地制度的讨论

19世纪中叶,随着农奴制度废除问题提上议事日程,农村公社的未来命运被俄国社会各阶层所关注。农村公社与农奴制度密切相关。俄国农奴制度的确立,本质上就是农村公社被农奴化的过程。农村公社与农奴主领地相结合,成为依附于农奴主的农民自治单位,成为地主推行劳役制和代役制经济剥削的工具。① 因此,关于村社命运的讨论必然与农奴制度存废问题交织在一起。

克里米亚战争的失败直接将农奴制度的存废问题提上议事日程。1857年1月,亚历山大二世成立亲自任主席的秘密委员会。12月,发布关于废除农奴制的第一份诏令,提出改革的基本原则:(1)在地主保留全部土地所有权的前提下,给予农民人身自由;(2)农民使用的宅旁园地在一定时期内可赎买为私产;(3)农民仍然使用地主土地,承担代役租和劳役租义务;(4)把农民纳入村社管理,地主仍享有世袭领地治安权;(5)在调整地主和农民未来利益的关系时,应保证各种税收的完纳。到1858年1月,随着诏令的公开发布和省贵族委员会开始活动,农民改革的筹备工作事实上不再保密,秘密委员会遂于1858年初更名为农民事务总委员会。

由于1857年12月的诏令过于保守,除规定农民可获得人身自由外,其他封建关系基本原封不动,未能满足农民的愿望和要求,导致国内农民运动迅速高涨,自由主义知识分子也纷纷予以抨击。据不完全统计,1857年各地发生农民暴动121起,1858年423起,1859年182起,1860年212起。② 沙皇政府面临巨大压

---

① 关于农村公社与农奴制度的关系,详见罗爱林:《俄国封建晚期农村公社研究(1649—1861)》,桂林:广西师范大学出版社,2007年。

② Крестьянское движение в России в 1857—1861 гг. М. ,1963. С. 736.

力。1858年10月,亚历山大二世给农民事务总委员会下达指示,提出进一步改革的总原则:"(1)农民立刻感到生活改善;(2)地主立刻放心其利益有保障;(3)强大政权一刻也不会动摇,社会秩序一刻也不会遭到破坏。"①按照沙皇最新指示,农民事务总委员会于12月通过了后来成为农民改革纲领的新方案。它规定:(1)农民获得人身自由,列入农村自由等级;(2)农民在行政上组成农村公社,并选举村社管理机关;(3)地主应与村社联系,而不是与农民个人打交道;(4)除了保障农民固定使用份地外,还必须给农民提供把份地赎为私有的条件,为此政府借助信贷组织给农民以协助;(5)必须制定一个过渡期限的条例。②

为了加快改革步伐,沙皇政府于1859年3月在农民事务总委员会下面设立了一个由31人组成的专门负责草拟和审议改革方案的直属机构——编纂委员会。

编纂委员会围绕村社问题进行了长期的讨论。由于1857年12月诏令和1858年12月纲领明确规定解放后的农民将纳入村社管理,因此编纂委员会决定村社原则上"不做变化,以其所存在的方式保留下来"③。

讨论最多的主要是土地制度的问题。由于1858年12月纲领确定了改革后俄国农村两种经济类型——大地主经济和小农经济并存,而且确立了在大地主经济占据优势的情况下农民转向赎买土地的终极目标,因此如何实现这一改革任务,便成为编纂委员会要讨论的重点。

编纂委员会意识到立即实现土地私有制存在现实困难,所以

---

① Журналы Секретного и Главного комитетов по крестьянскому делу. Т. 1. Пг., 1915. С. 260.

② Журналы Секретного и Главного комитетов по крестьянскому делу. Т. 1. С. 298—299.

③ Материалы Редакционных комиссий. Т. 2. кн. 2. СПб., 1860. С. 10, 29, 33.

希望农村公社继续发挥作用。编纂委员会在讨论农民土地分配的过程中出现三种意见。第一种意见主张农民以村社所有制的方式获得土地使用权;第二种意见赞同以私有制的形式分给农民土地;第三种则建议保留村社土地所有制,但同时创造条件向私人土地所有制过渡。① 据参与该委员会的谢苗诺夫(П. П. Семенов)后来回忆:"编纂委员会大多数人当时主张的是私人所有制,而不是村社所有制。"②但谁也不敢同意直接将村社土地所有制变成农户私人所有制。"我们当中最有远见的国务活动家之一……深受西欧政治经济学教育的米留金及其朋友扎布罗茨基-捷下多夫斯基这位具有小俄罗斯血统、在俄国农业方面最有威望的人之一,均极力支持在俄国发展私人所有制和独立田庄经济,但是他们都承认在当时必须保留村社土地占有制③,使这些农民从村社土地使用制过渡到按户继承使用制。"④

编纂委员会设想利用村社最终实现从村社土地所有制过渡到私人土地所有制。村社的一个重要职能是分配土地,而分配土地又分为两种方式,一种是日常分配土地,另一种便是不定期重分土地。编纂委员会计划通过设置障碍和限制条件逐渐减少重分,进而根除重分的习惯,使土地变成长期私人所有。此外,他们希望借助于村社,达到废除村社土地所有制的目的。按照他们的谋划,村社三分之二的成员同意便可以废除村社土地所有制,代之以家庭继承使用制(在《条例》颁布之后的最初九年,必须得到地主的允许)。

---

① Мануйлов А. А. Реформа 19 февраля и общинное землевладение. //Великая реформа. Русское общество и крестьянский вопрос в прошлом и настоящем. Т. 6. М., 1911. С. 64—65.

② Семенов-Тян-Шанский П. П. Мемуары. Т. 3. Пг.,1915. С. 230.

③ 在当时的俄国社会,受习惯法的影响,人们对土地的所有权、占有权甚至使用权缺乏法律意义上的明确认识和区分,所以常常会混用,认为占有即所有,继承使用便为私有。

④ Семенов-Тян-Шанский П. П. Мемуары. Т. 3. С. 231.

编纂委员会对农民退出村社的条件做了明确的规定。由于个别农民打工经商积累了能够一次性付清赎金的资金,按照规定被赎买的份地应该认为是脱离连环保、不应纳入重分的自由土地,但由于这种份地在长期的重分过程中与其他村社成员的土地犬牙交错成为"插花地",因此编纂委员会决定对农民赎买份地、退出村社设置一个过渡期。经过讨论,确定过渡期(暂时义务农时期)为九年。在此期间内,禁止农民放弃份地和退出村社。九年期满之后,也给欲放弃份地和退出村社的农民设置重重障碍,以便把农民固着在土地上,防止农民无产阶级化。[1]

至于农村公社在俄国的未来命运,编纂委员会中占上风的意见是,村社土地占有制将被逐渐消除。斯拉夫派人士萨马林(Ю. Ф. Самарин)是农村公社的坚定支持者,但他在编纂委员会当中陷于孤立。据同在编纂委员会工作的斯拉夫派人士切尔卡斯基(В. А. Черкасский)回忆:"他确信,农村是国之根基……村社将永远不会解散。在他看来,这种信念不可动摇。但是我们觉得,至少我所熟知的大多数成员都认为,村社将自然地走向解体。"[2]

可见,早在农民改革准备时期,编纂委员会就针对土地所有制问题进行过激烈的讨论,多数人认为必须实行土地私有制,但因当时条件不具备,最终的改革方案还是保留了村社土地所有制。

二、斯托雷平改革前沙皇政府的土地私有化政策

围绕村社发展方向的讨论并没有随着农奴制度的废除而告结束。后改革时期争论的焦点并非在于是否需要废除村社制度,

---

[1] Семенов Н. П. Освобождение крестьян в царствование императора Александра II. Т. 1. СПб. ,1889. С. 548,549,643—645.

[2] Захарова Л. Г. Крестьянская община в реформе 1861 г.//Вестник МГУ. Серия "История". 1986. №5. С. 40.

而是集中在以前编纂委员会讨论改革方案时曾引起激烈争论的话题——土地所有制问题。

在1864年召开的彼得堡农业会议上，不少与会者认为"私有制有好处，具有经济上的合理性"①，希望土地私有制取代村社土地占有制。这种呼声得到了普斯科夫省长奥布霍夫（Б. П. Обухов）和彼得堡省长列瓦绍夫（Н. В. Левашов）的支持。前者甚至还以内务大臣瓦卢耶夫（П. А. Валуев）的名义上书沙皇，阐述"村社土地占有制转化为私人土地占有制的必要性"②。一些地方自治局则通过实地调查发现农村出现了"衰败"，表现在分家频繁、酗酒增多、品行腐化、连环保束缚、村社土地不足，因此他们建议把土地从村社占有制转为农户占有制，以贷款形式给予分到土地的农民以补助。③

沙皇政府尽管出于统治的需要希望保留村社制度，但是在具体措施上却是引导村社向土地私有制转化。1861年改革的配套法律文件《关于脱离农奴依附地位农民赎买其宅旁园地和政府协助农民将其转为私有的条例》（简称《赎买条例》）第173条规定，农民只有在偿还一半的份地赎金之后，才可以退出村社。④ 毫无疑问，绝大多数农民对此无能为力。为此，1869年4月农民事务总委员会批准了内务大臣季马舍夫（А. Е. Тимашев）关于变更《赎买条例》第173条的建议，并于1872年12月9日颁布实施。修改后的第173条规定：(1)若份地不超过该地区所规定的最大面积，允

---

① Чернуха В. Г. Крестьянский вопрос в правительственной политике России (60—70 гг. XIX в.). Л., 1972. С. 129.

② Проблемы эволюции сельского хозяйства и крестьянское движение на Северо-западе России. Тезисы выступлений научной конференции. Псков, 1992. С. 66.

③ Чернуха В. Г. Крестьянский вопрос в правительственной политике России (60—70 гг. XIX в.). С. 141.

④ Крестьянская реформа в России 1861 года. Сборник законодательных актов. М., 1954. С. 131.

许退出村社;(2)只有村社才能同意退出村社,因为村社对其份地将来缴纳赎金负有责任;(3)村社的许可要得到省农民事务公署的批准。所以依据这条修改后的规定,农民无须支付一半赎金就可以离开村社。很显然,这为农民退出村社创造了条件。

沙皇政府一直在研究村社问题,探讨村社土地制度的发展方向。1872年5月26日,在转任国有资产大臣的瓦卢耶夫倡导下成立了农村状况研究小组,即"瓦卢耶夫小组"。"瓦卢耶夫小组"的任务是调查、了解各地官僚贵族、地主和社会知名人士对村社的看法。并非所有地方都主张由村社土地占有制转为私有制,诺夫哥罗德省老罗斯县的首席贵族就认为:"在我们这个地方推行地段经济暂时还没有意义,因为大多数人出于私利对此(地段经济)不赞同"。① 普斯科夫省普斯科夫县的地主也同样表示:"农民对于用地段土地使用制取代村社土地使用制,没有表现出任何意愿;相反这种改革会引起不满,甚至反抗"。②

"瓦卢耶夫小组"最后建议政府要重视改善农村状况,简化农民退出村社的手续,延长重分周期,鼓励发展副业等。小组还提请政府要加强农民自治,因为被选举出来的村长不太乐意从事村社事务,只是执行上级的命令。尽管这些建议没有被政府立即采纳,但却让政府意识到农村中存在的问题。

从1861年到1870年代末,沙皇政府对村社基本持消极被动的应付态度。但随着19世纪六七十年代一系列改革的推行和深化,村社内部的问题逐渐凸显,突出的是赎金和欠税问题。尽管存在着连环保,但欠款仍然越积越多。为解决此问题,政府于1878年出台关于把欠缴税款者的土地出租给异乡人使用6年的

---

① Никитина Н. П. Крестьянская поземельная община Северо-Запада России, 1861—1906 гг. Псков,1999. C. 81.

② Никитина Н. П. Крестьянская поземельная община Северо-Запада России, 1861—1906 гг. C. 81.

法令。该法令触动了村社的权利。因为农民的份地属村社所有，根据连环保原则，由村社来负责收缴欠款，并对欠款人采取强制措施。毫无疑问，1878年法令违背了村社自治原则，剥夺了村社自行处分土地的权利。

1870年代末1880年代初俄国国内矛盾激化，农民运动高涨，沙皇政府内部一些有识之士意识到光靠高压政策无法解决农民问题。内务大臣洛里斯-梅里科夫（М. Т. Лорис-Меликов）在1881年4月12日上书亚历山大三世，建议重新审定1874年6月27日的县农民事务公署条例，"改组常遭指责的村社农民管理局"[1]。

在此情况下，沙皇政府出台了一系列法律条文和政策措施，推动村社土地私有化。

首先是在1881年5月22日出台了《关于作为临时措施给予村社一些土地租赁方面的优惠》的法律。该法律为农民提供了租赁国有土地的优惠，即农民可以提供村社决议书代替现金抵押，从租赁交易所租赁国有土地。由于土地不足，村社只好出面到外面租赁土地。在他们看来，"租用国有土地总是比租用私有土地有利，因为国有土地的定价众所周知，而私有土地者却常利用农民的困难处境，出租生荒地牟取高价。"[2] 尽管"这条法律推广得极为有限，对缓解农民的土地需求无论怎样都不能起到实际的作用"[3]，但它表明沙皇政府已经采取措施来支持村社解决土地问题。

紧接着沙皇政府在1881年12月28日和1886年6月12日又相继出台法律，规定地主农民从1883年1月1日起、国有农民从1887年1月1日起必须转为赎买，同时降低赎金。

---

[1] Зайончковский П. А. Кризис самодержавия на рубеже 1870—1880 гг. М., 1964. С. 353.

[2] Труды местных комитетов о нуждах сельскохозяйственной промышленности. XXXШ. Псковская губерния. СПб., 1903. С. 130.

[3] Зайончковский П. А. Кризис самодержавия на рубеже 1870—1880 гг. С. 425.

为切实帮助农民贷款购买土地,沙皇政府决定组建农民土地银行。1882年5月,农民土地银行开始营业。土地银行不仅为个体农户提供贷款,而且给村社和农民"合作社"发放贷款用于购买土地。贷款额为土地评估价的75%,期限为24年半到34年半。为表示对村社的支持,村社在购买土地时,只需首付土地总价的9%,而农民合作社要首付14%,个体农民则要首付50%,银行才能提供贷款。①

沙皇政府还采取了一些改善农民境况的措施。1884年11月9日修订了1881年5月22日的法律,增加了一些补充条款,允许不通过交易所把国有土地出租给村社。

传统的村社土地重分方式带来土地碎片化和插花地现象,已经严重影响到农业经济的发展。因此,沙皇政府于1893年6月8日颁布法律,限制土地重分。根据该法律,部分重分被禁止,全部重分的间隔时间为12年。该法律还规定,重分需要得到米尔会议②三分之二以上成员同意,并须经地方官批准。

沙皇政府出于统治的需要,希望保留村社、维护村社威信。但上述政策客观上导致村社土地私有化和村社土地职能的弱化,于是沙皇政府又采取措施扶持村社土地占有制。1893年12月14日,沙皇政府颁布法律,禁止转让农民份地。该法律主要针对1861年《赎买条例》第165条而出台,因为后者为村社土地占有制转化为私人土地占有制提供了可能性。《赎买条例》第165条规定:"希望划拨(份地)的农户,若向县国库缴清所属地块的赎金,那么村社必须向其划拨相应的地块,尽可能是同一个地方,由村

---

① Головин К. Сельская община в литературе и действительности. СПб. ,1887. С. 75.
② 俄国农民将自己生活的村社称作"米尔"(мир),将"村社大会"称作"米尔会议"(мирский сход)。详见罗爱林:《俄国农村公社名称探析》,《西南民族大学学报》,2004年第9期,第355—359页;罗爱林:《试论米尔会议的农民自治属性》,《广西师范大学学报》,2007年第4期,第99—104页。

社来考量;在划拨之前农民继续使用米尔份地中属于他的那部分土地,无需再缴纳赎金"。① 在实践中,个别农民把这条规定"频繁运用,从而使得米尔土地越来越少。"②1893 年 12 月 14 日法律规定了防止份地出让的措施:第一,如果所卖地块的价格不超过 500 卢布,那么须经省公署批准才能向本村社出售土地;第二,赎买自己的份地并把它划拨出来,必须得到米尔会议的同意;第三,份地只能卖给本村社成员;第四,完全禁止典当份地。政府企图用这种方法保护村社土地,防止倒卖。该法律生效后,农民提前赎买的份地数量急剧减少。1892 年提前赎买土地缴税额为 83 万卢布,1897 年下降到 37 万卢布。③

随着 19 世纪末 20 世纪初许多省份发生农民骚动,沙皇政府加快了解决村社问题的步伐。1903 年 3 月 12 日,通过了关于取缔连环保的法律。该法律免除村社集体缴纳税款的职责,改由每个农户独自负责缴交税款。这样一来,村社的赋税职能遭到削弱。1904 年 8 月 11 日发布了蠲免赎金欠款和废除农民体刑的宣言。尽管维特(С. Ю. Витте)在 1903 年 2 月 26 日的"农业工业需求会议"上声称:"农民土地占有的村社制度不可侵犯"④,但 1905 年革命迫使沙皇政府更深入地解决村社问题。1905 年 11 月 3 日沙皇政府发布诏令,宣布自 1907 年 1 月 1 日起全面废除赎金,这就为后来斯托雷平改革提供了法律依据。

三、村社内部土地私有制的缓慢发展

1861 年农奴制度废除之后,俄国农村土地关系变得复杂起来。

---

① Крестьянская реформа в России 1861 года. Сборник законодательных актов. С. 130.
② Самарин Д. Ф. Собрание статей, речей и докладов. Т. 8 Крестьянское дело. No 1. М. ,1903. С. 214.
③ Сидельников С. М. Аграрная политика в период империализма. М. ,1980. С. 27.
④ Витте С. Ю. Воспоминания, Т. II. Таллин-Москва,1994. С. 515.

一方面,地主经济无法再通过对农民进行封建剥削而获利,被迫按照市场经济的原则改造农业,走上农业资本主义发展的普鲁士式道路,土地买卖现象更加普遍,封建地主经济的衰落破产和资本主义大地产经济的建立交相发生。另一方面,农民经济脱离地主经济之后,开始走上独立经营的道路,土地私有制得到发展,但由于受到村社制度的羁绊,农民经济中土地私有化的步伐较为缓慢。

1861年《总条例》以及《赎买条例》规定,农民有权将宅旁园地和份地赎归私有。《赎买条例》第二、三条分别赋予农民在不欠债的情况下"经与地主自愿协商可以赎买宅旁园地为私有"以及在事先征得地主同意的前提下"可以通过赎买的方式将自己经常使用的份地变为私有的权利"。① 份地赎金标准按当地代役租年利率6%资本化计算。政府可以为赎买份地的代役租农民一次性付清赎金提供贷款,然后由其在49年内按照每年6%的比例逐年还清。

在具体赎买过程中,农民赎买土地存在三种情况:(1)极少部分经济实力较强的农民,通过与地主协商签订赎买协议,一次性交清赎金,直接获得了份地的所有权。(2)无力一次性交清赎金的农民也与地主签订赎买协议,由国家提供贷款,农民在49年期限内还清贷款,从而获得份地的占有权。这部分农民在没有还清赎金贷款前不许退出村社,除非得到米尔会议的一致同意。(3)尚未实行赎买的"暂时义务农",签订契约文书,承担规定的代役租和义务,从而获得份地的使用权,土地的所有权属于地主。

农民赎买土地的过程以1881年12月28日沙皇政府颁布法令强制赎买为界大体上分为两个阶段:1861—1881年为自愿赎买阶段,1881—1904年为强制赎买阶段。

据俄国著名经济史学家德鲁日宁(Н. М. Дружинин)研究,1862—1864年间赎买比较活跃的地区主要集中在改革前以劳役

---

① Крестьянская реформа в России 1861 года. Сборник законодательных актов. С. 93.

制为主的中部黑土区(库尔斯克、沃罗涅日、奔萨)、伏尔加河中游地区(喀山、辛比尔斯克、萨拉托夫)和乌拉尔边疆殖民区(奥伦堡、乌法),而改革前以代役制为主的中部工业区、西北地区和北部地区赎买进行得较为缓慢。1865—1867年间,各地区的赎买持续增加,其中土壤比较肥沃的省份赎买最为活跃,包括中部黑土区、伏尔加河中游沿岸、乌拉尔地区和所有草原地区,而中部工业区、西北地区及北部地区的非黑土区赎金也开始不断增多。造成这种情况的原因在于黑土区以劳役制为主,劳动效率低,地主希望尽快与农民解除依附关系,也借此获得赎金来改善经营;而以代役制为主的地区,由于地主能从农民手上获得货币收入反而不太乐意后者赎买土地。1868—1873年间,以代役制为主的中部工业区、西北地区等非黑土地区加快了赎买的步伐,逐渐超过黑土区;而黑土区的地主则开始采取工役制的剥削方式。1874—1876年,整个欧俄地区放缓了赎买步伐,赎金明显减少。1877—1882年间,由于俄土战争和农业歉收的影响,赎金额急剧减少。①

据1877—1878年土地普查材料,欧俄总土地量为3.91亿俄亩,除去极北地区未曾使用的国有土地,欧俄实际的农业土地总量是2.81亿俄亩。这些土地分为三种类型:私有制土地1.02亿俄亩,农民的份地(含哥萨克的)1.39亿俄亩,国有和皇室土地5000万俄亩。其中私有制土地的77.4%(0.79亿俄亩)属于贵族,其余的掌握在教会和通过购买获得土地的商人、小市民和富裕农民手中。② 可见,直到此时农民私有土地并不多,私有制土地主要掌握在贵族手中。

沙皇政府很清楚,赎买进程减慢的根本原因在于农民经济能

---

① Дружинин Н. М. Русская деревня на переломе (1861—1880 гг.). М. ,1978. С. 64—66.

② Федоров В. А. История России (1861—1917). М. ,2000. С. 70.

力不足,但赎买份地的政策必须推进。因此沙皇政府于 1881 年 12 月 28 日和 1886 年 6 月 12 日相继出台法令,规定地主农民从 1883 年 1 月 1 日起、国有农民从 1887 年 1 月 1 日起必须转为强制赎买,同时降低赎金。为切实帮助农民贷款购买土地,沙皇政府决定组建农民土地银行。1882 年 5 月,农民土地银行建立起来。1883—1895 年间,土地银行共向农民发放 82393687 卢布贷款,帮助农民购买了 2411752 俄亩土地。① 1896—1905 年间,农民土地银行业务规模急剧扩大,发放的贷款总额达到 4.09 亿卢布,比之前增加了 3 倍。在银行帮助下购买到的土地总面积增加得更快,从 241 万多俄亩增加到 536 万多俄亩,较上一时期增加了 1.5 倍。② 仅 1896 年,农民就通过发放的贷款购买了 20.9 万俄亩土地,在之后几年时间里银行业务逐年递增。1896—1903 年,在银行的帮助下农民购买到的土地总数达到 490 万俄亩,平均每年达到 61.2 万俄亩。③

如上所述,只有那些能一次性交纳全部赎金的农民才可将份地归为私有,大多数农民则由于无法一次性付清份地赎金而仍然留在村社,其份地所有权属于村社,采取村社土地占有制。所谓的村社土地占有制,指的是:"应当承认如下条件:1. 每个村社成年人和已婚男性'落在赋税上',即为便于独立经营而得到米尔土地地段;2. 村社有权按照自己的考虑增加或者减少每个农户的份地;3. 村社有权开展重分土地;4. 连环保。"④

在封建晚期,村社土地占有制是村社土地制度的基本形式;可是 1861 年改革之后,这种情况开始发生变化。按照 1861 年改

---

① Батуринский Д. А. Аграрная политика царского правительства и крестьянский поземельный банк. М. ,1925. С. 38.
② Кауфман А. А. Аграрный вопрос в России. М. ,1918. С. 137.
③ Кауфман А. А. Аграрный вопрос в России. С. 137.
④ Головин К. Ф. Сельская община в литературе и действительности. С. 35.

革的《总条例》规定,农村公社可以根据本村社 2/3 农户家长的意愿,从村社土地使用制转为农户土地使用制,而且从此之后村社无权重分土地。1893 年 6 月 8 日,沙皇政府颁布法令,限制土地重分。根据该法令,部分重分被禁止,全部重分的间隔为 12 年。该法律还规定,重分需要得到米尔会议 2/3 以上成员同意,并须经地方官批准。尽管农民留恋村社,私下里仍旧重分,但这些举措客观上促使村社土地逐渐转移到农民手中,从而成为私有地。到 1905 年,农户土地占有制扩大到了 1/3 前地主农民家庭,在国有农民和皇室农民当中农户土地占有制则较为罕见。① 表 1 也明确地证实了这一点:村社土地占有制的农民家庭有 9929912 户,农户土地占有制家庭 2797443 户;在前地主农民当中村社土地占有制的土地面积占 70.6%,农户土地占有制的土地面积占 29.4%,而在前国有农民当中则分别是 87.8% 和 12.2%。另有资料表明,1905 年在欧俄的 46 个省当中,除了哥萨克土地,以村社身份占有土地的有 135315 个村社、8680796 个农户,他们使用 91220973 俄亩份地;农民家庭土地占有制的有 31858 个村社,2735059 个农户,他们使用 20446189 俄亩份地。②

表 1 1905 年各类农民当中的村社土地占有制与农户土地占有制(土地单位:千俄亩)③

农民类型	村社土地占有制 农户数	村社土地占有制 土地数	农户土地占有制 农户数	农户土地占有制 土地数	土地面积(%) 村社土地	土地面积(%) 农户土地
前地主农民	3989968	27209.0	1744172	11206.5	70.6	29.4
前国有农民	4839335	58182.1	913644	8090.5	87.8	12.2

① Дубровский С. М. Столыпинская земельная реформа. М. ,1963. С. 190.
② Зырянов П. Н. Крестьянская община Европейской России 1907—1914 гг. М. ,1992. С. 35.
③ Анфимов А. М. Крестьянское хозяйство Европейской России (1881—1904). М. ,1980. С. 89. 本文作者对原表做了适当计算和加工。

续表

前皇室农民	427832	4111.2	6240	33.6	99.2	0.8
前拓荒农民	116365	2188.6	41152	1001.6	68.6	31.4
世袭租户	—	—	20402	62.2	—	100.0
摩尔达维亚小领主	4186	20.1	9448	51.7	28.0	72.0
巴什基尔人和杰布嘉人	273576	7738.7	1	0.04	100.0	0.0
波罗的海农民	—	—	62384	2301.8	—	100.0
哥萨克	278650	14689.5	—	—	100.0	—
合计	9929912	114139.2	2797443	22747.94	—	—

　　从地区分布看,西部省份占统治地位的是农户土地占有制,三个西部和北部省份(格罗德诺、科夫诺、明斯克)完全缺乏村社土地占有制。南部省份(南方草原和南部黑土地区)则发生了村社土地占有制和农户土地占有制之间的斗争,从西伸展到东狭长的南部黑土地带在这方面尤其突出。在这个地带上,西部省份波尔塔瓦占优势的是农户土地占有制,而在东部省份沃罗涅日占优势的却是村社土地占有制,在南方草原的新罗斯,由于多数农民是不久前从中部省份来的移民,故而占优势的是村社土地占有制,但是在这里村社传统并不牢固。在北部、中部工业省份、伏尔加河中下游省份以及伏尔加河沿岸省份,占统治地位的是村社土地占有制。在奥伦堡省、阿斯特拉罕省、喀山省,直到1905年还没有农户继承的土地占有制村社。在各个省份当中,只有普斯科夫是全部的村社土地占有制。这是一个很难解释清楚的事实,因为这里离盛行农场经济的波罗的海很近,又具有独特的自然环境,照理有利于开展农庄经济。从全国范围看,村社土地占有制呈现出从西到东增强,从南到北则区别不大的特点。(参见表2、表3)[①]

---

　　① 详见 Зырянов П. Н. Крестьянская община Европейской России 1907—1914 гг. С. 36—37。

土地关系的变革与俄国村社制度的危机　　187

表2　1905年欧俄50省各地区农民土地占有制情况(土地单位:千俄亩)①

地区	村社土地占有制			农户土地占有制			土地面积(%)	
	农户数	土地面积	每一农户占有土地数	农户数	土地面积	每一农户占有土地数	村社土地	农户土地
北部	342254	7828.9	22.9	10258	58.8	5.7	99.3	0.7
西北部	476981	5360.1	11.2	2623	15.8	5.8	97.7	0.3
波罗的海沿岸	—	—	—	62384	2301.8	36.9	—	100.0
西部	233553	2070.4	8.9	613742	7562.5	12.3	21.5	78.5
中部工业区	1331131	10997.5	8.3	11902	85.2	7.2	99.1	0.9
伏尔加河中游	150261	20026.6	17.4	4793	19.0	4.0	100.0	
北部黑土地带	1724111	12579.9	7.3	187819	1671.7	8.9	88.3	11.7
南部黑土地带	608698	4086.2	6.7	56947	3093.8	5.4	56.9	43.1
西南部	39792	224.8	5.6	1074307	5896.6	5.5	3.7	96.3
南部草原地带	1075665	16679.5	15.5	237526	1807.1	7.6	90.2	9.8
伏尔加河下游	2145102	28419.4	13.3	22443	234.9	10.5	99.2	0.8
欧俄50省合计	9479912	114139.2	12.0	2797443	22748.0	8.1	83.4	16.6

表3　1905年欧俄46省村社土地占有制与农户土地占有制比例关系(%)②

地区、省	村社土地占有制			农户土地占有制		
	村社数占比	农户数占比	土地数占比	村社数占比	农户数占比	土地数占比
北方	97.6	97.1	99.3	2.4	2.9	0.7

---

① Статистика землевладения 1905 года. СПб., 1907. С. 80—130.
② Зырянов П. Н. Крестьянская община Европейской России 1907—1914 гг. С. 36—37. 为节省篇幅,此处略去了各省的数据。

续表

西北地区	99.2	99.5	99.7	0.8	0.5	0.3
伏尔加河中游	99.5	99.6	99.9	0.5	0.4	0.1
中部工业区	97.6	99.2	99.2	2.4	0.8	0.8
西部	30.3	27.5	20.9	69.7	72.5	79.1
西南地区	2.1	3.4	3.6	97.9	96.6	96.4
南部草原地带	80.0	78.3	84.8	20.0	21.7	15.2
中部黑土地带	84.2	82.7	81.1	15.8	17.3	18.9
南部黑土地带	48.3	66.9	76.1	51.7	33.1	23.9
伏尔加河下游	98.8	99.3	99.4	1.2	0.7	0.6
欧俄46省合计	81.1	76.1	81.7	18.9	23.9	18.3

可见,1861年改革后农民经济开始出现两种不同的土地占有形式。一种是传统的村社土地占有制,另一种是农户土地占有制。前者土地属村社集体所有,农民从村社取得土地使用权;后者土地由农户继承使用,变为农户家庭私有财产。沙皇政府从加强对农民的管理、维护社会稳定的目的出发希望保存农村公社,但从经济发展的角度却一直在推动村社土地私有制的发展。土地私有化不断地侵蚀着村社的肌体,促进农民内部的社会分化。需要说明的是,并非所有取得土地私有权的农户均远离了村社生活,事实是许多地方的农户在获得土地私有权之后又重组村社,所不同的是土地不再重分而已。

尽管直到1905年之前村社土地占有制还占有相当大的份额,但农户土地私有制却从未停歇其前进的步伐。两种土地所有制的较量,是19世纪下半期20世纪初俄国农村经济发展的重要特点。这种较量最终由斯托雷平在1906年借助政府之力实行改革来打破。即便如此,村社土地占有制与农户土地私人占有制的较量也还是没有停止。

四、农村土地市场的初步形成

农民买卖土地的现象早已存在。目前已知的买卖土地事件最早发生在17世纪70年代:属于切尔卡斯基公爵家族的苏兹达尔县伊万诺沃村的农民在1674年和1676年分别购买了93.5俄亩和26俄亩土地。① 18世纪中叶之后土地买卖得到发展,1801年亚历山大一世专门颁布法律赋予自由等级购买非农奴农民土地的权利,1845年沙皇政府又规定农奴农民可以花自己的钱以农奴主的名义购买土地。但是应该看到,改革前由于受到身份限制,农民土地买卖还属个别行为。

1861年改革为农民买卖土地提供了法律依据,使得农民买卖土地成为一种普遍现象。很有意思的是,改革之初出售土地的多是破落贵族,而买入者最多的是商人,其次是农民。1863—1882年间,28个省农民买地110197起,交易土地量48844236俄亩,交易额91101077卢布。(参见表4)从表中可以看到,交易最多的是中部黑土地区,达到43869起;交易最少是东部黑土区,只有2861起。中部黑土地区土地价值最高,交易的土地量只有858076.2俄亩,可是交易的资金达到了38529907卢布,每俄亩的平均价格高达44.9卢布,而东部黑土区交易的土地量682565.7俄亩,交易的资金却只有7308091卢布,每俄亩的平均价格低至10.7卢布。同是黑土区,为何价格相差如此之悬殊?原因在于,中部黑土区人口稠密,人均份地极少,而且农业是这里的主要经营方式,由于土壤肥沃,在这里只要拥有一定数量的耕地就不至于陷于贫困。所以在这里对于土地的需求相对更高,买地成为当地农民的一种普遍行为。由于价格太高,所以每份交易的土地量极少。根据1877—1878年的土地调查资料,30个大俄罗斯省份的农村公社购买了717158俄亩土地,其中382743俄亩即超过一半的土地集中在资本主义最活跃的中部工业区。当然,土地交易的主力军还是私有农民即合作社和个体农户,他们购买了4168080俄亩土地,是村社购地的将近6倍。②

---

① Федоров В. А. Помещичьи крестьяне Центрально-промышленного района России конца XVIII—первой половины XIX в. М. ,1974. С. 267.

② Дружинин Н. М. Русская деревня на переломе (1861—1880 гг.). С. 144.

表 4　1863—1882 年间欧俄大俄罗斯省份农民买地情况①

地　区	合同数	买卖土地量（俄亩）	土地价值（卢布）	每份买地合同平均交易量 俄亩	每份买地合同平均交易量 卢布	每俄亩的平均价格（卢布）
中部非黑土区	33174	1766505.3	29399276	53.2	886	16.6
北部非黑土区	30293	1537088.8	15863803	50.7	523	10.3
中部黑土区	43869	858076.2	38529907	19.6	878	44.9
东部黑土区	2861	682565.7	7308091	238.6	2554	10.7
28省合计	110197	4844236.0	91101077	43.9	826	18.8

1880 年代，由于农民土地银行的建立，土地买卖更加频繁（参见表5）。在 1883—1905 年间通过农民土地银行购买土地的交易中，从购地年份来看，最活跃的是 1896—1905 年；从购地的主体来看，农村公社的购地占 23.4%，合作社购地占 74.4%，个体农户占 2.2%。据统计，1880 年农民购买土地面积是 681.8 万俄亩，1900 年达到了 1989.5 万俄亩，几乎增长了 2 倍，到 1905 年农民购买的土地更是高达 2459.15 万俄亩。农民购买最多的是耕地，从 1880 年的 378.4 万俄亩增加到 1900 年的 1408.8 万俄亩。②

表 5　1883—1905 年间欧俄 45 省通过农民土地银行农民购地情况③

年　份	农村公社	合作社	个体农户	合　计	总数占比(%)
1883—1885	271766	272339	2181	546286	6.6
1886—1890	459524	559424	14168	1033116	12.5
1891—1895	204434	600039	27850	832323	10.1
1896—1900	597668	2058517	63872	2689867	32.5
1901—1905	401298	2698885	74195	3174378	38.3
总　计	1934490	6159214	182226	8275970	100.0
百分比	23.4	74.4	2.2	100.0	

---

① Дружинин Н. М. Русская деревня на переломе (1861—1880 гг.). C. 142.

② Анфимов А. М. Крестьянское хозяйство Европейской России (1881—1904). C. 55—56.

③ Анфимов А. М. Крестьянское хозяйство Европейской России (1881—1904). C. 57.

如果说以前农民买入土地更多是为弥补份地不足，现在则出现不少双向交易，即农民也卖出以前购入的土地，而且数量不小。

农民买卖土地的主体比较复杂，既有村社，也有合作社，还有个体农户。这个问题需要专门论述。但无论如何，有三点是明确的：第一，村社和村社农民都参与土地买卖活动；第二，土地已经变成商品，因而所有交易都是市场经济行为；第三，所有交易的土地均属私有，哪怕村社所购买的土地也是村社所有，至于村社购地之后成员共享是另一回事。农民买卖土地本身具有特别的意义。"份地农民购买土地作为私有财产，则纯粹是资产阶级现象。""农民购买土地，只是说明从村社中正在分化出农村资产阶级分子。"[1]如此大规模的土地买卖行为，说明俄国农村在改革后已经被深深地卷入商品经济，农村公社已经被私有制经济所笼罩，农村土地市场已经初步形成。

除了土地买卖市场，俄国农村还产生了一个土地租赁市场。改革后由于地主割地，村社农民份地面积锐减，少地现象开始困扰村社农民的生活。为解决少地问题，农民开始向国家、皇室以及贵族、商人等私有土地主租赁土地经营。其实租地现象早已存在，只是以往参与租地的多是从事工商业经营的富裕农民。改革后农民租地成为一种普遍现象。1881年俄国中央统计委员会曾进行过农民租地调查，并将调查结果予以公布（表6）。从表中我们可以看到，土地租赁主要集中于土壤肥沃的中部黑土地区以及伏尔加河中游地区，以及土地贫瘠、特别需要草场的中部工业区。前者主要租赁耕地，以便将剩余的农产品用于市场出售；后者租赁土地的目的在于发展畜牧业，以便进行畜制品和奶制品的深加工。从全国来看，每100俄亩份地当中有8俄亩

---

[1] 《列宁全集》，第17卷，北京：人民出版社，1988年，第80页。

是租地,而且耕地和草场、牧场占到了租地总数的一半(50.8%、49.2%)。

表6　1881年欧俄农民租地数量①

地区	租赁土地总数(俄亩)	在每100俄亩农民份地中的占比(%)	每100俄亩租赁土地中的耕地数	每100俄亩租赁土地中的草地和牧场数
中部工业区	1617525	11.9	17.1	82.9
中部黑土区	2158593	12.8	74.6	25.4
西北地区	551066	10.2	17.7	82.3
伏尔加河中游	1313641	12.2	69.2	30.8
乌拉尔地区	702226	2.3	53.9	46.1
草原地区	1083530	9.7	48.1	51.9
北方地区	67292	1.4	18.1	81.9
总　计	7493873	8.0	50.8	49.2

　　1880年代之后,农民租地活动得到更快发展,卷入其中的农户数量更加庞大。以1904年塔夫里茨省别尔嘉县土地租赁活动为例,全县总共37853个农户,租入土地的农户有22878户,占60.4%;出租土地的农户有15697户,占41.7%;既租入又出租土地的农户有6280户,占16.6%(参见表7)。"由此可见,农民中的经营租佃不是个别的、偶然的现象,而是一般的、普遍的现象。无论什么地方,都有一些富裕户从村社中分化出来,它们总是占极少数,总是靠经营租佃来组织资本主义农业。"②

---

　　① Распределение земель по угодьям Европейской России, за 1881 год. СПб., 1884. C. 345—353, 364—385.
　　② 《列宁全集》,第17卷,第76页。

表7 1904年塔夫里茨省别尔嘉县的土地出租和租入情况①

按播种面积的农户分组	农户总数	租入土地的农户 数量	租入土地的农户 百分比（％）	出租土地的农户 数量	出租土地的农户 百分比（％）	既租入又租出土地的农户 数量	既租入又租出土地的农户 百分比（％）	每个农户出租土地数（俄亩）	卷入租赁交易的农户数占比（％）
不种地的农户	1515	80	5.3	1038	68.5	32	2.1	6.2	73.8
低于5俄亩的农户	7946	2193	27.6	5642	71.0	1039	13.1	4.4	98.6
5—10俄亩的农户	8716	4815	55.2	3840	44.1	1596	18.3	1.7	99.3
10—25俄亩的农户	13385	10562	78.9	3500	26.1	2291	17.1	1.1	105.0
25—50俄亩的农户	4853	4014	82.7	1142	23.5	883	18.2	1.3	106.2
高于50俄亩的农户	1438	1214	84.4	535	37.2	439	30.5	4.1	121.6
总　计	37853	22878	60.4	15697	41.7	6280	16.6	2.2	102.1

村社农民租赁土地并非按照劳力而更多的是依据自身经济实力。表7向我们表明，被租赁土地绝大多数落入村社内富裕农民之手。"就租地的数量来看，无疑至少有一半以上掌握在富裕农民手中，即组织资本主义农业的农村资产阶级手中。"②这也从一个侧面展示出村社内部的社会分化程度。

五、村社土地重分制度的衰退

17世纪从欧俄中部发展起来的土地重分制度，18世纪末推广到了北方地区，到19世纪下半期传到西伯利亚。③ 土地重分机

---

① Анфимов А. М. Крестьянское хозяйство Европейской России（1881—1904）. С.113.

② 《列宁全集》，第17卷，第77页。

③ 关于村社内部土地重分的机制，可参见罗爱林：《俄国封建晚期农村公社研究（1649—1861）》，第146—194页。

制在给农民保证最大限度公平的同时,也带来了土地经营方面的严重弊端。最遭农民诟病的便是土地碎化。重分越频繁,土地碎化越严重,插花地越多。19世纪下半期人口迅猛增长更加剧了这一现象。重分所造成的插花地现象,除了村社内部的插花地还有村社间的插花地。在个别地方,"块地"不够宽,因此补充给每一"块地"的土地只能是来自道路或者田界。在有些地方,农民劳作的时候不得不走到邻居的播种地上去。"条地"如此之窄,以至于它只允许纵向犁地,总是留下了漏耕的地方。在普斯科夫省,曾有过不超过3/4俄尺的条地。① 所以,许多村社开始抛弃重分,或是重分的周期越来越长。这样,事实上就形成了两种村社:重分型村社(передельные общины)和不再重分型村社(беспередельные общины)②。

正如封建晚期村社土地重分一样,改革后重分型村社实施重分的类型大体上还是两种:一种是根本重分,或者叫"总重分",这是整个村社土地的全部重新调整;一种是部分重分,俄国农民口头上常称之为"增减",这是局部的土地调整。

在重分型村社里,土地分配延续了农奴制时代流传下来的一整套复杂机制。在封建晚期国有农民村社和皇室农民村社里通常采用按照男性纳税人头分配土地的方式,而在领地制村社里则多采取按照"夹格洛"(тягло)③的方式分配土地。据调查,1861年改革后,后一种分配方式仍被个别村社所采用。比如,科斯特罗马省的波戈列洛沃村社在1870年代、下诺夫哥罗德省的卢科雅诺夫县的一些村社在1880年代都还在使用"夹格洛"为单位分配

---

① Зырянов П. Н. Крестьянская община Европейской России 1907—1914 гг. С. 56.

② 国内学者称之为"非重分型村社"或"无重分型村社",本文作者认为用"不再重分型村社"或"停止重分型村社"似乎更合适。

③ 18—19世纪俄国农村普遍采取的征税单位,因时因地标准不一,可参见罗爱林《俄国封建晚期农村公社研究(1649—1861)》相关部分。

土地。①

但是1861年改革之后,前地主农民公社大体上从按"夹格洛"向按人口普查登记的男性纳税人头或者按现有男性人头以及按全体人口(含妇女)来分配土地,也有个别村社采取按劳力(含妇女劳力)分配。应该指出的是,各个村社在不同历史时期也会采取不一样的分配政策。采取何种方式重分土地,由各个村社的米尔会议做出决定。1900年,奥廖尔省和图拉省的前地主农民村社分配土地的方式是:奥廖尔省采取按男性纳税人头分地的村社占79.8%,按现有男性人头分地的占16.8%,按全体人口分地的占1.2%;图拉省前两项依次为69.8%、26.6%,极个别情况才按人口分配。②

农奴制改革前俄国最后一次人口普查③发生在1857年,此后的赋税均按照这次普查的男性人头分摊。这对于那些在19世纪下半期人口尤其是男性人头变动较大的村社影响甚深,村社在分配土地时不能不考虑这个问题。

不同的经济带呈现出不一样的土地分配方式。在非黑土地带,农民从1870年代开始从按纳税人头分配土地过渡到按现有男性人头分配土地。诺夫哥罗德省克列斯杰茨县湖边村社、诺夫哥罗德县格鲁吉诺村社、彼得堡县斯摩棱斯克村社都在这个时期

---

① Сборник материалов для изучения сельской поземельной общины в России. СПб., 1880. С. 229；Русское богатство. 1895. №4. С. 12.

② Вронский О. Г. Крестьянская община на рубеже XIX—XX вв.: структура управления, поземельные отношения, правопорядок. М., 1999. С. 85.

③ 为了保证征收人头税和负担兵役义务,沙皇政府在封建时期进行了10次人口普查。1719年第一次人口普查奠定了从按户征税过渡到按男性人头征税的基础。随后又开展了9次人口普查,分别是:1744—1745年、1762—1763年、1782年、1795年、1811年、1815年、1833年、1850年、1857年。后来沙皇政府于1897年和1916—1917年又进行了两次人口普查。为了表示区别,国内有学者把前十次称为人口调查,后两次为人口普查。

过渡到按现有男性人头分配土地。① 推动这种转变的根本原因在于人口增加、土地紧张。在下诺夫哥罗德省瓦西里舒尔思科县布朗瓦特拉斯村,1861 年改革的时候,274 个人头获得被地主割走之后的带有岗丘和悬崖的劣地,到 1905 年人口大约翻了一番。农民们哀叹:"增加的人头享有以前根据条例获得的土地量。"②巨额赎金的拖累,也是推动这种转变的重要原因。因为在许多非黑土省份赎金高于份地收入,经营土地变得无利可图,不少农民不愿意承担多余的份地。

于是,不少村社又转而奉行按劳力分配土地的办法。特维尔省奥斯塔什科夫县布拉斯诺夫村的所有五个村社、图拉县的多尔霍夫村于 1879—1880 年均采取此种分配方式。村社内成年劳力不足是导致分配方式改变的主要原因。这些村社大量男性成年劳力常年外出打工,留在村社的妇女开始承担起男性劳力的角色,出现了"娘儿们耕地"的现象。③ 于是一些村社逐渐把妇女劳动力列入村社土地分配之中,最初得到承认的是寡妇。在特维尔省切列尼县斯达鲁赫村社,寡妇可以获得丈夫的份地并保持到长子成年为止。④

随着劳动妇女被纳入土地分配,不少村社在分配土地时开始考虑计算包括妇女在内的村社全部人口。1903 年,诺夫哥罗德省老罗斯县拉特奇村农民按照现有男性和女性人头(不分年龄)重分土地,男性得到 3/4 的份地,女性得到 1/4 的份地。⑤ 在下诺夫哥罗德省卢科雅诺夫县的一些村社里,妇女得到 1/4 的份地。19 世纪末,在该省的瓦西里舒尔思科县 35 个村社"按人口"(即按男

---

① Сборник материалов для изучения сельской поземельной общины в России. С.262.
② Революционное движение в России весной и летом 1905.: Документы и материалы. ч. 1. М. ,1957. С. 564.
③ Сборник материалов для изучения сельской поземельной общины в России. С.181.
④ Сборник материалов для изучения сельской поземельной общины в России. С.203.
⑤ Зырянов П. Н. Крестьянская община Европейской России 1907—1914 гг. С.45.

性和女性)分配土地。维亚特卡省萨拉布尔县也开始从按劳力分配土地向按人口分配土地转变。在沃罗格达省,这种分配方式占统治地位。在卡卢加省,由于农民拥有中部工业地区最少的份地,所以"按人口"分配土地的方式在小雅罗斯拉夫尔县、科泽尔县、利赫文县得到广泛流行。①

在中部黑土地带,土地分配方式发生了与非黑土地带有细微差别的变化。中部黑土地带农民被农业耕作所困,相比其他地区农民更难以脱离土地流入城市,农民向外流动的比例相对较小,因而农民拥有的份地最少,土地紧张的状况比非黑土地带更为严重;另一方面,由于黑土地带土地肥沃,粮食产量高,从事农业经营有利可图,因此这里的农民不愿放弃土地。在这种情况下,黑土地带的大量村社开始长期冻结土地重分。1870年代末,梁赞省丹科夫县穆拉耶文斯克乡不仅没有根本重分(最后一次是1861年),而且也没有部分重分,农民们按照每个农户登记的纳税人头占有土地。② 因此,对于大部分黑土地带来说,早在1880年代中期之前便停止了根本重分。

长期缺乏重分导致开始按照农户继承和遗嘱的方式占有土地,事实上便是形成了份地的私人所有制。这特别明显地出现在库尔斯克省、坦波夫省、塔夫里茨省和赫尔松省,也出现在靠近首都的彼得堡县和施里塞尔堡县。在赫尔松省,"临终遗嘱得到村社的尊重。"③在库尔斯克和坦波夫省的某些县,农民开始出售份地,甚至出售给村社外的人士。而且,村社把取得的份地看作新主人不可剥夺的私有财产。毫无疑问,缺乏重分、出售份地推动着土地集中于富裕农民之手。

---

① Русское богатство. 1895. №4. С. 12,18,19,21,22.

② Сборник материалов для изучения сельской поземельной общины в России. С. 93,95,96.

③ Воронцов В. П. Крестьянская община. Т. 1. М. ,1892. С. 167.

但是,黑土地带在 1880 年代又出现了土地重分的回潮。导致这种情况的原因是:当时的世界农业危机引起农产品价格剧跌,地主经济遭受沉重打击。地主谋划着将损失转嫁到农民身上,于是哄抬土地租赁价格,导致许多农民租赁者不得不回到自己的份地上来。这些人回到份地后,要求重分土地,得到了所谓的"税后一代"(1885 年沙皇政府宣布废除人头税)青年农民的支持。①

要求重分的呼声推动着黑土地带土地分配方式的转变。在一些贫穷村社,从纳税人头(所谓的"旧人头")向现有人头(所谓的"新人头")过渡较为迅速且没有引起大的争议。但是在那些农民分化相对比较严重的地方,由于形成了一个强大的富裕农民集团,"新人头"与"旧人头"之间的斗争具有残酷性和持久性。如果决议不利于自己的话,每一方都雇请律师和说情者,力图证明米尔决议的不合法。曾经有很长一段时间,村社被称为"依靠腿"生存,而偶尔闹到在米尔会议上流血冲突。② 于是,从 1880 年代开始,黑土地带的国有农民转向重分。1890 年代,中部黑土区和伏尔加河下游的前地主农民开始重分。

黑土地带的重分回潮遭到了沙皇政府的反对。后者认为,频繁的重分是农村贫困衰落、农民欠税的根源。于是在 1893 年 6 月 8 日颁布法令限制重分,规定根本重分之间的最短期限是 12 年,提前重分只允许"针对最终分配农户继承地块上的土地"。在其他情况下,提前重分要得到省机关的允许。③

需要强调的是,与改革前相比,改革后村社根本重分越来越少,根本重分的周期越来越长。而日常重分的形式更多的是部分重分即局部的土地调整。在萨马拉省尼古拉县,1880—1884 年间

---

① Риттих А. А. Зависимость крестьян от общины и мира. СПб. ,1903. С. 31,101.
② Зырянов П. Н. Крестьянская община Европейской России 1907—1914 гг. С. 51.
③ ПСЗ-3. Т. XIII. № 9754.

总共 290 个村社只有 31 个村社实施了根本重分,占全部村社的 11%;在布古卢斯拉夫县,1886 年前 402 个村社只有 93 个村社进行过根本重分。① 总体上看,重分活跃期已经过去。

在这种情况下,一些村社便开始停止重分土地,成为不再重分型村社。所谓的不再重分型村社,指的是自 1883 年所有农民通过赎买从暂时义务农转为义务农之后没有实施过重分的村社,通常以最近 24 年未重分作为标志。不再重分型村社所占比例越来越大。据统计,1905 年俄国有不再重分型村社农户 3716770 个,占全部农户总数 9201262 个的 40.4%。② 到 1910 年,欧俄 40 个省完全停止重分的村社达到 124965 个,占总数 213619 个村社的 58.5%。③ 在整个大俄罗斯地区,停止重分的村社所占比例更高,其中卡卢加省停止重分的村社占 88.4%,雅罗斯拉夫尔省 87%,斯摩棱斯克省 85.4%,诺夫哥罗德省 83.1%,普斯科夫省 72.4%,特维尔省 77.3%,科斯特罗马省 76.5%,彼得堡省 76.4%,图拉省 74.5%,库尔斯克省 70.7%,梁赞省 65%,彼尔姆省 64.7%,奥廖尔省 60.2%,坦波夫省 59.9%,奥洛涅茨省 58.6%,辛比尔斯克省 47.6%,奥伦堡省 46.7%,莫斯科省 39.5%,沃洛格达省 37.9%,维亚特卡省 37.7%,萨马拉省 34.1%,沃罗涅日省 33.8%,弗拉基米尔省 32.8%,奔萨省 28%,萨拉托夫省 24.4%,下诺夫哥罗德省 23.8%,④ 这 26 个省停止重分的村社平均占比达 61.5%。而这一数字 15 个纯粹的大俄罗斯省份更高达 79%。毫无疑问,土地长期不被重分就意味着慢慢成为农户的私有财产。

---

① Бирюков А. В. Крестьянская община Самарской губернии в пореформенный период (1861—1900 гг.). Дис. ... канд. ист. наук:Самара,1999. С. 99,101.

② Анфимов А. М. Крестьянское хозяйство Европейской России (1881—1904). С. 98.

③ Россия. 1913 год. СПб.,1995. С. 67—68.

④ Тюкавкин В. Г. Великорусское крестьянство и Столыпинская аграрная реформа. М.,2001. С. 173.

六、俄国村社制度的危机

到 19 世纪末 20 世纪初,俄国社会矛盾激化,村社制度面临着前所未有的危机。

在俄国农民的传统观念中,土地不只是谋生的手段或致富的工具,更是他们的全部精神生活。其中的核心思想就是如下信条:"土地是上帝的"。农民们说:"土地本身是无主的,它是上帝的、而且也是国家的、社会的、米尔的。"①这种信念无疑是抽象的,但是如果我们暂且抛开其宗教含义,那么就会发现,它也具体地、现实地体现在农民占有土地的习惯法准则、村社对土地的权利当中。俄国农民的这种土地观念在一定程度上维系着村社制度的长期存在,同时,村社制度又反过来强化着俄国农民的这种土地观念。

村社土地制度的公私二重性特征表现为:封建晚期村社土地所有权在法律上属于农奴主私有,但为村社农民事实上共同占有和使用;村社农民共同占有和使用的村社土地又大体上分为两部分:公用地和私用地。通常除了耕地、割草地和宅旁园地为私用地外,其余所有村社土地如林地、草场(牧场)、鱼塘、猎场、湖泊、河流、水源、道路等均为公用地,村社成员不可分地共同占有和使用。

私用地实际上就是农民的份地。我们通常所说的土地分配指的就是这类土地。私用地包括耕地、割草地、宅旁地、庭院地、菜园地以及荒闲地等。农户得到的这份土地称为份地,也叫赋税份地。份地制度的本质就是它的赋税地租性质。

份地制度是村社土地制度的基础,是村社土地制度二重性特征的具体体现。领主将其私人所有的土地以负责征收地租赋税

---

① Громыко М. М.,Буганов А. В. О воззрениях русского народа. М.,2000. С. 274.

为条件交给村社全体成员共同占有,然后村社将共同占有的主要土地(耕地、割草地、宅旁地、庭院地、菜园地等)以份地的形式、以缴纳地租赋税为前提交给农民私人使用。在这个土地权利分解和转换(私有-公占-私用)的过程中,村社充当着地主和农民之间中间人的角色,是土地制度二重性得以实现的关键环节。村社制度的这种二重性是其保持"巨大生命力的源泉"[①]。

但是,农奴制度废除以后,村社内部土地私有制的缓慢发展,打破了村社土地制度公私二重性的平衡,从根本上动摇了村社制度的经济基础。

与此同时,到19世纪末20世纪初,农民少地现象日益突出,尽管村社也通过购买的方式增加土地储备,但始终无法解决农民少地的问题。

农民少地首先是1861年改革时地主大量割地造成的。1861年改革的总原则是带份地解放农民。《总条例》第三条明确规定,"地主保留所属全部土地的所有权",但是"为保障农民日常生活及履行国家和地主义务,农民固定使用宅旁园地,并提供地方条例所确定的田间地和其他土地数量给其固定使用。"[②]沙皇政府还颁布了四个《地方条例》作为配套政策来规范地主农民的土地制度。《地方条例》将欧俄地区分为三大类:非黑土地带、黑土地带、草原地带。每个地带又划分为若干地区:非黑土地带9个地区、黑土地带8个地区、草原地带12个地区。各个地区以土地价值的差别来确定人头份地。《地方条例》还规定,地主有权收回超出规定份地标准的土地。在非黑土地带和黑土地带,如果地主拥有的土地只占全部良地的三分之一(草原地带二分之一),即使农民

---

① 《马克思恩格斯全集》,第19卷,北京:人民出版社,1963年,第450页。
② Крестьянская реформа в России 1861 года. Сборник законодательных актов. С. 39.

所得份地没有超过最高标准,地主也有权实行割地。①

于是,地主利用《地方条例》肆无忌惮地行使割地权。黑土中央区六省地主割地占到了全部土地的 12.59%—26.7%,非黑土中部工业区六省割地占到 10.9%—32%,乌拉尔地区四省占 12%。地主割地现象非常普遍,而且割地的绝对数和相对数都比较大。位于西北地区的诺夫哥罗德省割地的情况其至比中部省份还要严重,省内各县割地的比例几乎都要超出黑土地带。最少的杰米亚,割地也占到份地的 26.4%,最多的乌斯久缅,甚至超过一半达 50.4%,该省 11 个县总共被割走 710840 俄亩土地,占到了全部份地面积的 40.4%。②

地主大量割地使得农民份地数量急剧减少,尤其是中部黑土地区体现得更为突出。沃罗涅日、库尔斯克、奥廖尔、梁赞、坦波夫、图拉这六个中部黑土省份绝大多数的农民只拥有 3 俄亩以下的份地。在诺夫哥罗德省,82%的农民份地从改革前的 5.8 俄亩减少到改革后的 4.5 俄亩。③

从地区分布来看,中部黑土地区由于人口密集,农业发达,农民向外流动的比例相对较小,因而农民拥有的份地最少;西北地区则因地广人稀,农民占有最多的份地。从份地农民的类型来看,前地主农民占有最少的份地,其数额从 2.77 俄亩到 5.5 俄亩不等,各地区的前地主农民拥有的份地普遍偏少;而前国有农民则占最多的份地,最少的中部黑土区国有农民拥有 4.81 俄亩,最多的草原地带国有农民达到 11.59 俄亩。④

如果说 1861 年改革时农民份地的减少是由于地主大量割地造

---

① Крестьянская реформа в России 1861 года. Сборник законодательных актов. С. 187—188.
② Литвак Б. Г. Переворот 1861 года в России. М. ,1991. С. 157,159,164,162.
③ Литвак Б. Г. Переворот 1861 года в России. С. 162.
④ Литвак Б. Г. Переворот 1861 года в России. С. 185.

成的,那么19世纪末、20世纪初农民份地的减少则主要在于农村人口的迅猛增长。据1877—1878年土地调查,欧俄30个省各类农民的农村公社总计有14141159个男性纳税人头,其中中部工业区3165667个,中部黑土区4393815个,西北地区869855个,伏尔加河中游地区2233231个,乌拉尔地区2144945个,草原地区705994个,北方地区617652个;中部工业区的份地额多数集中在3—4俄亩,中部黑土区2—3俄亩,西北地区4—10俄亩,伏尔加河中游地区3—10俄亩,乌拉尔地区5—10俄亩,草原地带5—10俄亩,北方地区5—10俄亩。(见表8)

表8　1877—1878年各地村社份地额分布情况[①]

地区	拥有份地的男性人头数							
	≤1(俄亩)	1≥2	2≥3	3≥4	4≥5	5≥10	>10	总人头数
中部工业区	26322	134911	441007	1240483	743991	551530	27423	3165667
中部黑土区	195679	336901	1352609	953244	634958	913683	6741	4393815
西北地区	3541	10590	27386	102721	231011	460108	34498	869855
伏尔加河中游	107290	184707	213949	598046	465172	629969	34098	2233231
乌拉尔地区	120484	113536	130869	210028	240113	970529	359386	2144945
草原地带	11694	24123	8005	18240	46033	342928	254971	705994
北部	25243	60046	64133	61335	93939	223048	89908	617652
30个省总计	490253	864814	2237958	3184097	2455217	4091795	807025	14131159

19世纪下半期、20世纪初,俄国农民的份地额持续减少,欧俄50省的平均人头份地从1860年的4.8俄亩减少到1880年的3.5俄亩,紧接着在1900年更减少到2.6俄亩。据统计,1860年欧俄50省农村人口的数量是5030万人,到1900年则增加到

---

① Дружинин Н. М. Русская деревня на переломе (1861—1880 гг.). С. 120.

8610万人①；男性农民人头数量从1861年的2360万增加到1900年的4420万。② 在土地总量几乎没有增加的情况下，人均占有的份地数量必然得到稀释。所以，到19—20世纪之交时，农村少地现象特别突出。

农民少地问题激化了俄国农村社会矛盾，将农民和村社推到了政府的对立面。沙皇政府长期以来把农村公社视作维护其统治的工具。维特曾经公开表示："从实行改革的技术上来看，采取村社的办法，比一家一户的办法更加方便。""从行政警察的角度来看，村社也更加方便，放一群牲口，总比一头一头地放来得轻松。"③所以无论是在封建时代还是1861年改革时期，沙皇政府都把保留村社作为既定政策。

1905年革命打破了沙皇政府对村社制度的幻想。虽然说1905年革命俄国农村最活跃的地方是波罗的海沿岸、切尔尼戈夫、库尔斯克、奥廖尔等一些没有或者很少村社土地占有制的地区，但不可否认的是"在农民夺取土地和自由的斗争中村社起着积极的作用。正是村社成为了这种斗争的组织者。"④农民广泛地利用农村公社举事，"充满革命情绪的农民们开始聚集在村社会议上、森林里或者村子周围。越来越多的人参加这种村社会议。最终，在秋天，村社会议变成了在村社管委会里举行的全权的村社会议。官方的村长缺席，而农民选举出来的领导人担任主席。"⑤而且农民开始突破村社彼此隔绝、范围狭窄的局限，与周边村社建立联合组织。早在1904年底，科斯特罗马省马卡利耶夫县瓦洛夫乡的农民联合各村社选举产生"三人团"，由这三人领导

---

① Зырянов П. Н. Крестьянская община Европейской России 1907—1914 гг. С. 48.
② Федоров В. А. История России（1861—1917）. С. 70.
③ 〔俄〕维特：《俄国末代沙皇尼古拉二世》，张开译，北京：新华出版社，1983年，第391—392、392页。
④ Зырянов П. Н. Крестьянская община Европейской России 1907—1914 гг. С. 65.
⑤ Зырянов П. Н. Крестьянская община Европейской России 1907—1914 гг. С. 65.

反对地主和政府的斗争,"农民们的放肆行为达到如此之程度,以致任何政府威信在他们眼里都最终消失了,他们不再接受任何法院传票,继续其自治。"①莫斯科省沃罗克拉姆斯克县的"胡萝卜共和国"和特维尔省的诺文斯克乡的农民代表苏维埃甚至联合了30多个村社的农民②。农村公社在1905年革命中的表现令沙皇政府惊恐,最终促使其改变长期以来的方针转而对村社采取消灭政策,"1905年农民革命第一次迫使政府思考村社的本质属性,国家开始有目的地攻击村社制度"。③

1870年代首先爆发于英国并在1890年代传到俄国的世界性农业危机,暴露出了俄国村社制度的弊端。这次农业危机本质上是农产品过剩的危机。农业耕作技术进步、农业机械的广泛使用使生产效率大幅提高、农产品产量飙升,导致世界粮食市场竞争激烈。同时,由于19世纪大规模的铁路建设等交通革命,农产品运输成本剧降。这次农业危机对欧洲国家打击尤甚,造成农产品滞销,粮价持续下跌,大批中小农场主破产。1891年俄国26个省因歉收而出现饥荒,导致粮食比往年减产45%。④ 农业危机与歉收饥荒交织在一起,令俄国农业雪上加霜,粮食价格不断走低。(见表9)

表9 1881—1900年间欧俄50省主要粮食价格变动情况(单位:戈比/普特)⑤

年份	黑麦	冬小麦	燕麦	大麦	年份	黑麦	冬小麦	燕麦	大麦
1881	98	—	62	—	1891	121	120	72	88
1882	80	—	57	—	1892	85	92	63	71
1883	82	109	57	68	1893	58	72	49	55
1884	74	82	56	69	1894	41	51	35	41

① Зырянов П. Н. Крестьянская община Европейской России 1907—1914 гг. С. 64.
② Революция 1905—1907 годов в России. М. ,1975. С. 207—208.
③ Лурье С. В. Историческая этнология. М. ,1998. С. 265.
④ Рязанов В. Т. Экономическое развитие России. XIX—XX вв. СПб. ,1998. С. 321.
⑤ Егиазарова Н. А. Аграрный кризис конца XIX века в России. М. ,1959. С. 71.

续表

1885	63	81	60	68	1895	44	57	38	43
1886	57	99	48	56	1896	45	72	44	48
1887	49	85	38	46	1897	61	93	56	59
1888	53	84	45	54	1898	70	90	65	65
1889	62	83	51	58	1899	65	82	51	62
1890	59	73	48	56	1900	59	80	50	60

很显然,维特设想的通过出口农产品积累工业化和推行金本位制所需要的资金在这种局面下是无法实现的。在维特看来,村社制度带来经常性的土地重分和强制轮作,造成土地碎化和插花地密布,农民缺乏施肥和涵养土地的积极性,"农民的生产效率很低"[①],俄国农产品在国际市场上缺乏竞争力。因此他建议设立一个跨部门的委员会来专门研究农民土地问题。1890年代以前,维特是一个虔诚的斯拉夫派人士,主张维护村社制度,并把它当作俄国避免农民无产阶级化的秘密武器。现在维特改变了自己的看法,认为"村社不仅不能预防无产阶级的发展,相反将导致农村人口大规模无产阶级化"[②],因此必须"寻找便利农民退出村社的途径"[③]。

如果说村社土地私有化和土地分配职能的退化,从内部侵蚀着村社制度的肌体、动摇着村社制度的根基,那么农业危机让沙皇政府看到了村社制度的局限性和落后性,而土地短缺引起的村社不满和反抗行为则令沙皇政府感到心惊胆战,并最终促使它下决心从根本上解决村社问题。于是便有了所谓的斯托雷平改革。

通过上面的论述,我们可以得出如下结论:第一,1905年革命前,沙皇政府尽管持续推行村社土地私有化政策,但并没有摧毁村社制度

---

① Витте С. Ю. Воспоминания. Т. 2. М.,1960. С. 506.
② Симонова М. С. Кризис аграрной политики царизма накануне первой Российской революции. М.,1987. С. 164.
③ Витте С. Ю. Воспоминания. Т. II. Таллин-Москва,1994. С. 515.

的计划;第二,沙皇政府虽名义上保留了农村公社制度,但土地私有化政策却动摇了村社制度的根基;第三,在19世纪末20世纪初之前,沙皇政府的村社土地私有化政策出发点并非与后来斯托雷平改革建立资本主义大农场的目的相一致,而是意图通过农民赎买份地建立大量小农制经济。19世纪末20世纪初的农业危机以及1905年革命是推动沙皇政府村社政策和土地政策转向的关键因素。

如果仔细观察,我们就会发现,从1861年改革开始,沙皇政府对农村公社执行了互相矛盾的政策:一方面,强化村社的行政管理职能,明确表示保留村社制度;另一方面,持续不断地推动村社土地私有化,限制土地重分,削弱村社支配土地资源的权利。其结果便是村社失去其能保障村社成员生存、维护自身威信的自卫武器。所以要强调的是,并非农村公社本身天然具有反沙皇政府的革命性,而是沙皇政府对村社的政策推动了后者走向对立面。

很有意思的是,19世纪末20世纪初,面对日益严重的土地危机,俄国各社会派别提出了三种解决方案:以维特、斯托雷平为代表的沙皇政府计划通过摧毁村社的方式加速土地私有化步伐,培植资本主义农场经济;以切尔诺夫为代表的社会革命党人希望土地社会化,实现耕者有其田;以列宁为代表的布尔什维克党则主张实行土地国有化。沙皇政府利用行政权力将第一种方案付诸实施,但后来的事实证明斯托雷平改革不仅没有解决好俄国的土地问题,而且酿成了更严重的粮食危机,最终全面激化了俄国社会矛盾。斯托雷平改革失败的根本原因在于既轻慢了俄国农民传统的土地观念和厚重的村社传统,又脱离了俄国农村的现实状况。有一种错误的认识,即把村社土地所有制视作封建残余,而将农户土地所有制看作具有资本主义性质。事实上,除了波罗的海沿岸省份的农户土地所有制是例外,俄国其他地区的农户土地所有制和村社土地所有制一样,地块零碎、插花分布、远离村庄,甚至这些情形比村社土地所后者的还要严重(因为它丧失了通过重分而达到土地调整的能力），难以开展大规模的农庄经营，也不利于农业耕作技术由传统的三圃制向更先进的轮作制过渡。

  我们似乎并不能由此来谴责沙皇政府的土地私有化政策。带有宗法制和小农制特征的村社土地制度与俄国走向现代社会的要求相背离，改造这种制度是社会发展的必然要求。沙皇政府既然无法解决这个问题，那么这项历史性的任务就只好留给苏维埃政府。

  作者简介：罗爱林，华中师范大学历史文化学院教授。

国内战争时期南俄"白卫军"的政权建设与管理研究

周国长

苏俄国内战争时期,南俄"白卫军"作为苏维埃红军最强劲的敌人,曾于 1919 年夏秋之际发动向"莫斯科进军"行动,一度兵指图拉城,大有胜利在望之势,以至于列宁不得不发出"大家都去同邓尼金作斗争"的口号。然而,仅过了一年左右的时间,南俄白卫军便被红军击败,余部在弗兰格尔的领导之下,于 1920 年 11 月从克里米亚撤退至伊斯坦布尔,开启了俄国侨民的流亡之路,形成了有俄罗斯自身特色的侨民文化。此后的数十年间,曾在南俄白卫军中服役过的军官、行政人员,以及知识分子不断撰写各种回忆录和著述。他们基于自身的经历或是出于对苏维埃政权的憎恨,对国内战争时期的叙事颇有为自身辩护和美化之处。[①] 同

[①] Лукомский А. С. Воспоминания. В 2 - х тт. Берлин, 1922. ; Э. Г. фон. Валь. Как Пилсудский погубил Деникина. Таллинн, 1938. ; Туркул А. В. Дроздовцы в огне. Мюнхен, 1948. ; 50 лет верности России. 1917—1967. Париж, 1967. ; Беляевский В. А. Правда о ген. Деникине (Причины прекращения Белого Движения на Юге России в 1920 г.). 1959. ; Бугураев М. Генерал Врангель (Генерал-лейтенант Петр Николаевич Барон Врангель). США, 1972 г. ; Кравченко Вл. Дроздовцы от Ясс до Галлиполи. Сборник. Т. 1. Мюнхен, 1973. ; Т. 2. 1975. ; Красноусов Е. М. Шанхайский Русский Полк. 1927—1945. Сан-Франциско, 1984. ; Деникин А. И. Очерки Русской Смуты (в 4 - х

时,南俄白卫军在苏联的历史叙事和研究中被描述为维护俄国资产阶级地主和帝国主义利益的"白卫反革命",[①]这一评价贯穿整个苏联时期的历史教科书。

1991年苏联解体后,俄罗斯国家处于转型时期,彼时社会的动荡不安驱使学者们探究20世纪俄国社会百年剧变的根源以及从各种政治谱系中吸取思想资源。在此背景下,俄罗斯学界也兴起了对内战时期南俄白卫军研究的热潮。学者们不仅可以运用新的历史学理论,而且还可以看到大量有关内战时期的解密档案文献。因此,这一时期对南俄白卫军的研究可谓"百花齐放、百家争鸣"。既有对它进行整体宏观研究的著作,也有对它某一方面政策进行探究的文论。[②] 尤为值得一提的是俄罗斯国立人文大学历史编纂学系系主任卡尔片科(С. В. Карпенко)教授的两部著作,从财政和经济的角度分析了南俄白卫军覆灭的原因。普琴科夫(А. С. Пученков)则分析了邓尼金的民族政策,指出"统一不可分割的俄罗斯"信条招致了北高加索的格鲁吉亚人、亚美尼亚人和南俄地区哥萨克的反对,南俄白卫军因此失去了社会根基。国内

[接上页] томах). Т. 1. Крушение власти и армии. Февраль — сентябрь 1917 г. Париж, 1921; Т. 2. Борьба генерала Корнилова. Август 1917 — апрель 1918 г. Париж,1922; Т. 3. Белое движение и борьба добровольческой армии. Май-октябрь 1918 г. Берлин, 1924; Т. 4. Вооруженные силы Юга России. Берлин, 1926.; Деникин А. И. Очерки Русской Смуты (в 5 - х томах). Минск,2002.

① 联共(布)中央特设委员会编:《联共(布)党史简明教程》,中共中央编译局译,北京:人民出版社,1975年版,第269—273页。

② Федюк В. П. Белое движение на юге Росси 1917—1920. Дисс ... докт. ист. наук. Ярославль,1995.; Бутаков Я. А. Добровольческая армия и Вооруженные Силы Юга России: концепция и практика государственного строительства (декабрь 1917 — март 1920). Автореф. дисс. канд. ист. наук. М., 1998; Сухенко А. Д. Добровольческое движение на Юге России (1917—1920 гг.). Дисс... канд. ист. наук. Ростов-н/Д. ,2000; Карпенко С. В. Очерки истории Белого движения на Юге России 1917—1920 гг. М. ,2003.; Карпенко С. В. Белые генералы и красная смута. М. ,2009; Пученков А. С. Национальная политика генерала Деникина (весна 1918 — весна 1920 г.). СПб. ,2012.

学界对南俄白卫军的研究总体而言还较为薄弱。① 因此，本文尝试从政权建构的角度来分析南俄白卫军覆灭的原因，错漏之处有待方家指正。

一、邓尼金"国家专政"的建立

以顿河、库班河流域为中心的南俄地区是苏俄国内战争时期白卫军的主要活动区域之一。国内战争初期在该地区活动的反布尔什维克政权的武装力量有阿列克谢耶夫（М. В. Алексеев，1857—1918）、邓尼金（А. И. Деникин，1872—1947）等帝俄军官组织的"南俄志愿军"，也有当地的哥萨克军队。

所谓的"南俄志愿军"由一战时期俄国最高司令部总参谋长阿列克谢耶夫创建。阿列克谢耶夫参加过俄土战争、日俄战争和第一次世界大战。二月革命中，他也是逼迫沙皇退位的主谋之一。十月革命后，阿列克谢耶夫反对布尔什维克，他利用自身在军官和士官生中的威望号召他们一起来反抗苏维埃政府。但是考虑到彼得格勒零落、涣散的现役军官以及士官生无力对抗苏维埃工人赤卫队，阿列克谢耶夫认为可以在南俄草原建立反布尔什维克的基地。11月，他逃到南俄顿河流域的新切尔卡斯克，并召集了一批对布尔什维克不满的军官和士官生组建了"阿列克谢耶夫"组织，并在此基础上形成了"南俄志愿军"。

对于任何一支军队而言，要行军作战，必然需要汲取人力资源和经济资源，需要组建自己的行政机构，并以某种合法性来进行地方治理。"南俄志愿军"亦不例外。1918年夏秋之间，它仍然是一支无所归依的军队。它活动的南俄地区，出现了数个地方自

---

① 刘垒：《南俄白卫运动研究（1917—1920）》，硕士学位论文，陕西师范大学，2013年。

治政权。它的领导人阿列克谢耶夫、邓尼金等亦感到极为苦涩，他们在财政收入、征兵等活动方面处处仰人鼻息。1918年夏季该反革命武装力量第二次进军库班之时，俄罗斯著名的社会活动家、君主主义者舒尔金(В. В. Шульгин)就拜访了阿列克谢耶夫，建议他创建一个最高民政事务管理机构，处理军事力量的各类公共事务，这有利于阿列克谢耶夫从日益繁多的民政事务中摆脱出来。因此，他向阿列克谢耶夫提交了一项《志愿军最高领袖下辖特别议会条例》草案。① 但这个草案并没有实施，原因在于阿列克谢耶夫没有自己可以控制的地区，而且担心与库班拉达和克拉斯诺夫的"顿河军政府"的关系恶化。舒尔金失望之余离开了南俄。

1918年8月3日白卫军攻占叶卡捷琳诺达尔(克拉斯诺达尔旧称)之后，便将其作为南俄白卫军政府的首府。此后，白卫军又相继攻占了斯塔夫罗波尔和黑海沿岸的省份，直接控制这些地区。随着控制区域的扩大，白卫军军官们需要处理的民政事务亦愈多。当时的白卫军总司令邓尼金和总参谋长罗曼诺夫斯基(И. П. Романовский)除了领导军事行动之外，几乎每天还需要抽出大量时间来解决这些日常行政事务。② 因此，"大本营"的大部份将领分担了民政机构的权责。由于白卫军的主要领导人都是军人出身，他们不谙政治，对于纷繁复杂的行政事务管理也倍感棘手，因此得出一致的看法，认为需要得到知识分子和政治家的支持，进而解决上述问题。

1918年8月初，在南俄白卫军中具有举足轻重地位的舒尔金和德拉戈米罗夫(А. М. Драгомилов)将军抵达叶卡捷琳诺达尔。他们积极促成南俄的立宪民主党人和白卫军将领们进行会谈，以

---

① Архив русской революции. Т. 4. С. 242—243.
② Карпенко С. В. Военный и гражданский аппараты управления Деникинской диктатуры//Власть. 2011. №3. С. 131.

组成一个政府来管理白卫军所控制的领土。本月中旬，阿列克谢耶夫和立宪民主党人就为南俄白卫军的地方行政管理召开联席会议。会议上阿列克谢耶夫被授予"最高领袖"(Верховный Pуководитель)的称号，同时任命德拉戈米罗夫将军为他的助手。① 这次会议最重要的成果是接受并通过了《志愿军最高领袖下辖特别议会法令》，组建了隶属于"最高领袖"的政府——"特别议会"(Особое совещание)。根据条例，成立"特别议会"的目的主要有以下几个方面：一、为白卫军占领下的地区组建管理机构和恢复被苏维埃政府废除的地方自治机关；二、为占领地区讨论和制定相关的行政管理法规；三、恢复俄罗斯帝国时期的外交关系，与其他国家进行外交往来，特别是要恢复与协约国盟国的外交关系。② "特别议会主席"由阿列克谢耶夫本人亲任，下辖包括"组织部""财政部""贸易和工业部"在内的11个"部"，各"部"由一名"部长"和两名"副部长"组成。

显而易见，"特别议会"已经完全具备政府机关的各项职能，负责南俄白卫军的内外政策以及给出具体的解决方案，但是它不拥有绝对的权力，"特别议会"各部的所有最终决议都要经过"最高领袖"的批准。条例的颁布表明，随着卡列金和科尔尼洛夫的去世，1917年年底确立的"三驾马车"平分权力的机制不复存在，阿列克谢耶夫在南俄白卫军中建立了自己的近乎专政的权力体系。它主要表现在以下三个方面：一、统一的军权；二、规定了"特别议会"的职能，即管理所有政府部门的职能；三、提出在"最高领袖"的领导下成立"立法委员会"等机构，并且对在新近占领的苏维埃地区组建"立法委员会"做出特别规定：一是"立法委员会"成员要经选举产生，二是"立法委员会"成员身份的确认要通过"最高领袖"签字同意。③

---

① Архив русской революции. Т. 4. С. 241—242.
② Соколов К. Н. Правление генерала Деникина: из воспоминаний. София, 1921. С. 42.
③ Соколов К. Н. Правление генерала Деникина: из воспоминаний. С. 42.

"特别议会"条例颁布之后,它的组建工作并不如人意。当时阿列克谢耶夫已身患重病,不能参与议会的组建工作。帝俄时期具有丰富行政经验的高级官僚们鉴于白卫军在北高加索地区的脆弱状况,亦处在观望状态,并不急于加入"特别议会"。9 月 25 日,阿列克谢耶夫因病去世。根据白卫军的传统和邓尼金的个人威望,他接任白卫军"最高总司令"。邓尼金没有接受"最高领袖"的称号,但是他将阿列克谢耶夫苦心创建的专政权力体系继承过来,并进一步发展。"特别议会"也由"最高领袖下辖特别议会"转移到"最高总司令下辖特别议会"。① 同时任命德拉戈米罗夫将军为"最高总司令"的政治事务助手兼任"特别议会"主席,卢科姆斯基将军(А. С. Лукомский)则担任"特别议会陆海军部部长"。

1918 年 9 月 28 日,召开了"特别议会"第一次会议。"特别议会"的第一次会议全体成员人数不多。参加者主要有德拉戈米罗夫、卢科姆斯基以及享有"部长"权力而没有实际管理部门的舒尔金等 10 人出席。

"特别议会"成立之后,邓尼金急需解决白卫军内部的权力运行准则以及与其他边疆地方势力的关系问题,特别是与库班边疆政权的关系。他委任立宪民主党人斯捷潘诺夫(В. А. Степанов)和法学教授索科洛夫(К. Н. Соколов)讨论制定一部新的法令。10 月 4 号,邓尼金颁布了上述两人制定的《志愿军占领区临时管理法令》。② 这个法令在白卫军的历史文献中被称为"南俄志愿军宪法。"

法令包含 6 个章节和上百条条款。法令中间最重要的是第一章。第一条开门见山地规定占领区内的所有权力都属于白卫军"总

---

① Зимина В. Д. Белое движение и российская государственность в период гражданской войны. Дисс. докт. ист. наук. Волгоград, 1998. С. 217.

② Пионтковский С. А. Гражданская война в России (1918—1921). Хрестоматия. М. ,1925. С. 510—513.

司令"。毋庸置疑,这是在为邓尼金的专政统治奠定法理基础。第二条则宣布废除苏维埃政府颁布的所有法令。第三条是对"公民权"的规定,它一方面宣称"俄罗斯所有国家公民,不分民族、阶层和社会地位,一律享有平等权,"一方面又规定"哥萨克享受的特殊权利和特权不可侵犯。"这种自相矛盾的条款反映了白卫军既不敢回到旧制度,但是又需要得到哥萨克的支持的矛盾心理。

第四章是有关"特别议会"的相关条款:法令规定"特别议会"是白卫军下辖的立法和行政管理机构,"特别议会"主席由白卫军"最高总司令"担任,"特别议会"的各项决议都需要经过"特别议会主席"的批准才有效等。①

第六章中是有关处理与库班边疆政权关系的条款:它规定库班政权享有自治的权利,在法律的基础上可以处理它的内部政治、经济、文化等事务;但库班拉达政权在这些领域的所有立法都需要经过白卫军"最高总司令"的批准。② 这也就意味着,库班政权的活动必须符合白卫军的利益,但库班人追求独立的地方利益必然会与白卫军"统一不可分割的俄罗斯"的沙文民族主义产生冲突,这为白卫军的失败埋下伏笔。

总而言之,《志愿军占领区临时管理法令》为邓尼金的专政奠定了法律基础。"最高总司令"口含天宪,掌握武装力量,确定对外政治,在颁布法律、发布命令和高层人事任免上也掌握绝对权力。而"特别议会"只是一个咨议和执行机构,仅限于向"最高总司令"提供建议和执行决议。"最高总司令"有权任命"特别议会"的"主席"和各"部长","部长"们只对"总司令"负责。这样一来,邓尼金拥有了不亚于帝俄时期皇帝的权力,他因此也被称为"沙皇安东",从

---

① Пионтковский С. А. Гражданская война в России (1918—1921). Хрестоматия. С. 511—512.

② Пионтковский С. А. Гражданская война в России (1918—1921). Хрестоматия. С. 513.

此被同时代人称为"绝对专政"(Цистая диктатура)或"国家专政"(Национальная диктатура)的邓尼金体制得以确立。

对于邓尼金的"国家专政"制度,同时代人都认为它有深刻的历史根源。索科洛夫认为军事专政源自俄罗斯的民族特性。混乱时期,人们需要集中权力。立宪民主党人乌斯特里亚洛夫(Н. Устрялов)则认为邓尼金的"国家专政"具有混乱时代的强力政府与民主思想结合在一起的特征。①

邓尼金本人则将"专政"解释为防止俄罗斯解体的最好方式。他的使命是颠覆布尔什维克,并号称这是所谓人们"自由意志"表达的先决条件。② 在那些与邓尼金持相同立场的人眼中,在国内战争的态势下国家机构最有效的形式只能是专政,但这种专政是全民族的,而不是个别党派或者阶层的。1918年11月6日,邓尼金在给卢科姆斯基的信中写道:"志愿军绝不会成为任何一个政党的武器,它的方针不会摇摆不定。"③

1919年1月,当克拉斯诺夫的"大顿河哥萨克军"也隶属于"志愿军"的时候,邓尼金成为"南俄罗斯武装力量"(ВСЮР)的"总司令",而"特别议会"也成为"总司令"下辖的直属机构。为了规范行政,他颁布了《南俄罗斯武装力量最高总司令下辖特别议会条例》(Положение об особом совещании при главнокомандующем ВСЮР)。④ 此次条例的措辞比上次更为清晰,为了与顿河军政权的部门进行区分,行政管理机构的部门被重新命名。同时,新条例中设置了"特别议会常任主席"一职,并由德拉戈米罗夫担任。邓尼金本人则继续担任"议会主席",只有在重大问题需要

---

① Устрялов Н. Под знаком революции. Харбин,1925. С. 216—217.
② Деникин А. И. Очерки русской смуты. Т. 4. Берлин. ,1925. С. 201.
③ Лукомский А. С. Воспоминания. Т. 2. Берлин,1922. С. 178—179.
④ ГА РФ. Ф. Р-439. Оп. 1. Д. 86. Л. 204—206.;Архив русской революции. Т. 4. С. 245—247.

讨论决策的时候他才出席,这使他从繁琐的日常行政事务中摆脱出来。

不仅如此,邓尼金还对"特别议会"的部门进行调整,扩充为 14 个部门,"部长"的候选人也有变动,帝俄时期大量具有行政经验的官员进入"特别议会"各"部"工作。到 1919 年年中,"特别议会"的成员总计 24 人。

"特别议会"建立初期,大多数成员都是具有丰富行政经验的俄罗斯帝国时期的官僚精英,并没有强烈的意识形态区别。但是,随着白卫军攻占领土的扩大,行政管理愈发复杂,需要扩充机构部门,大量的不同政治派系的成员加入到"特别议会"中。邓尼金自诩用人唯贤,价值中立,以才干确立职位。事实上,他依旧采取的是平衡派系的用人标准,处于政治光谱两个极端的政治家都被排斥在政府之外。从倾向自由主义的立宪民主党人到遵循保守主义教义的"国家联合委员会"的成员们都包括在内。"特别议会"则主要由三股不同的政治势力组成,一股是具有保守主义倾向的无党派分子,他们是邓尼金本人的追随者;第二股是右翼政客,主要由"俄罗斯国家联合会"(СГОР)和"十月党人"组成;第三股是自由主义派别,包括四位立宪民主党人以及倾向于该党的别尔纳茨基、罗曼诺夫斯基将军等。在邓尼金看来,"'特别议会'成员,都是忠诚于祖国的人,虽然他们有不同的利益,但仍然在一起工作。"①

如果对"特别议会"的成员做仔细分析,就会发现邓尼金的观点很难站住脚。在该机构成员中,保守派和右翼分子占主导地位。以 1919 年 7 月"特别议会"成员的政治派别和政治信仰为例做一分析便可看出这点。②

---

① Деникин А. И. Очерки русской смуты. Т. 4. С. 207.
② Журналы заседаний Особого совещания при Главнокомандующем Вооруженными Силами на Юге России. А. И. Деникине: сентябрь 1918. го -декабрь 1919 г. М. ,2008. С. 10—11.

表 1 南俄白卫军"特别议会"成员一览

姓名	"特别议会"职位	党派	政治倾向
德拉戈米罗夫 （А. М. Драгомилов）	"常设主席"	无党派	右翼
卢科姆斯基 （А. С. Лукомский）	"陆军部部长"	无党派	右翼
格拉西莫夫 （А. М. Грасимов）	"海军部部长"	无党派	右翼
罗曼诺夫斯基 （И. П. Романовский）	"总参谋长"	无党派	自由主义
桑尼科夫 （А. С. Санников）	"社会保障部部长"	无党派	右翼
季赫梅涅夫 （Н. М. Тихменев）	"军事通信局局长"	"国家联合委员会"	右翼
涅拉托夫 （А. А. Нератов）	"外交部部长"	"国家联合委员会"	右翼
切贝绍夫 （Н. Н. Чебышёв）	"内务部部长"	"国家联合委员会"	右翼
切利谢夫 （В. Н. Челищев）	"司法部部长"	"民族中心"	自由主义
科洛科利措夫 （В. Г. Колокольцов）	"农业部部长"		右翼
别尔纳茨基 （М. В. Бернацкий）	"财政部部长"		
列别杰夫 （В. А. Лебедев）	"工商部部长"	无党派	
马斯洛夫 （С. Н. Маслов）	"粮食部部长"	"十月党人"	右翼
舒别尔斯基 （Э. П. Шуберский）	"交通部部长"	"民族中心"	
马利宁 （И. М. Малинин）	"教育部部长"	"民族中心"	自由主义
特鲁别茨柯伊大公 （Князь Г. Н. Трубецкой）	"宗教局局长"	"国家联合委员会"	右翼
斯捷潘诺夫 （В. А. Степанов）	"监察部部长"	"立宪民主党"	自由主义

续表

索科洛夫 （К. Н. Соколов）	"宣传部部长"	"立宪民主党"	自由主义
别佐布拉佐夫 （С. В. Безобразов）	"特别议会 办公厅主任"	无党派	右翼
阿斯特罗夫 （Н. И. Астров）		"立宪民主党"	自由主义
费奥多罗夫 （М. М. Фёдоров）		"立宪民主党"	自由主义
尼基福罗夫 （Д. И. Никифоров）			右翼
希波夫 （И. П. Шипов）			右翼
萨维奇 （Н. В. Савич）		"国家联合委员会"	右翼

根据上述表格，可以发现在 24 名"特别议会"的成员中，"立宪民主党人"有 4 人皆为自由主义者，外加"总参谋长"罗曼诺夫斯基和 2 名民族中心的成员，他们 7 人构成"特别议会"的左翼；"国家联合委员会"成员有 5 人，他们和保守的将军们以及其他成员构成多达 14 人的右翼；余下 3 人则是中间派。由此可见，特别议会的成员中，保守派占据主导地位，自由派是少数，处于弱势。因此，"特别议会"在解决具体问题的时候，经过考量和妥协之后，最终反映的是军官和右翼政客的意见。特别是在高级行政官员的任命方面，邓尼金往往考量的是右翼的意见。

自由主义者虽然认可以邓尼金为首的军官团的观点，认为在战争状态下，民政管理机构不可避免的要服从于最高军事政权，但是他们仍然对自己在政府的职位等级体制中不能享有充分的权力以及军官们在管理中的特权感到不满。"立宪民主党人"站在"总司令"的身边，扮演小提琴手的角色。[①] 邓尼金本人也明白，

---

① Карпенко С. В. Военный и гражданский аппараты управления Деникинской диктатуры. С. 131—134.

民政管理中需要"立宪民主党人"的配合,他往往也需要考虑政府中左翼的意见,以安抚俄国社会中的自由主义者和知识分子。他在向别人解释自己的用人原则时,特别指出"政府人员的选用依据的是他们的业务能力,而不是他们的党派色彩。不应成为左和右的信徒。"①

"特别议会"的弱点不在于它是倾向于右翼还是"立宪民主党",而在于它没有成为任何一方。邓尼金一直努力在右派("俄罗斯国家联合中心")和左派("立宪民主党")之间寻求中间道路,并且试图为军事专政添上"民主"的色彩;另一方面,他想调整南俄白卫军和哥萨克军队之间的关系,想以"和解"方式解决问题,以"神圣不可分割的俄罗斯"为旗帜将他们整合到南俄白卫军。但邓尼金的这一政治目的并没有实现,反而同时受到左派和右派的指责:政府中的左派认为邓尼金过于保守和专政,要求建立一个更民主的政府;右派则认为"特别议会"中实施的许多措施过于左倾,要求邓尼金远离"立宪民主党人"。作为邓尼金的同僚,卢科姆斯基感触颇深,他写道:"左派政党的代表们经常指责邓尼金,认为他组建了一个黑帮政府,完全不能被人民群众信任。而右派集团则抨击特别议会,认为它在一些具体问题的决议上具有严重的左倾倾向。"②索科洛夫教授描述了"议会"中"立宪民主党人"与右翼分子的争吵和谩骂,相互推诿扯皮的情形。③ 结果是"特别议会"决议缓慢,经常处于漫无休止的争吵中,效率低下,引起了左翼和右翼双方的不满。

1919 年 11 月 6 日,"特别议会"成员 Н. И. 阿斯特罗夫给"特别议会"呈递了一份要求南俄白卫军政权改变"国家专政"的施政报告。阿斯特罗夫认为要让南俄居民建立对专政者的信任,需要

---

① Деникин А. И. Очерки русской смуты. Т. 4. С. 207.
② Архив русской революции. Т. 6. М. ,1991. С. 144.
③ Соколов КН. Правление генерала Деникина:из воспоминаний. С. 42.

对南俄白卫军的最高权力机构和教义做出新的改变。12 月 4 日，邓尼金颁布了著名的《特别议会的训示》，再次打出"伟大、统一和不可分割的俄罗斯"和"与布尔什维克斗争到底"的旗帜，并且在训示中直截了当地阐释了军事专政是此阶段俄国历史的必有之义，只有它才能对抗来自左翼和右翼政党政治的压力。他仍然在教条般的坚持二月革命之后所形成的"预先不确立"[①]原则（непредрешенчество），将有关政府统治形式的问题延迟到未来的"立宪会议"解决。[②] 12 月 17 日，根据训示发布了"塔甘罗格 176 号命令"，对"特别议会"的机构进行改组，在"南俄总司令"的领导之下组建了一个包括"军事部""财政部""外交部"等 7 个部门在内的更为紧凑的政府，至此，"特别议会"落下帷幕。

二、南俄白卫军的地方政权建设与管理

随着南俄罗斯武装力量所控制的土地不断扩张，也迫使邓尼

---

① 1917 年二月革命之后，米哈伊尔大公不愿意接受皇位，他在 3 月 3 日的退位诏书中声明："如果经过了全民投票选举，通过代表他们自己意志的立宪会议来建立政府形式和确立俄罗斯国家体制的基本法，只有在符合民意的情况下，我才愿意作出最终的决定来执掌俄罗斯的最高权力。"也就是说，大公将决定俄罗斯国家体制的时间推到了按照人民意愿召开立宪会议之时。这一原则被称为预先不确立原则。临时政府上台之后，也不得不为召开立宪会议做准备，并且临时政府没有权力决定"俄罗斯国家体制的等根本性问题"。不确立俄罗斯国家体制的原则此后又被白卫军的领导人所继承。1917 年 9 月关押在贝霍夫的将军们制定了《贝霍夫纲要》，这个纲要中的主要观点此后被白卫军的第一份政治宣言即《科尔尼洛夫将军宪法方案》所阐述，主张将"解决国家和民族以及社会的主要问题推迟到未来召开的立宪会议"。"立宪会议是俄罗斯土地的唯一主人，它应该决定俄罗斯的宪法并最终决定国家制度。"参见：Лембич М. Политическая，программа генерала Л. Г. Корнилова январских дней 1918 г. Белый архив. Париж，1928. кн. 2—3. С. 174—186.；Цветков В. Ж. Монархия или «непредрешенчество». Вопрос о политическом «знамени». См.：http：//www. dk1868. ru/statii/Tstvetkov_alekseev. htm（дата обращения：10. 06. 2013）. Цветков В. Ж. Белое движение в России. 1917—1922 годы. Вопрос истории. ，2000. No. 7. ；Белое дело. См.：http：//ricolor. org/history/bldv/2/（дата обращения：05. 09. 2013）.

② Соколов К. Н. Правление генерала Деникина：из воспоминаний. С. 229—230.

金和"特别议会"加强在地方的行政管理机构设置。1918年9月9日,邓尼金颁布了《志愿军占领区省和州的管理临时法令》。[①] 法令主要适用于当时白卫军攻占的斯塔夫罗波尔和黑海省地区。这两个省份设置了军事"省长",分别由库捷波夫将军和格拉泽纳普上校担任。如同实践所证明,这并不是一个适宜的决定。两位军人出身的"省长"并不通晓地方行政事务,行政当局也不具备处理复杂的民政事务的能力。此外,由于地方政府不具备独立性,只是依附于军方,在重大问题上都要咨询"大本营"的军官们,这使得邓尼金和卢科姆斯基等淹没在繁琐的日常民政事务中,苦不堪言。

为了改变上述局面,1919年2月15日"特别议会"又制订了《南俄罗斯武装力量最高总司令有关地方管理机构暂行条例》。[②] 这份法令草案由知名的律师诺夫哥罗德采夫(П. И. Новгородцев)和基辅经济学教授比利莫维奇(А. Д. Билимович)制订。3月,邓尼金批准了这一条例。该条例规定,行政管理机构分为三个层级:"最高总司令"-"省长"("军区司令")-"县长"。各级行政长官作为上级长官的代理人,有必要统率军队或警察,以维持秩序,监督所有的军事和民政机构,协调它们在军队后勤保障和居民日常生活方面的行为等。[③] "州长"或"省长"由本区域军队"司令"担任,他统率本"州(省)"的军队。例如,希林格将军担任"新罗西斯克州州长",德拉戈米罗夫将军担任"基辅州州长",迈马耶夫斯基将军担任"哈尔科夫州州长",利亚霍夫将军(后来被埃尔杰利将军代替)担任"捷列克-达吉斯坦州州长"。在军事上,"各省省长"("军区司令")直接听命于"大本营"。在行政管理方面,则要受到"特别议会内务部"的辖制。地方行政

---

① ГА РФ. Ф. 446. Оп. 2. Д. 2. Л. 28.
② ГА РФ. Ф. Р-439. Оп. 1. Д. 86. Л. 257—273 об.
③ ГА РФ. Ф. Р-439. Оп. 1. Д. 86. Л. 259.

机构则由"农业部""粮食部""工商部""财政部"等部门代表组成的委员会构成，直接听命于"省长"。至此，邓尼金科层制的三级地方行政机关设置完成。

在地方行政区域设置方面，南俄白卫军政府主要是依据民族、地理、经济等情况，对占领地区进行新的行政划分和机构设置。根据邓尼金的意图，应该实施广泛的地方自治以及创建地方选举机构等。事实上，邓尼金主张的权力下放需要解决以下两个任务：防止边疆民族的分离主义以及减轻"特别议会"有关民族问题的负担。

1919年8月20日，"特别议会"作出决议，将南俄白卫军控制下的地区划分为四个"州"："新罗西斯克州"，主要包括赫尔松省、克里米亚和波多利斯克省的巴尔塔县；"哈尔科夫省"，主要包括哈尔科夫、叶卡捷琳诺斯拉夫、库尔斯克的部分县；"波尔塔瓦和沃罗涅日省"；"基辅州"，主要包括基辅、波多利斯克、沃伦，以及切尔尼戈和波尔塔瓦省大部分地区。捷列克-达吉斯坦地区主要包括捷列克哥萨克和山地人管区。① "黑海省"和"斯塔夫罗波尔省"仍然是独立的行政机构。

为了维护社会秩序，根据邓尼金和1919年3月15日特别议会的决议，通过了《国民警卫队临时法令》。② 法令规定"国民警卫队"隶属于"特别议会内务部"管理，它的主要职责是维持社会秩序、舆论和私人财产不受侵犯等。"国民警卫队"的各级领导人都是地方行政官员，省里旅团级的"国民警卫队队长"由"副省长"担任。在城市和区中，以"警察支队长"为首，各自负责自己的监管区域。在乡镇设立乡监督一职。旅团"国民警卫队"的人

---

① Газета Киевлянин. 1919. 23 Август.

② ГАРФ. Ф. Р-439. Оп. 1. Д. 87. Л. 107—128. Журналы заседаний Особого совещания при Главнокомандующем Вооруженными Силами на Юге России А. И. Деникине: сентябрь 1918 г. - декабрь 1919 г. М. ,2008. С. 243—259.

数在 2000—4000 人不等,到 1919 年秋季,"国民警卫队"共有 7.8 万余人。①

为了扩展自己的社会基础和解决政权中的军事化弊病,南俄白卫军政权决议恢复被十月革命所废除的城市杜马和地方自治机关,争取自由主义知识分子和社会舆论的支持。但是,南俄白卫军的军官们对舆论界和知识分子一直怀有强烈的戒备心理。军官们不喜欢俄国知识分子的高谈阔论,认为他们是俄国革命的源头。但迫于形势,仍然需要知识分子参与城市"杜马"和地方自治机关来协助他们工作。

1918 年 10 月,"特别议会"成立了以阿斯特洛夫为首的委员会,就有关南俄白卫军占领地区的城市"杜马"和地方自治机关的恢复工作制定相关的方案。1919 年 2 月 15 日,"立宪民主党人"费德罗夫和阿斯特洛夫在"特别议会"上提出了重建地方自治机关的方案,经过"特别议会"的讨论和修改之后,有关地方自治和城市"杜马"的临时法令被"特别议会"决议通过。② 继而法案被提交给邓尼金审阅,他同意法案的内容,签字颁布,法案生效。

根据新的法令,城市"杜马"四年选举一次,所有年满 25 岁的俄罗斯成年公民,不分种族和信仰都有选举权。废除选举的财产资格限制,只要在城市居住满两年就拥有选举权,但是服役期间的士兵没有选举权。③ 从选举条例可以看出,这项法令反映了"立宪民主党人"的观点,旨在实现 1917 年二月革命之后临时政府的政治意志和民主化成果。特别需要说明的是,"省长"有权在一星期内把选举结果上诉法庭,接到申诉之后,"监察官"要对所有的

---

① Кин Д. Деникинщина. Ленинград,1927. С. 80.
② Журналы заседаний Особого совещания при Главнокомандующем Вооруженными Силами на Юге России А. И. Деникине:сентябрь 1918 г. - декабрь 1919 г. С. 146.
③ Журналы заседаний Особого совещания при Главнокомандующем Вооруженными Силами на Юге России А. И. Деникине:сентябрь 1918 г. - декабрь 1919 г. С. 177.

"杜马"成员和选举情况重新审查。

法令还对"杜马"主席以及白卫军所控制区域内的城市"杜马"候选人人数都做出规定。具体名额是敖德萨 120 人、斯塔夫罗波尔 72 人、弗拉基米尔高加索 86 人、格雷兹尼 41 人、基兹利亚尔 25 人、皮亚季戈尔斯克 45 人、戈里耶夫斯克 35 人、基斯洛沃茨克 28 人、莫兹多克 31 人、新罗西斯克 81 人、索契 24 人、图阿普谢 25 人、梅利托波尔 66 人。①

有关城市"杜马"选举的法令在政权内部引起了激烈的争论。左翼和右翼都明白,现今的选举关系到全俄罗斯人民代表机关的未来。行政机构中的右翼成员利沃夫给"特别议会"提交了自己的书面意见,指出民主制原则在"我们这陷入如此荒谬的畸形状态……以民主制度为开端,得到的却是恐慌和威胁。"②他建议加强城市"杜马"选举中的财产资格审查。

由于处于战争时期,城市"杜马"的选举活动迟迟不能进行,直到 1919 年 10—11 月,也就是白卫军的军事胜利顶峰时刻才进行第一次选举。选举的情况相当糟糕。新罗西斯克只有 8％ 的选民投票,捷列克-达吉斯坦地区的基兹利亚尔投票人数低至 2％,投票率最高是敖德萨,也仅仅只有 25％。③ 从这个投票率可以看出,大众对于选举没有太大的积极性。根据当时的媒体报道,城市中的工人对投票没有任何兴趣。

1919 年 7 月 17 日,邓尼金颁布了《省和县地方自治机关临时法令》,认为没有彻底摧毁苏维埃政权之前,地方自治机构的运行

---

① ГА РФ. Ф. Р-439. Оп. 1. Д. 86. Л. 306. Журналы заседаний Особого совещания при Главнокомандующем Вооруженными Силами на Юге России А. И. Деникине:сентябрь 1918 г. - декабрь 1919 г. М. ,2008. С. 177.

② ГАРФ. Ф. Р-439. Оп. 1. Д. 86. Л. 315—317. Журналы заседаний Особого совещания при Главнокомандующем Вооруженными Силами на Юге России А. И. Деникине:сентябрь 1918 г. - декабрь 1919 г. М. ,2008. С. 189—190.

③ ГА РФ. Ф. 439. Оп. 1. Д. 86. Л. 315.

规则尽可能要符合战时状态,"删繁就简"。地方自治机构的代表们由"省长"提名,交予"内务部部长"确认。8月30日,又颁布了《南俄罗斯武装力量最高总司令下辖乡自治机构临时法令》,这一组织法令完善了南俄白卫军政权内的社会管理机制,亦可看做邓尼金在军事专政的前提下建构基层政权的努力。① 邓尼金的所有这些立法,都是希望能够重建垂直的地方管理网络,特别是依靠城市和农村的自治机关以及乡"议会"来完成,意图扩大南俄白卫政权的社会基础。

到1919年秋季,白卫军不断取得军事胜利,控制了南俄地区的大片土地。白卫军政权的行政机构和管理人员急剧增多。大量帝俄时期的行政官员充斥各级机构,给南俄白卫军带来沉重的财政负担。仅1919年5月,"阿斯特拉罕州国民警卫旅"就获得300万卢布拨款,6月25日,又给马里乌波尔地方自治局拨款150万卢布。② 这些钱款拨付之后,由于没有受到应有的监督,大量的钱款被滥用。

尽管邓尼金希望建立一个高效而享有威望的地方权力体系,但由于各级行政机构的首脑主要由军队的将领担任,他们往往身兼二职,导致他们在日常事务管理中分身乏术。除此之外,由于处在战时状态,军队经常干预地方行政,结果是省级和县级行政管理机构准军事化。③ 对于那些刚刚被占领的土地,要建立秩序和管理机构是非常困难的,特别是在战争态势下,军官和军事刑侦机构经常随意侵犯居民的财物,他们随心所欲,肆意破坏,并

---

① Журналы заседаний Особого совещания при Главнокомандующем Вооруженными Силами на Юге России А. И. Деникине: сентябрь 1918 г. - декабрь 1919 г. C. 577.

② Журналы заседаний Особого совещания при Главнокомандующем Вооруженными Силами на Юге России А. И. Деникине: сентябрь 1918 г. - декабрь 1919 г. C. 465.

③ Карпенко С. В. Военный и гражданский аппараты управления Деникинской диктатуры//Власть. 2011. №3. C. 133.

不遵守法律,白卫军的亲历者在自己的笔记中多有记载。白卫军的这些举动破坏了自己的威信,迫使那些原本对他们抱有好感的自由主义知识分子远离南俄白卫军的民政管理机构,不再为它服务。

此外,由于南俄地区主要是农业区,工业落后,南俄白卫军可以汲取、调动的经济资源少,导致政府财政紧张。为了节省资金,南俄白卫军政府给行政官员的工资较低,有家室的行政官员仅给予每月 250 卢布的津贴。① 但是在日益加剧的通货膨胀下,官员的微薄收入入不敷出,政府开始不定期的提高各级行政官员和军官们的津贴,并在 1919 年年中依据地区的物价水准和官员级别不同,发放 250—650 卢布不等的两月津贴。② 但这些津贴对抵御通货膨胀的作用不大。结果是大量的行政官员、军官主动通过灰色或者黑色途径来获得金钱。地方行政官员中贪污受贿、盗窃公款行为盛行,甚至部分后方军队将领公然倒卖协约国提供的军用物资,前线军官有的也公然劫掠居民财产。

官僚主义的盛行,军事权力的滥用,最终导致了整个南俄白卫军行政管理机制的运转不畅。军方也经常粗暴干预地方粮食管理机关以及工商业机关的活动,破坏它们的工作。所有这一切都引起了自由主义知识分子、企业家以及农民的不满,他们往往采取中立不合作的方式来反抗南俄白卫军的地方治理,有的甚至采取非常激烈的武装对抗。对此,索科洛夫教授在自己的回忆录中指出,南俄白卫军的地方政府是一种"没有管理的管理",③ 白卫军并没有给人民带来法律和福祉,这是它失败的重要原因。

---

① Соколов К. Н. Правление генерала Деникина:из воспоминаний. С. 183.
② ГА РФ. Ф. Р-439. Оп. 1. Д. 87. Л. 198.
③ Соколов К. Н. Правление генерала Деникина:из воспоминаний. С. 182.

三、南俄白卫军的农业改革和立法

20世纪的战争不单是军事领域的事情,更与经济紧密联系在一起。要取得战争的胜利,从某种意义来说,就是比拼交战双方对人力资源、经济资源的汲取与控制。国内战争时期,俄国社会整体而言仍是一个农民占主导地位的国家。因此,对于交战的双方——红军和白卫军而言,谁能控制社会中占人口绝大多数的农民并且得到他们的支持,谁就最有可能取得战争最后的胜利。

南俄白卫军的诸将领,都是职业军人出身,他们通晓军事,并且保持了自信。但是当他们面对复杂的社会经济生活时,则显得束手无策,甚至表现出令人惊讶的无知。在南俄白卫军领导人看来,对改革的任何尝试都会侵害未来人民所表达的意愿,他们的主要目标是通过军事手段绞杀布尔什维克主义。对经济事务改革的拖延事实上把主动权交给了苏维埃政府,尤其是在农业问题和土地问题上表现得非常明显。1917年12月科尔尼洛夫将军的宣言将俄国社会中最重要的社会经济问题——土地问题归于未来的立宪会议予以解决,继承的是"预先不确立"原则。[①] 这一原则是对未来土地改革和规划的主要方针,在国内战争的进程中,或许会采取临时性的紧急措施,并制订相关的法令,但这些都是权宜之计,只有等待最终目的实现后,土地改革才能真正予以实施。

1918年上半年,白卫军仍然是一支无所归依的军队,他们没有自己可以直接控制的领土,寄居在顿河和库班草原上,这两个地区都有自己的哥萨克地方政权,实施了有利于保护哥萨克利益

---

① Лембич М. Политическая, программа генерала Л. Г. Корнилова январских дней 1918 г. Белый архив. кн. 2—3. С. 174—186.

的农业和土地改革。白卫军领导人也明白，他们几乎不可能插手本地事务，更何况他们的主要精力是放在行军作战上，寻求一块可以发展的基地。

局势在1918秋冬之际改变。随着白卫军侵占斯塔夫罗波尔和南乌克兰诸省，有关土地改革的问题变得尤为尖锐。12月中旬，在敖德萨的舒尔金给邓尼金写信。他在信中表达了自己对局势的看法，认为攻克莫斯科的目标不能只依靠军官，"尽管志愿军是由……军官组成，但我们不能用军官"去实现目标，"力量不够，我们虽然得到了……这些人的支持，但我们是在摧毁他们。"①只有在农民的支持下，才能取得胜利。舒尔金提议，要尽快着手土地改革，按照罗马尼亚政府在比萨拉比亚实施的农业改革方案，政府应该把土地所有者召集起来，呼吁他们为"祖国"做出牺牲。只有这样，才能迅速扭转农民对志愿军的态度。此外，来自斯塔夫罗波尔和黑海省的情报机构在给邓尼金的报告中也频频向他反映农民的情绪，指出土地改革的必要性。

1918年12月19日，邓尼金政权颁布了第一个调整土地关系方面的法令，宣布废除临时政府时期由农业部长切尔诺夫提出的禁止土地买卖的法令，允许私人土地交易。② 法令颁布之后，它的实施地域主要限制在黑海省，并没有拓展到南俄白卫军控制的全部地域。

随着德国占领军从乌克兰和外高加索地区退出，南俄白卫军控制的领土和人口增加，对粮食的需求也日益上升，它比土地问题显得更为紧迫。邓尼金和"特别议会"把改革农业的重心暂且放到1919年的春耕和粮食方面。1919年2月24日，南俄白卫军

---

① ГАРФ. Ф. 446. Оп. 2. Д. 3. Л. 35.

② ГА РФ. Ф. Р-439. Оп. 1. Д. 86. Л. 150—152 об. Журналы заседаний Особого совещания при Главнокомандующем Вооруженными Силами на Юге России А. И. Деникине: сентябрь 1918 г. - декабрь 1919 г. С. 98.

政权发表声明,向耕种者保证,他们有权收获自己耕种土地的谷物。这份声明旨在消除农夫们对土地所有权的疑虑,以免因为土地改革方案的不确定而耽搁播种时间。为了鼓励农夫们春耕,3月5日,"特别议会"做出决议,拨付500万卢布贷款给各类土地占有者购买种子、牲畜和农具,进行春耕。① 地方行政管理部门也需要为他们提供一定数量的贷款。贷款的发放对象可以是各种类型土地的实际耕种者。

1919年3月23日,邓尼金下达了第45、46号指示,任命"民族中心"成员科洛科利佐夫和立宪民主党人费奥多罗夫领导组建两个跨部门委员会——"土地管理局"和"规划委员会",分别就有关农民的土地问题以及工人问题进行调研,制订相关解决方案。② 指示的核心要义是土地问题最终要在绞杀布尔什维克主义之后,由"立宪会议"予以解决,但可以采取临时性的紧急措施。它规定:1.保障劳动人民的利益;2.创建和巩固中小土地所有制;3.保护土地私有的财产权,大土地所有者的土地转让依据的是自愿原则,如果强制转让,也需要交付赎金;4.高产的庄园、森林、耕地和哥萨克土地不容侵犯。③

邓尼金有关土地改革的意见仍然继承了"预先不确立"原则,它标志着邓尼金农民政策三原则的形成:保障农业生产;保护私有制;尽量不破坏现有的农村关系。④ 实际上,这个方案显得非常的矛盾。它一方面强调保护农民的利益,要解决少地农民的土地问题;另一方面又承认土地私有,允许自由买卖,农民需要付出赎

---

① ГА РФ. Ф. Р-439. Оп. 1. Д. 87. Л. 69—69 об.

② Журналы заседаний Особого совещания при Главнокомандующем Вооруженными Силами на Юге России А. И. Деникине: сентябрь 1918 г. - декабрь 1919 г. С. 275—276.

③ Пионтковский С. А. Гражданская война в России (1918—1921). Хрестоматия. С. 507—508.

④ Деникин А. И. Очерки русской смуты. Т. 4. С. 222—223.

金才可以得到土地。这就意味着1917年秋冬之际俄国农民在土地革命中获得的成果有可能丧失殆尽。

此后经过三个月的准备，以科洛科利佐夫为首的委员会在7月将准备好的土地改革方案提交邓尼金。方案规定：根据各省的土地分布情况，地主可以拥有300—500俄亩不等的土地，超过规定的土地应当自愿或者被政府强制性划为公有。但是这项规定不涉及城市地方自治机关、修道院、教堂的土地，以及高产量集约化生产企业的土地；重新分配土地的时间定在国内战争结束之后实施，为期三年。前两年以地主和农民的自愿交易为主，期满之后，则开始强制性征收地主超过规定的土地。除此之外，还规定1917年俄国革命中农民夺取的土地要归还原业主。[①] 这一条款的出台，引起社会舆论的震惊，甚至连邓尼金本人也认为改革方案过于保守，不符合时代精神。他将土地改革方案比喻为地主的绝望自卫，是保护地主的利益，因而拒绝在土地方案上签字。

7月下旬，科洛科利佐夫被迫离职。"土地管理局"和"规划委员会"主任的职务由基辅大学教授、斯托雷平农业改革方案的主要拥护者比利莫维奇担任，由他领导"土地改革委员会"，制订新的土地改革方案。作为一个右翼保守主义者，比利莫维奇从不掩盖自己在农业和土地问题上的保守倾向。此后，他推出的土地改革方案也证明了这一点。

1919年10月中旬，比利莫维奇公布了自己的土地改革方案。该方案和科洛科利措夫方案相比较而言，区别很小。虽然他制定的一些条款与之前有所出入，但总体原则仍是相同的。土地改革的时间方面，计划在战争结束一年之后开始执行。改革的内容主要有以下几个方面：1. 缩短地主土地转化为农民土地的时间，改革的第一阶段以农民和地主按照市场价格自愿交易为主，期限两年；到期后，

---

① Деникин А. И. Очерки русской смуты. Т. 4. С. 222.

将强制性按照固定价格征收地主多余的土地,由政府出钱购买再平分给当地的农民;2. 创建专门的省和县农业管理局对土地的流通进行监管。3. 地主所拥有的土地数量为 150—400 俄亩。4. 根据省份的不同,土地买卖的数额限制在 9—45 俄亩之间。①

比利莫维奇方案公布之后,在南俄社会舆论中引起了极大的争议。左翼认为方案过于保守,旨在捍卫地主利益;右翼则担心方案在实施的过程中,会激进化,导致地主利益的受损。1919 年 8 月 28 日,高尔察克就有关土地改革问题给邓尼金下达自己的命令,认为土地改革只能由"俄罗斯政府"(高尔察克政权)实施。这样,按照邓尼金的话,土地委员会的工作只是取得了"纯粹学术上的意义"。②

邓尼金政权农业改革方案的出台以及强调土地私有,刺激了那些 1917 年俄国革命中失去土地的地主收回自己土地的行动,并且也导致了关于春季在原业主土地上播种的农作物的所有权纠纷。6 月 26 日,"特别议会"通过了《南俄罗斯武装力量最高总司令下辖各地庄稼收割法令》。法令一共有 13 条,其中最重要的是第 7 条,明确规定土地耕种者如抢夺他人的土地种植,那么收成三分之二归耕种者所有,三分之一归原来土地所有者所有。对于土豆、甜菜和蔬菜,则是六分之五归耕种者所有,六分之一归原土地所有者所有。花园中的水果和浆果完全属于原业主所有,以补偿苏维埃政府没收他们财产带来的损失。③ 显而易见,这个法令推翻了 2 月 24 日"特别议会"的决议,侵犯了农民的利益。此外,为了应对因新法令颁布之后而导致的耕种者和原土地所有者产生

---

① Деникин А. И. Очерки русской смуты. Т. 4. С. 224.
② Деникин А. И. Очерки русской смуты. Т. 4. С. 223.
③ ГА РФ. Ф. 439. Оп. 1. Д. 51. Л. 23—23об. Журналы заседаний Особого совещания при Главнокомандующем Вооруженными Силами на Юге России А. И. Деникине:сентябрь 1918 г. - декабрь 1919 г. С. 475—476.

的矛盾,进而颁布了调解的法令,①成立了"调解纠纷委员会"。

"6月26日法令"在民间又被称之为"三分之一庄稼法令"。它并没有得到农夫们的积极反应,"奥斯瓦格"(ОСВАГ)②的情报人员在呈递上级的报告中,指出农民对法律相当冷漠,他们不愿意支付实物给原来土地所有者,而是支付三分之一的现金。特别是叶卡捷琳诺斯拉夫省,农民倍感不满,并且这种经济上的不满远远超过政治上的缺乏权利状态的影响。③ 因为农夫们也懂得保护自己的利益,面对日渐高昂的通货膨胀,他们更愿意支付现金而不是实物。

在秋收最繁忙的时候,"特别议会"再次改变了《有关庄稼收割法令》,9月13号颁布的新法令中规定"原土地所有者可以收割五分之一的谷物、油脂作物以及十分之一的根块作物。"土地耕种者可以向原土地所有者按照固定价格或者随行就市付给他们金钱。这个法令是对6月法令的修正,意在减轻农民的负担,希望能够在战争关键时刻,取得农民的支持。但这个法案出台已经无济于事。因为随着白卫军向俄欧中央地区的推进,先前的地主以及白卫军政权中的行政官员开始利用"国民警卫队"和宪兵队收回自己在1917年俄国革命中被农夫剥夺的土地,并对他们进行残酷的报复。

"向莫斯科进军"前夕,邓尼金在给下属的命令中指出,随着军队的前进,地主们也如影而来。"根据我得到的消息,随着军队消灭地方的布尔什维克,地主们开始用暴力恢复自己的田地,并

---

① ГАРФ. Ф. Р-439. Оп. 1. Д. 88. Л. 211—214. Журналы заседаний Особого совещания при Главнокомандующем Вооруженными Силами на Юге России А. И. Деникине: сентябрь 1918г. - декабрь 1919 г. С. 477—479.

② "奥斯瓦格"(全名为 Oclegauumeuluoe Агентство,简写为 ОСВАГ),汉译名为"消息情报社"。它是直属南俄白卫军政权的宣传、鼓动机构,同时也是一个秘密情报机构,主要收集南俄白卫军治理下的社会舆情和社会各阶层的动态。它的主要负责人是索科洛夫(К. Н. Соколов),中央机构大约有255人,各分支和下属的情报人员高达近万人。1920年4月,弗兰格尔担任南俄白卫军的"总司令"之后,该机构被撤销。

③ ГАРФ. Ф. 440, Оп. 1., Д. 34а. Л. 281—283.

且这些行动还得到了军队的支持。他们破坏了不同时期的法律,这种行动更多的是个人私利的考量。"他呼吁以前的地主们停止对农夫们使用暴力,并提出警告:"如果不能尽快恢复秩序,那么随着彼此憎恨的增长,军队的威信和纪律会一落千丈。从农夫们的角度而言,因为受到军队随心所欲的迫害而产生强烈的憎恨之情",他们会站在苏维埃的立场。①

现实情况亦如此,当南俄白卫军越是靠近俄欧中央地区,农民的情绪转变愈发明显。农夫们纷纷拿起武器,对抗白卫军。那些以前从红军中逃避兵役的农夫们也再次主动加入红军,为捍卫自己的土地而帮助苏维埃政府作战。根据俄罗斯历史学者奥西波娃(T. B. Осипова)的研究,1919 年秋季有 97.5 万逃兵再次返回红军队伍,其中 95.7 万的人是自愿加入。② 它表明,农夫们在红军和白军的两个对立阵营中,还是选择了苏维埃政府。

总之,南俄白卫军提出的土地改革方案以及立法行动,明显具有"斯托雷平农业改革"的痕迹,旨在推进俄国的农业资本主义发展。数次有关土地改革的立法活动都强调了保护私有财产以及保护地主的利益,特别是要求重新收回 1917 年俄国土地革命中农民得到的地主土地,严重侵犯了农民的利益,也损害了南俄白卫军政府在农民心目中的威望。此后邓尼金政权被农夫们明确视作地主的政权,最终导致它失去了俄国社会中占人口绝大多数的农民的支持,并被苏维埃红军击溃。

结　论

综上所述,苏俄国内战争时期邓尼金领导的"南俄罗斯武装

---

① Архив Русской революции. Т. 11. С. 131.
② Осипова Т. В. Российское крестьянство в революции и гражданской войне. М. ,2001. С. 320.

力量"在南俄的广泛地域上以"国家专政"的形式建构南俄白卫军的行政管理体系,通过恢复城市"杜马"和地方自治来激发地方社会的活力,希望借此得到中等阶级的支持。与此同时,对于农民最为关心的土地问题,也通过了相关的临时性改革条例。但这些举措,仍未能使南俄白卫军得到大部分民众的支持,并且最终被苏维埃红军击败。

  这一失败的原因在于邓尼金借助"特别议会"的"国家专政"是一种弱性专政。他的专政者位置没有得到人民授权,于法理不合;他非罗曼诺夫王朝的后裔,于传统不符。这种专政统治缺乏法理上的正当性。因此,虽然他意图通过高举"神圣不可分割的俄罗斯"的旗帜来吸引民族主义者,以此获得他们的支持,但对于民众最为关心的土地问题,他秉持"预先不确立原则",推给未来的"立宪会议"解决,漠视俄国社会中占人口绝大多数的农民的需求。戈洛文将军对此有准确的评价,他认为邓尼金旨在通过"国家专政"的方式建构政权的努力"既没有解决任何社会问题,也没能发动人民投入恢复俄罗斯疆界版图的战争,这一纲领使邓尼金'拿破仑式的专政'没有得逞。"[1]在戈洛文将军看来,这种专政仅限于军队中,并没有渗透到俄罗斯人民中去。因此,南俄白卫军的失败亦是情理之中。

  作者简介:周国长,中国社会科学院俄罗斯东欧中亚研究所俄罗斯历史与文化研究室助理研究员。

---

[1] Головин Н. Н. Российская контрреволюция в 1917—1918 гг. Т. 2. М. ,2011. С. 534—535.

当 代 编

徐小斌

俄罗斯"民族认同"与"公民认同"的博弈与认识

张建华

在最近二十年的俄罗斯,伴随着急剧的政治和社会转型,"民族认同"(этническая идентичность)成为描述俄罗斯社会当前最现实和最紧迫的民族问题的关键术语。"民族认同"既是学术概念和社会文化惯用语,同时还是政治论争和意识形态的焦点所在。即在来自民间的"民族认同"呼声日益高涨的同时,来自政界和学界的另一种声音——"公民认同"(гражданская идентичность)也渐次响起,它成为俄罗斯联邦政府主导的一个重大的社会发展目标。面对"民族认同"与"公民认同"的双重诉求,政府与社会、学界与民间、中央政权与地方政权之间展开了一场特殊的讨论和实践。

一、历史经验与批判

自法国大革命和拿破仑战争的风暴席卷欧洲之后,"民族"(Nation)、"民族国家"(Nation State)和"民族主义"(Nationalism)概念就冲破了王朝战争和家族政治的藩篱,在欧洲乃至整个世界范围内广泛传播,并且在20世纪得到了充分的实践和发展。美国历史学家汉斯·科恩(Hans Kohn)称"20世纪是有史以来整个人类接受同一政治概念——民族主义的第一时期"。① 在20世纪百年历史上存在了69年的苏联(1922—1991年)成为上述概念和学说的最大实验场。

站在历史唯物主义的立场上对苏联历史进行客观分析,苏联共产党和政府的民族政策有着巨大的成功之处。它主要表现为:在苏维埃政权建立初期,列宁领导的布尔什维克党和苏维埃政府坚决贯彻马克思主义的民族平等和民族自决原则,坚持国际主义,反对大小民族主义,广泛团结和帮助各个民族,领导各族人民群众,不屈不挠地抵御了帝国主义以及一切反共反苏势力的武装入侵和经济封锁。社会主义联邦制国家的建立,巩固了苏维埃政权和各族人民当家做主的地位,为各民族的社会、经济和文化的发展创造了前提条件。苏联政府所主持的民族甄别和民族划界,使因人为和自然原因而造成分离的民族成员得以长久地生活在一起。在苏联共产党和政府的领导下,在社会主义的大家庭中,各民族的社会、经济、文化和教育事业都取得了历史性的飞跃和举世瞩目的巨大成就,广大少数民族摆脱了物质和精神上的落后状态,走上了社会主义的现代化道路。

在民族工作取得巨大成绩的同时,苏联共产党和政府在民族理论和实践上也存在某些缺陷,在一定程度上加剧了历史上遗留下来的民族问题,加剧了俄罗斯民族主义和地方民族主义。苏联联邦制国家建设的历史跌宕起伏,国际学界普遍认为民族问题是导致它解体的一项重要原因。② 从历史学、民族学和政治学的综合视角来

---

① Hans Kohn, *Nationalism: Its Meaning and History*, New York: Macmilan, 1961, p. 21.
② 俄裔法国历史学家埃莱娜·卡·唐科斯(Hélène Carrère d'Encausse)早在1978年就曾断言:"在它(苏联)面临的所有问题中,最急需解决而又最难解决的显然是民族问题。像它所继承的沙俄帝国一样。苏维埃国家似乎也无法走出民族问题的死胡同。"(参见〔法〕唐科斯:《分崩离析的帝国》,郏文译,北京:新华出版社,1982年,第271页。)

看,该时期民族政策的最大问题,即是未能处理好"民族认同"与"公民认同"、"民族进程"与"国家进程"的关系。

在多民族国家的现代化运动中,"民族认同"(Ethnic Identity/этническая идентичность)与"公民认同"(Citizen Identity/гражданская идентичность)是两个既相互区别又相互关联的概念。

"民族认同"即是民族共同体成员对本民族的最大归属感。主要内容包括:一、民族意识的觉醒,二、民族国家的建立,三、民族文化和经济的复兴,四、民族社会结构的完善。"民族认同"的实施过程亦可称为"民族进程"(National Process/национальный процесс)。

"公民认同"即是社会成员对于公民身份和国家政权的最大归属感。主要内容包括:一、公民意识的确立,二、认同国家为法律上的政治共同体,三、在法律上效忠国家主权,四、在道德上自觉遵守国家价值观。"公民认同"因此亦被称为"国家认同"(State Identity/государственная идентичность),这一理念的实践过程被称为"国家进程"(State Process/государственный процесс)。

辩证地看,在多民族国家的现代化进程中,"民族认同"是"公民认同"的基础,而"公民认同"是"民族认同"的最终目标。"公民认同"(也即"国家认同")与"国家进程"的最高理想是国家的统一和完整、各民族社会发展的协调和一致、民族界限的最终消失。但是在具体实践和实施过程中,如何协调两者的关系,努力寻找两者的最佳结合点是执政者面临的艰难使命。

遗憾的是,自1917年十月革命后,长期以来严峻的国内及国际环境,尤其来自苏联高层并且影响甚广的"超越阶段"的思想倾向,导致苏联过分强调各民族之间的共性,混淆了"民族认同"与"公民认同"的界限和关系,最终违背民族问题的客观规律,以"公民认同"与"国家进程"的终极目标取代"民族认同"和"民族进程"必须经历的渐进过程。在"超越阶段"思想的指导下,苏联超前地强调各民族的接近和融合,过快地加速各民族的国家进程,加速各民族之间的融合过程。

季什科夫(В. А. Тишков)是苏联和俄罗斯著名的民族学家、历史学家和文化人类学家,担任俄罗斯科学院历史语言学部秘书(академик-секретарь)和俄罗斯科学院主席团成员。他在1989—2015年长期担任俄罗斯(苏联)科学院米克鲁霍-马克莱依民族学和人类学研究所(институт этнологии и антропологии им. Н. Н. Миклухо-Маклая РАН)所长职务,参与了从苏联向俄罗斯急剧转型时期最严峻的民族问题的讨论和民族政策的制定。

季什科夫《在世界范围内理解俄罗斯民族国家建设》(Понимание нациестроительства в России в мировом контексте)一文中批评了苏联时代主导的民族理论。他认为:"在学术和政治语言中'民族'(нация)和'国家'(государство)概念经常被当成同义词使用,而有些时候甚至就是同一个含义,尤其是通过连字符书写'民族-国家'(нация-государство/Nation-State)时。然而,应该用基本范畴来区别两者间的不同含义,不同历史负载和语义负载","'民族'即是主权国家框架内的人类共同体,这个人类共同体以一定程度的公民团结、共同的历史与文化、对于其国家和合法政权的忠诚为标志。'国家'即是由主权领土共同体(民族)所建立的机构系统,这个共同体赋予政权必要的组织、管理和保护的职能,包括维护和支持民族文化多样性方面的义务和强制性权力。"[1]

---

[1] http://www.valerytishkov.ru/cntnt/novye_publikacii/va_tishkov.html.

季什科夫批评了他的前任、著名民族学家勃罗姆列依[1]等人的观点。他写道:"在我国社会政治和学术界,在关于民族国家建设问题上将东欧学者(奥地利马克思主义)和苏联学者(勃罗姆列依那里有个'交响乐团')的观点错误地混淆了,即把'民族性'(нацаональность)理解为'族裔'(этнос),把'民族'(нация)理解为'民族-社会机制'(этносоциальный организм)。'多民族性'(многонациональность)和'人民友谊'(дружба народов)作为苏联统一的两个最重要保障原则,成为我们的意识形态遗产,而现在说的是'俄罗斯人民'(российский народ)。没有人拒绝这些原则(它成为我国宪法的第一款)。我多次指出上述说法在大联邦制国家和其居民构成具有多民族性的国家中的缺点和漏洞。怎样才能让俄罗斯人(россияне)成为统一和忠于自己国家的民族,让俄罗斯人民(российский народ)像中国人、印度人、以色列人、英国人、法国人一样认为自己是一个民族呢?"[2]

季什科夫早在 1994 年就在俄罗斯最大的自由派报纸《独立报》(Независимая газета)上了发表题为《俄罗斯是一个民族国家》(Россия как национальное государство)的评论。他认为早前在民族政策上的最大问题之一就是把可促进各民族的"国家认同"的"民族"(нация)概念理解为"民族共同体"而非"全民共同体"。[3]

其实,在苏联时代,季什科夫也曾经是"民族"(нация)理论的赞

---

[1] 勃罗姆列依(Ю. В. Бромлей,1921—1990),苏联著名民族学家和历史学家,苏联科学院院士,1979 和 1987 年苏联国家奖金获得者。他自 1966 年 1 月起,长期担任苏联科学院米克鲁霍-马克莱依民族学研究所所长职务,直至 1989 年 5 月季什科夫接任。他是苏联民族学理论的奠基人,尤其是在"民族"(нация)和"族裔"(этнос)理论方面贡献最大。

[2] http://www.valerytishkov.ru/cntnt/novye_publikacii/va_tishkov.html.

[3] Тишков В. А. Россия как национальное государство//Независимая газета. 1994.26 января.

同者。例如他在接任苏联科学院米克鲁霍-马克莱依民族学研究所所长后,还于 1989 年 7 月 1 日在苏共中央和苏联文化部联合主办的《苏维埃文化报》(Советская культура)上发表了《人民-民族-国家体制》(Народ, нация, государственность)一文。① 但是在国家转型过程中,季什科夫成为第一批批判早前民族理论和民族政策的学者。他甚至呼吁"忘记'民族'"(Забыть о нации),②或改称"俄罗斯民族"(российская нация),③因为"俄罗斯本身就是'民族之民族'"(Россия - это нация наций)。④

季什科夫提出把"民族"理解为"拥有共同国籍者"(согражданство),而"民族"(нация)的实质就是"公民民族"(гражданская нация)或"国家民族"(государственная нация)。⑤

季什科夫继而提出将俄罗斯各类国家法律和政府公文中的"民族"(нация)界定为"国家认同"和政治学意义上的"俄罗斯民族"(российская нация)⑥,意即"各民族之民族"(нация наций),对应的是强调种族-族裔属性和人类学意义上的"民族"(национальность

---

① Тишков В. А. Народ, нация, государственность//Советская культура. 1989. 1 июля. № 78. С. 3.

② Тишков В. А. Забыть о нации. Пост-националистическое понимание национализма//Вопросы философии. 1998. № 9. С. 2—3.

③ Тишков В. А. Российский народ и национальная идентичность//Профиль. 2008. 23 июня. №24; Российский народ и национальная идентичность//Известия. 2007. 19 июня. № 107. С. 5; Что есть Россия и российский народ//Pro et Contra. 2007. № 3. С. 21—41.

④ Тишков В. А. Россия - это нация наций//Этнопанорама. 2008. № 1/2. С. 2—4. ; Russia as a European Nation and Its Eurasian Mission//Russia in global affairs. Vol. 3. № 4. 2005. October-December. pp. 84—100. ; Российский народ как европейская нация и его евразийская миссия//Политический класс. 2005. № 5. С. 73—78.

⑤ Тишков В. А. Россия как национальное государство//Независимая газета. 1994. 26 января.

⑥ 其集合名词为 Россияне,单数阳性为 россиянин,单数阴性为россиянка。此名词在 16 世纪已经出现,其含义随历史变迁而有所变化。它的现代意义在 1990 年代确定,即不分民族属性的俄罗斯联邦的公民。

和 народность）。① 他于 2008 年在莫斯科出版了《俄罗斯民族：形成和民族文化的多样性》（Российская нация：становление и этнокультурное многообразие）。

在季什科夫卸任后，担任俄罗斯科学院民族学与人类学研究所所长职务的马尔德诺娃（М. Ю. Мартынова）在 2014 年发表的《基础科学的实践作用：俄罗斯科学院民族学和人类学研究所近十年的研究》（Прикладная роль фундаментальной науки： исследования института этнологии и антропологии РАН последнего десятилетия）中强调："在过去的 20 年里，随着市场关系日益重要，我国的民族学和人类学的实际应用价值明显扩大，民族学和人类学在实际应用领域的多样性和逻辑知识也随之扩大。在今天，已经没有人把民族学仅仅视为一门专门研究异国情调民族的学科了"，"大约从 1980 年代后半期开始，所谓的民族国家进程以及民族政治问题受到学术界的关注。显而易见，民族因素在政治进程中的作用以及在多民族国家治理中的作用一直被低估。近几十年来的国际政治事件、'民族复兴'、民族主义运动的发展、种族间矛盾的加剧，使社会各界对民族学的知识和兴趣增强，同时要求学者们灵活运用科学和公众调查的数据。在这方面，俄罗斯的民族学家对当代俄罗斯的社会问题，如民族自我意识的增长（民族动员）、民族主义的形式、分裂主义和种族冲突的原因的研究投入了极大的精力。"②因此，该研究所使自身研究服务于国家转型和建立"俄罗斯民族"的需求。在过去 25 年里，该研究所的学者出版了 1500 余部著作，仅 2013 年就出版了 50 部著作和数百

---

① 何俊芳：《族体、语言与政策：关于苏联、俄罗斯民族问题的探讨》，北京：社会科学文献出版社，2017 年，第 238 页。
② МартыноваМ. Ю. Прикладная роль фундаментальной науки： исследования Института этнологии и антропологии РАН последнего десятилетия//Вестник антропологии. 2014. No 1 (27). С. 147—148.

篇论文。① 马尔德诺娃在文章中特别提及了季什科夫为中学教师编写的《俄罗斯人民》(Российский народ)和高等院校人类学专业编写的教科书《俄罗斯民族》。②

显然,季什科夫和马尔德诺娃的学术影响和社会地位代表着俄罗斯学界的主流观点,并且对俄罗斯领导人和联邦政府的民族政策产生极大影响。

二、俄罗斯政界与学界的思考与实践

为解决历史遗留的民族问题和国家转型过程中遇到的新问题,俄罗斯学界展开了广泛的学术讨论,探索新时期俄罗斯的民族状况和国内政治情势,试图在民族学理论上提出新的创建。

对于苏联的主流民族理论尤其是"民族"(нация)概念的理解和重新建构成为俄罗斯学者讨论的焦点。苏联时代对于"民族"概念的理解和使用主要基于斯大林1913年在《马克思主义和民族殖民地问题》中的经典论述,即"民族是人们在历史上形成的一个有共同语言、共同地域、共同经济生活以及表现于共同文化上的共同心理素质的稳定共同体。"③当代俄罗斯学者认为斯大林笔下的"民族"

---

① МартыноваМ. Ю. Прикладная роль фундаментальной науки:исследования Института этнологии и антропологии РАН последнего десятилетия//Вестник антропологии. 2014. No 1 (27). C. 148.

② МартыноваМ. Ю. Прикладная роль фундаментальной науки:исследования Института этнологии и антропологии РАН последнего десятилетия//Вестник антропологии. 2014. No 1 (27). C. 164.

③ 《斯大林全集》,第2卷,北京:人民出版社,1953年,第291页。依年代不同,在俄文中关于这段文字的表述略有不同。1913年《马克思主义和民族殖民地问题》中的对应文字为"Нация - это исторически устойчивая общность языка,территории, экономической жизни и психического склада,проявляющегося в общности культуры"(Сталин И. В. Марксизм и национально-колониальный вопрос. M. ,1934, C. 6.),可直译为"民族是历史上的语言、地域、经济生活和表现为文化共性上的心理特性的稳定共同体"。1929年《民族问题与列宁主义》中的对应文字为"нация есть исторически сложившаяся

强调的是民族共同体的政治和社会特质,是民族对于国家和政权的"政治认同"和"国家认同",此民族实际上是"政治民族"。①

1993年,在俄罗斯总统办公厅的参与下,俄罗斯科学院民族学与人类学研究所与其他政府机构联合建立了"民族学监测和冲突早期预警网络"(сеть этнологического мониторинга и раннего предупреждения конфликтов)。1990年代以来,俄罗斯出版了240余部相关著作,内容涉及民族关系和种族冲突预测,反映了民族构成特点、人口变迁特点、移民过程,少数民族的日常情况,少数民族的公共活动、政治运动的社会和民族构成及其影响等等。②

在季什科夫等学者的呼吁下,"'俄罗斯民族'社会团结联合会全

(接上页)устойчиваяобщность людей, возникшая на базе общности четырёх основных признаков, а именно: на базе общности языка, общности территории, общности экономической жизни и общности психического склада, проявляющегося в общности специфических особенностей национальной культуры"(Сталин И. Национальный вопрос и ленинизм (март 1929 г.) -Соч. Т. 11. М., 1949, С. 333.),可直译为"民族是历史上形成的稳定人类共同体,它产生于4个基本标志性的共性基础之上,即语言共性、地域共性、经济生活共性以及表现出具体的民族文化特性的心理特性。"1946年《马克思主义和民族问题》中的对应文字为"Нация есть исторически сложившаяся устойчивая общность людей, возникшая на базе общности языка, территории, экономической жизни и психического склада, проявляющегося в общности культуры"(Сталин И. Марксизм и национальный вопрос. -Соч. Т. 2. М., 1946, С. 296—297.),可直译为"民族是历史上形成的、产生于语言、地域和经济生活共性以及体现为文化共性的心理特性的基础上的人类的稳定共同体。"1954年《苏联大百科全书》中的对应文字为"НАЦИЯ (от лат. natio - племя, народ) - исторически сложившаяся устойчивая общность людей, которую характеризуют следующие признаки: общность языка, общность территории, общность экономической жизни и общность психического склада, проявляющегося в общности культуры"(Большая Советская энциклопедия, 2 изд. Т. 29, М., 1954, С. 307.),可直译为"民族(来自拉丁语,意为'部族''种族')是历史上形成的人类共同体,它表现以下特征:语言共性、地域共性、经济生活共性和表现出文化共性的心理特点共性。"

① Зиринов И. Ю. Социум-этнос-этничность-нация-национализм//Этнографическое обозрение. 2002. № 1.; Тишков В. А. Забыть о нации. Пост-националистическое понимание национализма//Вопросы философии. 1998. № 9.

② Мартынова М. Ю. Прикладная роль фундаментальной науки: исследования Института этнологии и антропологии РАН последнего десятилетия//Вестник антропологии. 2014. № 1 (27). С. 153.

俄联盟"(Общероссийский союз общественных объединений «Российская нация»)于 2007 年 12 月 19 日宣布成立,同时发行《俄罗斯民族通报》(Вестник Российской нации)杂志。2008 年 1 月,该刊转为双月刊,每期发行 1000 册,编辑委员会成员由俄罗斯科学院人文学部的 9 个所长、12 个院士和 5 个通讯院士组成,该刊物已经成为在俄罗斯有影响的学术和政治刊物。

新时期的俄罗斯政府采取了不同于苏联时期的民族政策。

其一是国家依据《俄罗斯联邦宪法》(Конституция РФ)保障各民族的经济和文化权利,尊重其"民族认同"的诉求。

1996 年 6 月 17 日《俄罗斯联邦民族文化自治法》(Закон о национально-культурной автономии)颁布,宣布"民族文化自治是民族文化自决的形式,是属于一定族体的俄联邦公民的社会联合,他们在自愿自我组织的基础上独立地决定保存其独特性以及发展语言、教育和民族文化问题。"①2001—2002 年,俄罗斯政府对这部民族文化自治法进行了两次修订,于 2003 年 11 月 17 日颁布了新的《俄罗斯联邦民族文化自治法》。

1999 年 4 月 30 日《俄罗斯联邦关于保障土著少数民族权利法》(Закон о гарантиях прав коренных малочисленных народов)颁布,法令第一款"基本概念"第一条即对"土著少数民族"(коренные малочисленные народы)概念做出界定,强调:"俄罗斯联邦境内土著少数民族(简称少数民族)即为居住在自己祖先传统聚居地上的人们,他们保留着传统的生活、经营和手工艺方式,其在俄联邦境内人口总数少于五万人,并认为自己拥有独立的民族社区"。法令第五款宣布"国家政权的联邦机构必须全力保护少数民族的传统栖息地、传统的生活、经营和手工艺方式。"②

---

① 何俊芳:《族体、语言与政策:关于苏联、俄罗斯民族问题的探讨》,北京:社会科学文献出版社,2017 年,第 316 页。

② http://constitution.garant.ru/act/right/180406/.

其二是政府和学界联手强力宣传"公民意识"(гражданское сознание)和"公民民族"(гражданская нация)理论,推进各民族对俄罗斯联邦政权的"公民认同"和"国家认同"。

1993 年 12 月 12 日由俄罗斯国家杜马通过,并由叶利钦总统签署的《俄罗斯联邦宪法》的第一段文字即明确表述:"我们是俄罗斯联邦的多民族的人民,在自己的土地上形成共同命运联合体(соединенные общей судьбой на своей земле),为确立人的自由和权利、公民社会和公民协议;为保留历史上形成的国家统一性;为从各民族平等和自决原则出发;为珍惜祖先给予我们对祖国的热爱和尊敬,给予我们对善良和正义的信念的记忆;为复兴俄罗斯的主权国家体制;为确立它的民主原则的坚定性;为努力确保俄罗斯的福祉和繁荣;为认识到国际共同体的当代人和后代人对祖国的责任,我们接受俄罗斯联邦宪法。"①

普京总统在 2004 年 2 月 5 日切博克萨雷市有关族际关系和宗教关系的讲话中说:"我们今天有充分理由认为俄罗斯人民(российский народ)是统一的民族(единая нация)。在我看来,正是这样的统一的精神将我们各民族联系在一起。我们的祖先所做的一切就是为了让我们感觉到这一统一性。要知道,这就是我们的历史以及我们今天的现实。俄罗斯的各种族和宗教的代表自身感觉就是事实上的统一人民(единый народ)。我们要为了社会和国家的一切利益来运用所有的自己的文化财富和特点。我们必须要保存和巩固我们民族的历史统一性。"②

2008 年 6 月 29 日,时任俄罗斯总统梅德韦杰夫在莫斯科基督救世大教堂举行的纪念罗斯受洗 1020 周年大会上的讲话中也表

---

① http://constitution.kremlin.ru/.

② Российская газета. 2004. 6 февраля. См.: http://www.kremlin.ru/events/president/transcripts/22349.

示:"俄罗斯民族(российская нация),就像国家本身一样,已经开始自身的发展阶段,将形成为多民族性(многонациональность)组成的国家,并最终在汇合东方和西方文化传统的基础之上走向成熟。"①

根据普京总统在 2012 年 5 月 7 日颁布的《关于保障各民族和谐》第 602 号总统令(№ 602 «Об обеспечении межнационального согласия»),俄罗斯政府于同年 9 月 7 日组成了"俄罗斯联邦国家民族政策战略"工作组。10 月 29 日,俄罗斯政府颁布了《2025 年前俄罗斯联邦国家民族政策战略方案》(Стратегии государственной национальной политики Российской Федерации на период до 2025 года),明确将"俄罗斯民族"概念列入法律条款。该文字正文部分的第一段话即称"我们——俄罗斯的公民,我们和我们的孩子生活在这个国家,我们对于这个对我们所有人来说非常重要的问题不能无动于衷。我们希望大家了解俄罗斯联邦国家民族政策战略方案,并通过电子邮件发送自己的意见和建议……您对上述方案的所有愿望将在下一次民族关系理事会上转交俄罗斯联邦总统。"②第一款"总则"(общие положения)对"俄罗斯民族"和"公民认同"(гражданская идентичность)概念做出了界定。"'俄罗斯民族'(即俄罗斯联邦多民族人民)为俄罗斯联邦的分属不同种族、宗教、社会和其他属性,并且承认自身的公民共性,承认自身与俄罗斯国家形成政治-法律联系的人们(同一国籍者согражданство)组成的公民共同体(сообщество граждан)。"③而"公

---

① Медведев Д. А Выступление в храме христа спасителя в связи с началом празднования 1020 - летия крещения Руси//Вестник Российской нации. №. 1. 2008. М. С. 75—78.

② http://azerros. ru/information/6806 - prekt-strategii-gusudarstvennoy-nacionalnoy-politiki-russiyskoy-federacii. htm.

③ российская нация (многонациональный народ Российской Федерации) - сообщество граждан Российской Федерации разной этнической,религиозной,социальной и иной принадлежности,осознающих свою гражданскую общность и политико-правовую связь с российским государством (согражданство). См. : http://azerros. ru/information/6806 - prekt-strategii-gusudarstvennoy-nacionalnoy-politiki-russiyskoy-federacii. html.

民认同"即"俄罗斯联邦公民共同的对自己的俄罗斯公民身份、对俄罗斯民族属性的认同"。①

2016年12月1日,普京总统在电视上发表的"国情咨文"中再次强调:"大多数公民对祖国的感受,并且关于历史教训首先应当是和解(примирение),是加强社会、政治与公民的和睦(согласие)。决不能容忍将过去的分裂、仇恨、欺侮和残酷带入今天的生活中,为了达到个人的政治或其他目的而利用曾经触痛俄罗斯每个家庭的悲剧。让我们记住:我们是统一的民族,是共同的民族,我们只有一个俄罗斯。"②

三、"民族认同"抑或"公民认同"?

苏联解体与俄罗斯社会转型已经过去整整四分之一世纪,俄罗斯学术界,尤其是俄罗斯联邦政府与各联邦主体大力调整民族政策和国家战略,力图从顶层设计和国家治理的角度,自上而下推进"公民认同"与"民族认同"的协调发展,在保障"民族进程"的前提下加速"国家进程",成果显著但充满挑战。

根据苏联解体后首次于2002年进行的全俄人口普查统计结果表明,在俄罗斯境内居住着至少156个民族。而2010年全俄人口普查统计结果再度表明,在俄罗斯境内居住的民族数量增加到193个。

以居住在北抵北极圈,南达阿尔泰山北麓,东起堪察加半岛,西到乌拉尔山的广袤区域里的一个庞大族群[布里亚特人(Буряты)、卡尔梅克人(Калмыки)、图瓦人(Тувинцы)以及在人种和语言上极

---

① общероссийская гражданская идентичность-общее для граждан Российской Федерации осознание своего российского гражданства,принадлежности к российской наци. См.:http://azerros. ru/information/6806 - prekt-strategii-gusudarstvennoy-nacionalnoy-politiki-russiyskoy-federacii. html.

② http://www.kremlin. ru/events/president/news/53379.

为接近的哈卡斯人(Хакасы)和阿尔泰人 Алтайцы)]为例,他们在遗传人种学上属蒙古(西亚和东亚)人种,在语言学上分属突厥语族和蒙古语族。

在苏联时期所进行的最后一次全国人口普查(1989年)的统计资料中,布里亚特人有421000人,卡尔梅克人有174000人,图瓦人有207000人,哈卡斯有80000人,阿尔泰人有71000人,上述民族居民总计95万人,占全苏人口比例的0.333%。① 在2002年全俄人口普查统计资料中,布里亚特人有445175人,卡尔梅克人有173996人,图瓦人有243442人,哈卡斯人有65400人,阿尔泰人有67239人。上述民族居民总数超过99万人,占全俄居民人口比例的0.685%。② 1993年俄罗斯社会学者历时一年,在俄罗斯境内调查各民族居民对"俄罗斯公民"身份的认同情况。统计资料表明:非俄罗斯族居民对本"共和国公民"的认同度普遍高于对"俄罗斯联邦公民"的认同度。布里亚特共和国的布里亚特族被调查者中有28%的人选择"我只是我的共和国的公民",有25%的人选择"我更多是我的共和国而非俄罗斯的公民",仅有2%的人选择"更多是俄罗斯的而非我的共和国的公民"。卡尔梅克共和国的卡尔梅克族被调查者中有27%的人选择"只是我的共和国的公民",有19%的人选择"更多是我的共和国的而非俄罗斯的公民",仅有2%的人选择"更多是俄罗斯的而非我的共和国的公民"。在图瓦共和国的图瓦族被调查者中,更有42%的人选择"只是我的共和国的公民",有22%的人选择"更多是我的共和国的而非俄罗斯的公民",仅有1%的人选择"更多是俄罗斯的而非我的共和国的公民"。③ 在2010年的全俄人口普查统计资料中,

---

① Лабутова Т. Ежегодник Большой советской энциклопедии. М. ,1990. С. 7—11.
② Итоги всероссийской переписи населения 2002 года. М. ,2004.
③ 〔俄〕季什科夫:《苏联及其解体后的族性、民族主义与冲突——炽热的头脑》,姜德顺译,北京:中央民族大学出版社,2009年,第498—499页。

布里亚特人有 461389 人，卡尔梅克人有 183372 人，图瓦人有 262934 人，哈卡斯人有 72959 人，阿尔泰人有 74238 人，上述民族总人数超过 105 万人，占全俄居民比例达到 0.738％。① 由此可见，这一庞大族群的人口总数和在全俄居民中所占比例均呈增长趋势。这一族群的民族形态、精神文化以及物质生活经历了苏联骤然解体和俄罗斯急剧转型的历史震荡，在现代化和全球化的双重压力之下，自然而然地提出了"民族认同"和"民族进程"的诉求。

但另一组统计数字表明了"公民认同"与"国家进程"在政府推动和现代条件下的同步进展。巴什基尔（Башкиры）人是俄罗斯境内主要的非斯拉夫民族，2010 年全俄人口普查的统计资料是 1584554 人，主要居住在俄罗斯乌拉尔山南部的巴什基尔共和国和车里雅宾斯克。巴什基尔语属于突厥语系，鞑靼语也被视为其母语。2010 年的全俄人口普查资料表明，97.9％的巴什基尔人熟练地掌握俄语，比 2002 年人口普查时提高了 4.5 个百分点。2002 年全俄人口普查数字表明 1056871 名巴什基尔人掌握巴什基尔语，2010 年全俄人口普查资料表明有 935810 名巴什基尔人掌握巴什基尔语，说明在 8 年内减少了 121061 名会说母语巴什基尔语的巴什基尔人。2002 年全俄人口普查资料表明，有 1396947 名巴什基尔共和国的居民掌握鞑靼语（占总居民的 34.04％），2010 年全俄人口普查资料表明，这个数字下降为 1007282 人（占总居民的25.4％），意味着该共和国在 8 年内减少了 389665 名会说鞑靼语的居民。② 以上数字，又证明了同样来自非俄罗斯民族的对于"公民认同"和

---

① Вот какие мы - россияне: Об итогах Всероссийской переписи населения 2010 года//Российская Газета. 2011. 11 декабря. №5660 (284).

② Фроловой И. В. Этносы и формирование гражданской нации: диалектика российской национальной политики//Сборник материалов Всероссийской научно-практической конференции. Уфа, 9 декабря 2014 года. Уфа: БАГСУ, 2014. С. 243.

"国家认同"的自主选择。俄罗斯科学院社会学研究所人格研究小组负责人、俄罗斯高等经济学院大众意识比较研究实验室主任、俄罗斯著名社会学家和社会心理学家马古(В. С. Магун)在总结以上数据时表示："这就是为什么全俄罗斯公民身份对俄罗斯的其他民族具有吸引力,因为这些与'俄罗斯国家性'(российскость)相关的价值、象征和观念符合他们的利益和价值观。"[1]

2014年12月9日,俄罗斯联邦政府在巴什基尔共和国的首府召开了一场学术研讨会,主题为"民族与公民民族的形成:俄罗斯联邦民族政策的争论"(Этносы и формирование гражданской нации : диалектика российской национальной политики),"民族认同"和"公民认同"是会议讨论的焦点问题。乌法国立大学的阿布扎罗娃(Н. А. Абузарова)认为:"全俄公民认同意识的形成对于俄罗斯来说是一个亟待解决的问题。这个问题的紧迫性在于,俄罗斯是一个事实上的多民族国家,以及民众意识中的民族认同意识要比公民身份更为重要。"她认为:"不应将民族认同看成与公民认同背道而驰甚至互不相容的行为。俄罗斯需要全俄公民认同意识。公民身份是维护国家统一和防止国家分裂的稳定因素,是防止出现离心现象的重要因素。主张公民身份不是以取消民族认同为必要前提的。主张民族认同不应过分强调民族利益和民族价值。公民身份与民族身份不是对立关系,它们的对立势必导致国家危机,它们应该是合作伙伴,它们之间的关系核心应该是'共存'(сосуществование)和'兼容'(совместимость)。"[2]

---

[1] 在当代俄罗斯学界经常使用与"俄罗斯国家性"对应的"俄罗斯民族性"(русскость)概念。参见 Магун В. С. Гражданские, этнические и религиозные идентичности в современной России. М. ,2006. С. 29.

[2] Фроловой И. В. Этносы и формирование гражданской нации: диалектика российской национальной политики//Сборник материалов Всероссийской научно-практической конференции. Уфа,9 декабря 2014 года. С. 246—247.

由以上两组对比数据及俄罗斯学者的论述可见,苏联解体后,在急剧的政治、经济、社会和文化转型过程中,"民族认同"("民族进程")和"公民认同"("国家进程")是一个同时并存,或相向而行,或异向背离的棘手问题。有鉴于苏联解体后的俄罗斯仍然是一个多民族国家,实施的仍然是联邦制国家体制,民族问题与民族政策仍然是俄罗斯政府急需谨慎处理的当务之急,因此如何妥善地处理"民族认同"与"公民认同"的关系并把握其尺度将是一场难以终结的权力与权利的博弈。

作者简介:张建华,北京师范大学历史学院教授,世界近现代史研究中心主任,中国苏联东欧史研究会副会长。

俄罗斯民族国家建设的历程

刘显忠

民族国家建设是多民族国家现代化进程中的重要内容。俄罗斯是典型的多民族国家,它在历史上的不同时期对民族地区的治理方式对多民族国家的民族国家建设具有参考价值。因此,俄罗斯的民族国家建设问题一直都是我国学术界关注重点。[①] 不过国内学者对苏联时期的民族国家建设研究较多,对帝俄及当今俄

---

① 我国有关苏联民族问题的论著对此问题都有所涉及,如赵常庆等:《苏联民族问题研究》,北京:社会科学文献出版社,1996年;张建华:《苏联民族问题的历史考察》,北京:北京师范大学出版社,2002年;左凤荣、刘显忠:《从苏联到俄罗斯:民族区域自治问题研究》,社会科学文献出版社,2015年,等等。至于这方面的文章主要有董晓阳:《试谈苏联联邦制的实质演变》,《外国问题研究》1983年第2期,第75—78页;姜长斌:《列宁的民族问题原则及同斯大林的斗争》,《苏联历史问题》1988年第1期;张建华:《论苏联联邦制变形的历史原因》,《东欧中亚研究》1999年第4期,第3—5页;余伟民:《在帝国废墟上重整河山》,《华东师范大学学报》(哲学社会科学版)1999年第4期,第3—5页;杨恕:《关于苏联联邦制的再思考》,《俄罗斯中亚东欧研究》2003年第4期,第12—16页;张祥云:《关于苏联联邦制的几点思考》,《世界民族》2004年第6期,第20—28页;许新等:《联邦制的变形背离了民族平等和联邦制原则》,《中国民族报》2009年9月11日;初智勇:《苏联民族联邦制浅析》,《西伯利亚研究》2004年第2期,第51—55页;刘显忠:《列宁的民族自决权理论及其在苏联的实践》,《俄罗斯学刊》2016年第4期,第32—37页;刘显忠:《20世纪20—30年代苏联"本土化"政策在乌克兰的实践》,《俄罗斯东欧中亚研究》2014年第4期,第55—62页,等等。

罗斯的民族国家建设涉及较少。本文试图对帝俄、苏联及当今俄罗斯的民族政策进行对比研究,指出它们的继承性和区别,以及在现代化进程中民族国家建设应吸取的经验教训。

帝俄时期的民族状况及对民族地区的治理

1913年俄罗斯帝国的面积是21800974平方公里,60%—65%的面积处于永久冻土带。20世纪俄国约1/4的领土处于欧洲,其他75%处于亚洲。在俄罗斯帝国及苏联时期,俄罗斯都占全国领土面积的3/4。[①] 1861年俄国农奴制改革后,由于农奴制废除后农民财富的增长、可以减少歉收影响的贸易的发展、地方自治局医疗方面的成绩、粮食产量和畜产品产量的增长,俄国死亡率下降,人口增长很快,从1858年的6800万人增至1897年的1.16亿人,1914年达到了1.63亿人(这些有关人口的数字不包括波兰和芬兰)。从1850—1860年到1900—1910年间,人口增长了40%。[②] 就民族来看,20世纪初,俄国共有200多个民族,操146种语言和方言。1917年前"俄罗斯人"这个术语包括俄罗斯人、乌克兰人和白俄罗斯人这三个主要的东斯拉夫民族。根据1897年的人口普查,俄罗斯人(时称"大俄罗斯人")总共5540万人,占总人口的47.8%;乌克兰人(时称"小俄罗斯人")2200万人,占总人口的18.9%;白俄罗斯人590万人,占总人口5.1%。这三个民族的人口占国家人口绝对多数,8330万人(71.8%),俄罗斯帝国境内的其他斯拉夫民族有波兰人、塞尔维亚人、保加利亚人、捷克人等。总人口数居第二位的是操突厥语系语言的各民族:哈萨克人400万,鞑靼人370万人。包括波兰和芬兰在内的俄罗斯帝国当

---

① Новая и новейшая история. 2018. №3. С. 190.

② Лубкова А. В. Новейшая отечественная история XX век. Книга 1. Под ред. Щагина Э. М., М.,2004. С. 9—10.

时有世界上最多的犹太人,大约 600 万。此外,还有 6 支人口为 100 万—140 万人的民族:拉脱维亚人、德意志人、亚美尼亚人、摩尔达维亚人、莫尔多瓦人和爱沙尼亚人。所列的这 12 支民族每支人口都在 100 万以上,它们的人口占帝国人口的 90%。①

在宗教信仰方面,按信徒的数量看,东正教为第一大宗教。国内 69.4% 的居民信奉东正教,信奉东正教的民族主要有俄罗斯人、乌克兰人、白俄罗斯人、格鲁吉亚人、罗马尼亚人以及人数不多的说芬兰语的民族和北方民族。信奉东正教的各民族在俄罗斯欧洲部分的 50 个省和西伯利亚占多数。在高加索居民当中,信奉东正教的人数几乎占到了 50%。波兰信奉东正教的居民主要居住在卢布林省和谢德尔采省。而在中亚,东正教信徒主要居住在阿克莫拉省和乌拉尔省。信徒人数位居第二位的是伊斯兰教,信徒主要是突厥-鞑靼民族和高加索山民。他们集中在中亚地区和高加索部分地区。在欧俄地区,伊斯兰教徒主要居住在乌法省、喀山省、奥伦堡省、阿斯特拉罕省、萨马拉省、彼尔姆省、维亚特卡省和塔夫里达省。②

---

① Новейшая отечественная история XX век. Книга. 1. Под ред. Щагина Э. М., Лубкова А. В. С. 13. 当然,1897 年俄罗斯帝国人口普查是帝国的第一次人口普查,也是帝国的最后一次人口普查。当时的人口普查范围不包括赫尔辛基市以外的芬兰大公国。由于统计的方法不同,对当时各民族人口的统计也有其他一些不完全相同的数字:国家居民的主要部分——近 80%,是由俄罗斯人、乌克兰人、白俄罗斯人、波兰人和犹太人五个民族构成。俄罗斯人占国家人口的 44.3%(5570 万人),乌克兰人占 17.8%(2240 万),白俄罗斯人占 4.7%(590 万),这三个俄罗斯民族的人口加在一起共占全国总人口的 66.8%。此外,在俄罗斯帝国境内还居住着 790 万波兰人(占总人口的 6.3%)和 510 多万犹太人(占总人口的 4.2%)。这些民族的主要部分相当集中地居住在固定的地区:俄罗斯族人居住在欧俄的中部;乌克兰人居住在乌克兰及周边地区;白俄罗斯人居住在西部的一些省份;波兰人居住在波兰王国;犹太人居住在设有"犹太人居住区"的波兰和西部省份。同时,人口迁徙和对边疆的开拓导致了各民族的混居。在欧俄的 50 个省及西伯利亚,俄罗斯人、乌克兰人和白俄罗斯人占那里全体居民的 80%;在高加索他们占 34%。Россия в начале XX века. (Под ред. академика Яковлева А. Н. М.,2002. С. 88.)

② Россия в начале XX века. Под ред. академика Яковлева А. Н. С. 89.

俄国天主教徒的人口比重也相当大,占 9.1%。波兰人和大多数立陶宛人以及一部分亚美尼亚人都是天主教信徒。除了波兰,在科夫诺(即立陶宛的考纳斯)、维尔诺、格罗德诺、沃伦、波多利斯克、维捷布斯克、明斯克和其它一些西部省份以及梯弗里斯和埃里温省都有天主教信徒。占人口 4.2% 的犹太人信奉犹太教。拉脱维亚人、德意志人、芬兰人信仰路德派新教,因此,在爱斯特兰省(爱沙尼亚北部旧称)、利夫兰省(拉脱维亚北部和爱沙尼亚南部)和库尔兰省(拉脱维亚西部的一个旧地名),新教徒的占比很高(76%—89%)。其他宗教派别的信徒不多,只是在俄国的个别地区比较典型。比如亚美尼亚人中的格里高利派在高加索地区信徒数量比较突出。佛教徒(布里亚特蒙古人、华人、朝鲜人、日本人和一些北方民族)在西伯利亚、特别是在外贝加尔边疆省和滨海边疆省数量突出,在欧俄的阿斯特拉罕省和顿河边疆区也有很多。卡拉伊姆人全都居住在塔夫里达省。根据人口普查的登记来看,库尔兰省有基督教浸礼宗教徒,塔夫里达省有门诺派教徒。①

就各民族的语言状况来看,印欧语系、阿尔泰语系、高加索语系、乌拉尔语系、古亚西亚语系、汉藏语系、亚非语系在当时的俄国都能找到所属的民族。

俄罗斯人、乌克兰人、白俄罗斯人所操的俄语、乌克兰语和白俄罗斯语属于印欧语系斯拉夫语族东斯拉夫语支。波兰人所操的波兰语属于印欧语系斯拉夫语族西斯拉夫语支。犹太人所操

---

① Россия в начале XX века. Под ред. академика Яковлева А. Н. С. 90. 另,这里要说明的是,格里高利派主要流行于西亚美尼亚一带,曾为古代亚美尼亚王国国教。它反对 451 年卡尔西顿公会议所定的关于基督神人二性并存的教义,主张二性已完全结合成为一性,故被称作"基督一性论派",组织和礼仪接近东正教。卡拉伊姆人(Karaim),信奉卡拉伊姆教的操突厥语民族,在信仰、性格、习俗等方面既有犹太人的特点,又与穆斯林有共同之处。它是世界上最古老的民族之一,现已濒临消失。全世界卡拉伊姆人仅有 2500 人左右,其中俄罗斯境内有 600 人,另有 900 人居住在乌克兰,其余分布在立陶宛、波兰、埃及、以色列、美国等地。

的犹太语(意第绪语)属于印欧语系的日耳曼语族。亚美尼亚语、塔吉克语、奥塞梯语、库尔德语、茨冈语、德语、摩尔达维亚语、立陶宛语、拉脱维亚语也都属于印欧语系。其中亚美尼亚语属于亚美尼亚语族,茨冈语属于印度语族,德语属于日耳曼语族,而塔吉克语、奥塞梯语、库尔德语则属于伊朗语族,立陶宛语和拉脱维亚语属于波罗的语族,摩尔达维亚语属于罗曼语族。鞑靼人、巴什基尔人、阿塞拜疆人、土库曼人、乌兹别克人、哈萨克人、吉尔吉斯人、楚瓦什人、诺盖人、雅库特人、巴尔卡尔人等所操的语言属于阿尔泰语系突厥语族,其中哈萨克语、鞑靼语、巴什基尔语、诺盖语、巴尔卡尔语属于克普恰克语种,阿塞拜疆语、土库曼语属于奥古兹语种,楚瓦什语属于布加尔语种,乌兹别克语属于卡尔卢克语种。格鲁吉亚语、卡巴尔达语、切尔克斯语、阿布哈兹语、车臣语、印古什语、阿瓦尔语、达尔金语、列兹根语等属于高加索语系,其中格鲁吉亚语属于卡特维尔语族,阿布哈兹语、卡巴尔达语、切尔克斯语属于阿布哈兹-阿迪盖语族,车臣语、印古什语属于纳赫-达吉斯坦语族纳赫语支,阿瓦尔语、达尔金语、列兹根语属于纳赫-达吉斯坦语族达吉斯坦语支。芬兰语、卡累利阿语、爱沙尼亚语、莫尔多瓦语、车累米斯(马里人的旧称)语、奥斯加克语、济良语(科米语)、乌德穆尔特语等属于乌拉尔语系芬兰-乌戈尔语族,其中芬兰语、卡累利阿语、爱沙尼亚语属于波罗的-芬兰语支,莫尔多瓦语、马里语属于伏尔加语支,济良语和乌德穆尔特语属于彼尔姆语支。布里亚特语、卡尔梅克语属于阿尔泰语系蒙古语族。远东的华人、朝鲜人、日本人分别有本民族语言;萨莫耶德人、通古斯人、楚科奇人、科里亚克人、堪察加人、尤卡吉尔人、爱斯基摩人、阿留申人、奥斯加克人、基里亚克人(即费雅喀人)等北方各部族也都操有各自的语言。①

---

① 参见赵龙庚、金火根编:《苏联民族概览》,北京:时事出版社,1981年,第238—244页。

就十月革命前俄罗斯帝国各民族的识字水平来看，帝国内9—49岁年龄段的平均识字率是28.4%，很多民族地区识字水平非常低。在苏联的各个加盟共和国中，当时只有俄罗斯、乌克兰、格鲁吉亚和摩尔达维亚的识字人数的占比在这个平均水平的左右波动，分别为29.6%、27.9%、23.6%、22.2%。然后是阿塞拜疆和亚美尼亚，9.2%；哈萨克斯坦，8.1%；塔吉克斯坦，2.3%。白俄罗斯识字人数的占比为32%，略微高于平均水平；波罗的海沿岸地区(立陶宛54.2%；拉脱维亚79.7%；爱沙尼亚96.2%)的识字率远远地高出平均水平。①

而帝国范围内的俄罗斯、乌克兰和白俄罗斯居民的识字率为27.13%，略低于作为全国指标的数据。在这方面他们落后于居民中的德意志人(居民的识字率为72.19%)、操立陶宛-拉脱维亚语的居民(69.54%)、犹太居民(51.04%)和操芬兰语的居民(39.84%)。如果以俄罗斯族居民占优势的欧俄28个省中俄罗斯族居民占比不低于70%的25个省为例，就可以看出，俄罗斯族的识字水平要高于全国的数据，为34.1%，已经超过了全国指标很多。②

19世纪初俄国总共有48个省，19世纪中期该数量达到52个，到19世纪末增至97个。1850年俄国有3个总督区，包括8个省，而20世纪初帝国分成了10个总督区，78个省，18个边疆区。③

这样一个疆域辽阔、人口众多、居民构成极为复杂的大帝国，如何维护稳定和秩序是帝国的现实问题。俄罗斯帝国对帝国的不同地区根据不同情况采取了不同治理方式。对帝国的各个组

---

① Ненароков А. П. К единству равных: культурные факторы объединительного движения советских народов. 1917—1924. М., 1991. С. 67.

② Ненароков А. П. К единству равных: культурные факторы объединительного движения советских народов. 1917—1924. С. 68.

③ Национальные окраины Российской империи: становление и развитие системы управления. М., 1997. С. 10.

成部分按《一般规章》或《特殊规章》进行管理。《一般规章》适用于帝国那些发展水平相当、居民构成相对单一的部分。1913年前夕,这样的地区包括欧俄的49省。而帝国中发展水平、居民构成与欧俄差别很大的地区,按《特殊规章》进行管理,即由专门的法令确定行政机关组织。这些"问题"部分,主要是帝国的边疆区。这些地区居民构成相当复杂,按《特殊规章》进行管理的地区有波兰王国各省、由北高加索和南高加索两部分组成的高加索边疆区、外里海省、突厥斯坦边疆区、阿克莫拉省、塞米巴拉金斯克省、谢米列奇耶省、乌拉尔省、图尔盖省、伊尔库茨克总督区、阿穆尔河沿岸总督区、托博尔斯克省、托木斯克省以及"各个不同的异族部落"。①

在帝俄,根据民族文化特征产生的法律上的歧视(犹太人除外)是不存在的,对某些居民群体的限制和优待不是由于它们的民族属性,而是等级或宗教属性。很难说俄罗斯人在俄国享有什么特权。在俄国不存在为俄罗斯族和为其他民族制订的特殊法律。关于"异族"的某些法令是考虑到了他们的经济状况和游牧生活的特点制订的:比如,他们的土地使用标准要高于俄语移民,他们不支付最繁重的货币税。20世纪初,大部分异族人从游牧转向了与农业相关联的定居生活方式,这是把他们的多余土地转给新迁来的居民的根据,这导致了土地纠纷。在波兰和立陶宛,《拿破仑法典》的某些原则还在使用,作为俄罗斯帝国组成部分的芬兰,有自己的宪法、立法机关和执行机关,自己的军队、海关、货币及它作为瑞典的组成部分时没有的很多其他东西。在波罗的海沿岸省份的各个学校,推行的是用当地语言教学而非德语,在其

---

① Фадеичева М. А. Этническая политика в Российской Империи XIX в. «положение об инородцах»//Научный ежегодник института философии и права Уральского отделения российской академии наук. 2003. №4. C. 370—371.

他民族边疆区也允许同样的情况。各个民族在帝国境内逐渐发展,保留了自己的语言和文化,有自己的名门望族精英、神职人员和教会,很多民族都形成了自己的知识分子。俄罗斯的专制制度保留了所有的汗、别伊(Бей/Бий,也译作"比",中亚、西亚历史上的氏族部落酋长、封建主或官员的称号、职位)、波兰的小贵族、贵族、诺颜、卡尔梅克人的族长等的权力和特权。也正因为如此,研究俄国自治问题的学者的说法是,在帝俄实际存在着各种自治,"随着俄国领土的扩大,它的边界包括了很多以前独立的国家或其他大国的领土,俄罗斯当局经常为并入的地区保留它们的地方法律和规章,有时赋予它们十分广泛的地方自治。"[1]沙俄时期的自治,按索科利斯基(В. В. Сокольский)的说法,赋予国家某些地区地方自主权与作为政治整体的俄罗斯帝国的统一和不可分割性之间并不矛盾。[2]

实际上沙俄时期的自治正是维持边疆民族支持的保证。沙皇俄国的民族政策原则,按著名历史学家米罗诺夫的说法主要有如下几条:第一条就是沙皇俄国与已建立国家的民族签订了正式条约。对于那些尚未建立国家的民族,俄国只要求他们宣誓效忠沙皇。在自愿合并的情况下,两国之间的关系建立在条约的基础上,但是条约并没有规定成立联邦,而是先以保护国的形式实行合并,然后逐渐过渡到完全隶属,或者以占领的形式来解决问题。在这种情况下,被占领区的行政和社会制度便取决于俄国的意志,通常都允许被占领区实行广泛的自治,但不能成为独立的国家。自治的程度由多种因素决定。这一政策的首要原则是维护合并之前的行政秩序、当地法律和机构、土地所有制关系、信仰、语言和文化。只要忠实于中央政权,自治程度就扩大。如果表现

---

[1] Кутафин О. Е. Российская автономия М. ,2008. С. 5.

[2] Кутафин О. Е. Российская автономия С. 6.

出敌视和分立,自治程度就减小。第二条就是中央政府与大多数已获得俄国贵族资格的非俄罗斯上流社会的广泛合作。第三条是在权利方面为非俄罗斯民族制定若干优惠政策。第四条是社会等级的提高不完全取决于民族和种族。因此,在社会地位和民族之间没有联系,俄国的政治、军事、文化精英是多民族的。此外,民族政策中还包括政府有意通过税收制度促使生活在民族边区的非俄罗斯人的物质生活水平超过俄罗斯人,非俄罗斯民族可以缴纳较少的税赋并享受优惠政策。而且俄国人在依次"征服"了那些土地后,对这些民族采取了宽容和理解的态度,只有犹太人除外。这些民族政策的原则贯穿于整个帝国时期。在有些地区,如芬兰和巴什基尔的推行还比较成功,但在波兰,由于有国家制度的传统,这些政策推行得并不理想。[①]

在19世纪产生民族国家理论之前,没有任何文化语言特点的统一社会被认为是国家的基础。民族独特性在中世纪时期是通过居民的宗教(欧洲的天主教、俄罗斯的东正教)一致性来维持的。但在法国大革命后,随着民族国家理论的产生和传播,欧洲的民族运动逐渐发展起来。民族运动在俄国也时有发生。1812年卫国战争前,俄国实际上不存在俄罗斯民族认同的观念。俄语在俄罗斯帝国的地位还不高,特别是在莫斯科和圣彼得堡的贵族中:很多俄罗斯贵族对法语的珍视程度高于俄语。只是拿破仑军队的入侵才使世界主义的、法国化的俄国贵族自己与侵略者划清了界线,使他们迸发出对祖国历史、母语和民间创作、民族意识的载体的兴趣。但俄语直至19世纪下半叶才成为俄罗斯帝国的母语(波罗的海地区、波兰和芬兰除外)。

1861年俄国的农奴制改革开启了俄国的现代化进程,促进了

---

① 详见〔俄〕米罗诺夫:《俄国社会史》(上),张广翔等译,济南:山东大学出版社,2006年,第12—18页。

俄国社会经济的发展。交通的改善,边疆区经济开发前景的上升,一方面导致宗主国和殖民地之间的差别逐渐消失,居民相互接近,出现了统一国家的幻象。另一方面,属于一个民族、集中在帝国内部的一个地方、有不同的文化、语言、宗教,常常还有不同习俗的居民起初表现出了对自治的追求,而后是对独立的要求。这在19—20世纪初俄罗斯帝国的不同地区时有发生。

巩固俄罗斯国家民族区域完整性的问题,从19世纪中叶就开始在巩固民族帝国思想的背景下受到审视,这适应了大改革后现代国家的需要,同时也受到欧洲那些一体化程度高的国家的民族政策的影响。1864—1865年,当时的社会和政治活动家卡特科夫(М. Н. Катков)提出了保证俄罗斯国家最稳定发展的条件。在他看来,俄罗斯帝国只能作为一个国家存在,在这个国家中要保证命名民族的优势地位。其他民族可以保留自己的语言、宗教、文化特点。换句话说,不威胁国家完整性的一切都可以保留。同时应当始终不渝地维护法律、管理系统、国语的统一。卡特科夫认为,俄国面临的主要危险,可以认为是一些竭力试图独立的民族的分离主义。[1] 这种观点很快就被学者、政论家,以及最终被政府所接受。俄国开始加快帝国境内民族边区的行政一体化,并为强制推行俄罗斯化加强了对各地语言和文化的统一,增强当地居民中的俄罗斯因素。俄国沙皇政府推行这一民族政策主要是从巩固国家统一、维护帝国统治这一角度出发的,竭力淡化民族特征,统一帝国各部分的行政、文化和法律,使社会纵向一体化(跨越旧的等级障碍)和横向一体化(跨越民族宗教界限),加强不受地域限制的国家机构各部分之间的联系和不受等级、民族限制的所有居民之间的联系。而在各个领域存在的民族宗教特点是完

---

[1] Административно-территориальное устройство России. История и современность. Под общей редакцией Пыжикова А. В. М. ,2003. С. 171.

成这些任务的主要障碍,所以政府必须在强制俄罗斯化的旗帜下进行现代化,不是为俄罗斯人建立优势和特权,而是使管理机构系统化和一体化。在相对自由的亚历山大二世时期,欧俄的民族和语言政策越来越向俄罗斯化的方向变化。1863年波兰起义后,波兰王国的所有官方事务都用俄语完成。在各个地方的中学,从1866年起,教授俄语,用俄语来学习历史、地理成了法定的要求;六年后,所有的世俗教育都改用俄语大纲。从1871年起,在波兰和波罗的海沿岸省份的所有小学都实行义务的俄语学习,其中包括天主教学校和路德宗学校。1873年颁布了在中学禁止说波兰语的命令。在行政上波兰王国不再存在,波兰各个地区统一为华沙总督区,而该地区常常被称为维斯瓦边区。1863年禁止立陶宛中学使用本民族语言出版的书籍和用它授课,1867年针对白俄罗斯语言也出台了类似的法律,禁止用乌克兰语出版书籍和进行舞台演出;企图让鞑靼人、楚瓦什人、马里人和乌德穆尔特人皈依基督教。1867年,在高加索,当地语言不再是俄罗斯族必修的课程,相反,俄语学习从第一学年开始就以义务的方式在各级学校推行。从1870年代开始逐渐废除对伏尔加河流域和新俄罗斯的德意志侨民的自治管理。1870年代,中亚地区也开始进行俄语教学,但推进过程很缓慢,也很谨慎。教学用书是用当地语言印制的,同时用俄语字母标音。斯托雷平掌政后进一步推行管理上的一体化。①

19世纪下半期沙皇俄国的一体化进程,按米罗诺夫的说法,导致了双重结果。一方面,在它的影响下,大多数"年轻"民族的民族运动在1864—1905年间被遏制了;另一方面,这一政策不仅动员了"古老"民族中的上层人士反对俄国,而且也动员了其他等级的人民,比如,波兰人、亚美尼亚人和伏尔加河中游的穆斯林等

---

① 详见 Бахтурина А. Ю. П. А. Столыпин и управление окраинами российской империи//Российская история. 2012. №2.

"古老"民族。19世纪末在巴什基尔和鞑靼农民中也发生了反俄运动。强制推行俄罗斯化使民族问题更加尖锐,并加剧了革命运动,使非俄罗斯民族的代表更积极地投身到革命运动中去。有关1907—1917年间被流放到西伯利亚的7000名最积极的革命者的民族情况的资料说明,在这些人当中,俄罗斯人占40%,而非俄罗斯人则占60%。如果把某民族在人口中的比例与在革命者中的比例相对比,那么拉脱维亚人的革命积极性比俄罗斯人高7倍,犹太人比俄罗斯人高3倍,波兰人比俄罗斯人高2倍,亚美尼亚人和格鲁吉亚人比俄罗斯人高1倍。其他民族的革命积极性较一般。革命积极性最低的是乌克兰人和白俄罗斯人。前者的革命积极性是俄罗斯人的1/3,后者则是俄罗斯人的1/11。[①]

1897年第一次全国人口普查表明,非俄罗斯人占帝国居民一半以上,自由派的文献已开始讨论"民族问题""自治""联邦制"这些概念。国家实行温和的分权制的必要性受到高度关注。同时,俄国按民族区域原则实行联邦制的思想,被视为可能在异族地区使俄罗斯人遭受歧视。20世纪初帝国民族边疆的离心化趋势加剧了帝国的危机。民族自我意识的增强、政治积极性的觉醒导致的民族因素变成了国家解体的原因之一。

苏联时期的民族国家建设

20世纪初,随着现代化进程的加速,俄国的民族矛盾加剧。民族问题也成了俄国政治流派关注的问题。社会革命党主张实行联邦制和民族文化自治。列宁为俄国社会民主工党提出的解决俄国民族问题的理论原则就是民族自决,即民族脱离异族集合体的国家分离,成为独立的民族国家。列宁提倡民族自决权,主要是从反对沙皇专制制度的角度考虑的,具有阶级性,是同社会

---

① 〔俄〕米罗诺夫:《俄国社会史》(上),张广翔等译,第24页。

主义的革命斗争相关联的。列宁的民族自决理论为布尔什维克赢得了民族支持,使民族运动成了布尔什维克的策略盟友,也保证了苏联的成立。

列宁主张民族自决,但其最终目的不是要分离,而是为了使各民族更好地融合,也是要在新的基础上自由联合,建立大国。这也是列宁在论述民族自决权的文章中反复强调的。这种分离的权利"并不就等于要求分离、分裂、建立小国,它只是反对任何民族压迫的斗争的彻底表现。一个国家的民主制度愈接近充分的分离自由,在实际上要求分离的愿望也就愈少愈弱"。① 他经常用"离婚权"来比喻民族自决权,认为"离婚权"并不要求投票赞成离婚。② 他认为,从一般民主派观点来看,恰巧相反,"承认分离权就会减少'国家瓦解'的危险"。③ 他提倡民族自决权是要在分离后在社会主义原则上自由联合。

联邦制实质上也是列宁根据国内形势的变化提出的实现民族自决的一种形式。1917年革命爆发后,俄国境内民族运动风起云涌,各地纷纷宣布独立。到1918年2月先后宣布独立的有芬兰(1917年12月6日)、爱沙尼亚(1918年2月24日)、立陶宛(1918年2月16日)、拉脱维亚(1918年11月18日)、乌克兰(1918年1月11日)、摩尔达维亚共和国(1918年1月)、白俄罗斯(1918年3月25日)。4月在外高加索成立了南高加索联邦,而后组成外高加索联邦的格鲁吉亚、阿塞拜疆和亚美尼亚又宣布独立,脱离联邦。布尔什维克几乎丧失了俄国西部和南部省份的所有边疆地区。在许多民族纷纷独立的背景下,列宁由原来的反联邦制转向支持更易于为各民族接受的联邦制。1918年1月,第三次全俄苏维埃代表大会宣

---

① 《列宁全集》第27卷,北京:人民出版社,1990年,第257页。
② 《列宁全集》第24卷,第238页;《列宁全集》中文第2版,第25卷,283页都有相关论述。
③ 《列宁全集》第25卷,第250页。

布俄国为俄罗斯苏维埃联邦社会主义共和国。到1922年年底在俄罗斯联邦内按联邦制原则先后建立了8个自治共和国(1918年4月30日成立的突厥斯坦苏维埃社会主义自治共和国,1919年3月23日成立的巴什基尔苏维埃社会主义自治共和国,1920年5月27日成立的鞑靼苏维埃社会主义自治共和国,1920年8月26日成立的吉尔吉斯[1925年改称哈萨克]苏维埃社会主义自治共和国,1921年1月20日成立的达吉斯坦苏维埃社会主义自治共和国和戈尔苏维埃社会主义自治共和国,1921年10月18日成立的克里米亚苏维埃社会主义自治共和国,1922年4月27日建立的雅库特苏维埃社会主义自治共和国)、11个自治州(楚瓦什、马里、卡尔梅克、乌德穆尔特、科米、布里亚特、奥伊罗特、卡拉恰伊-切尔克斯、卡巴尔达-巴尔卡尔、切尔克斯、车臣)和2个劳动公社(伏尔加河流域的德意志人劳动公社和卡累利阿劳动公社,后者1923年改为自治共和国)。俄罗斯联邦下的民族区域自治为后来的苏联民族区域自治奠定了基础。1922年的由乌克兰、白俄罗斯、外高加索联邦和俄罗斯联邦四个加盟共和国组成的苏联,也是按俄罗斯联邦的模式建立的。苏联时期的各部宪法中都提出,联盟成员有退出联盟的权利(1924年宪法的第4条、1936年宪法的第17条、1977年宪法的72条)。这是民族自决权的一种体现。实际上在讨论苏联宪法时还有人提出是否也给自治共和国退出权的问题,没有被接受。苏联宪法中的"退出权"正是为了确保各民族对联盟的信任,更好地巩固联盟,并不希望真正的分离。民族自决权理论及作为其形式的联邦制,是布尔什维克赢得少数民族支持、成立苏联的重要理论保证。但列宁的民族自决思想,是建立在世界革命的思想基础上,其前提是社会主义胜利后就不存在民族问题了,具有一定理想主义色彩。

苏联的联邦制是一种民族联邦,这是历史上第一个基于民族单位建立的联邦制国家。联邦主体是各个民族共和国,最初只有四个共和国,到1936年,已经增加到了11个,本来属于俄罗斯的中亚也建立了5个加盟共和国,当时这个地区的民族并未提出建立共和国的要求。按霍布斯鲍姆的说法,苏联在那些从未组建过"民族行政单位"的地方,或从不曾考虑要组成"民族行政单位"的民族,依据族裔语言的分布创造出诸多"民族行政单位",这在当时并非这些中亚部族想要追寻的目标。① 而且在各个共和国也划出了大量的民族地区。到 1933 年年底,苏联共有 250 个民族地区和 5300 个民族村苏维埃。② 在一些加盟共和国还有大量的自治共和国和民族地区。苏联总共有 20 个自治共和国,其中 16 个位于俄罗斯联邦,8 个自治州中的 5 个位于俄罗斯联邦,10 个民族专区全部位于俄罗斯联邦。以俄罗斯联邦为例,该共和国有复杂的民族国家和行政建制的等级系统。俄罗斯联邦由 31 个民族国家和民族区域构成体组成(16 个自治共和国,5 个自治州和 10 个自治区③),在联邦内有 31 个命名民族(即自治构成体以其名字命名的民族)。同时,有四个自治构成体涉及两个命名民族(卡巴尔达-巴尔卡尔、车臣印古什、卡拉恰伊-切尔克斯、汉特-曼西)。-布里亚特人和涅涅茨人各有三个自治构成体。列宁把建立联邦、发展民族文化与民族语言和培养民族干部等,作为实现苏联最终统一而采取的步骤。一些历史学家甚至认为,"如果说沙俄专制制度有时是不自觉地促进了帝国各民族自我意识的发展,那么共产党自觉地在民族自我意识的基础上在苏联框架内建立了民族国家。"④

---

① 〔英〕埃里克·霍布斯鲍姆:《民族与民族主义》,李金梅译,上海:上海人民出版社,2006 年,第 162 页。

② Тишков В. А. Российский народ. История и смысл национального самосознания. М., 2013. С. 274.

③ 1977 年前称民族区(национальный округ),根据 1977 年苏联宪法,民族区称作自治区(автономный округ)。

④ Ачкасов В. А. «Национальная революция» большевиков и «национальная политика» современной России. Вестник СПбГУ. Политология. Международные отношения. 2018. Т. 11. Вып. 1. С. 5.

苏联的民族政策极大地促进了少数民族的发展。它改变了少数民族的文化面貌。在沙俄时代，100多个民族中只有19个民族有文字，其余数十个民族仅有口头语言，没有自己的文字。苏维埃国家曾先后为52种少数民族语言创造了文字。其中在1931—1932年，为涅涅茨人等13个北方规模很小的民族创造了文字。对阿塞拜疆民族的以阿拉伯字母拼写的结构复杂、难写难认的文字进行改革，先把这些文字由阿拉伯字母改为拉丁字母，又改为俄文字母。这使从前无文字或文字复杂的民族的文化教育事业得以较快发展。20世纪三四十年代，苏联在十几个少数民族共和国建立了100多所高等学校。1928—1931年在中亚的哈萨克斯坦先后创办了国立师范学院、兽医学院、农学院和医学院等高等院校，为该地区培养了大批建设人才。1921年创办白俄罗斯大学，1934年创办以基洛夫命名的哈萨克斯坦国立大学（现在的阿里法拉比大学）。到1985年，中亚和外高加索地区的哈萨克斯坦、格鲁吉亚和亚美尼亚每万名居民中所拥有的大学生的数量依次为171人、169人和163人，超过了法国的159人，日本142人、联邦德国138人、意大利131人和英国112人。阿塞拜疆、乌兹别克斯坦和吉尔吉斯斯坦的这一数据超过了日本、联邦德国、意大利和英国。其他两个共和国塔吉克斯坦和土库曼斯坦也超过了英国。① 就哈萨克斯坦而言，由于革命后开展了扫盲运动，根据1939年的人口普查资料，哈萨克斯坦居民的76.3%都能识字，1940年消除有劳动能力的居民中的不识字现象基本完成。1928年该共和国已经有3747所小学，而1914年只有1953所。②

苏联的民族政策还促进了民族地区的经济发展。以前落后

---

① 参见赵常庆等：《苏联民族问题研究》，第100—102页。
② Абдулина А. Т. История Қазахстана. В вопросах и ответах. Ата., 2016. C. 166—167.

的民族地区,特别是那些拥有丰富有益矿产的地区,比如阿塞拜疆和哈萨克斯坦,也迅速地发展自己的工业。在阿塞拜疆,石油开采的现代化使得 1940 年前"黑金"的开采量与 1913 年相比增加了近 2 倍,从 770 万吨增加到 2220 万吨。① 在第一个五年计划期间,全苏固定基金的增长为 289%,中部发达地区的基金增长为 199%,而外高加索联邦共和国的这一数字为 302%,乌克兰为 308%,白俄罗斯为 442%,中亚各加盟共和国为 494%,哈萨克斯坦为 549%。苏联政府还将国家预算中占相当比例的资金,用于对各共和国财政预算的补贴和再分配。如在 1926—1932 年土库曼苏维埃社会主义共和国的财政预算中,联盟中央的财政补贴占 50%以上;在塔吉克苏维埃社会主义共和国的财政预算中,联盟中央的补贴在 1926 年占 84.4%,1927 年则上升为 92.2%。② 在战前的五年计划期间,用于发展哈萨克斯坦国民经济的 4/5 的资金都是从全联盟的预算中划拨的。在这期间,用于发展工业的投资额全苏平均增长了 23.1 倍,在乌兹别克苏维埃社会主义共和国增长了 32.3 倍;在土库曼苏维埃社会主义共和国增长了 38.3 倍;在吉尔吉斯苏维埃社会主义共和国增长了 39.8 倍。如果说在 1922 年哈萨克斯坦工业和农业产值的对比关系是 1∶15,那么到第一个五年计划结束前夕该比例已经是 1∶3 了。③ 原住民族的工人阶级的人数增长特别迅速。最初,国家工业发达地区的工人阶级人数比中亚和哈萨克斯坦各个共和国的要高 10—15 倍,到 1940 年这种优势缩小到大约 5 倍。④

---

① Российская многонациональная цивилизация: Единство и противоречия. М., 2003. С. 160.

② 苏联科学院经济研究所编:《苏联社会主义经济史》第三卷,北京:三联书店,1982 年,第 309—310 页。

③ Бурмистрова Т. Ю. Зерна и плевелы: национальная политика в СССР. 1917—1984 гг. СПб., 1993. С. 76—77.

④ Бурмистрова Т. Ю. Зерна и плевелы: национальная политика в СССР. 1917—1984 гг. С. 77.

但苏联现实的发展与列宁的预想存在差异。按俄国民族问题专家科科什金的观点,联邦制原则和民族原则不仅彼此之间不一致,而且在自己合乎逻辑的发展中它们彼此可能有不可调和的矛盾。苏联实行的遵循民族原则的联邦制又引出了新的民族问题。

第一个问题是,俄国民族关系复杂,各民族长期混居。事实上,无论从宗教、语言、地域等方面来看,民族都是相互重合的,大的民族内部一般都有小的其他民族存在,很难沿着各族裔分界线划出"民族国家"的各条边界。但苏联的联邦制却是民族联邦,联邦之内还有联邦。这种民族联邦制度使多民族国家本来就复杂的民族问题更为尖锐。在民族地区命名民族往往享有一些天然优越性。这对该地区的其他民族造成不公。当然民族的居住地是历史上形成的,但按民族进行区划和命名地区更能强化民族认同、民族意识和民族情绪,不利于民族融合的发展,不利于统一的苏联认同的形成,也难以实现从民族国家到公民国家的转变。不仅大民族有民族主义,小民族也有强烈的民族主义。当地的命名民族在反对中央对自己权利的破坏的同时,自己也扮演着小的帝国民族的角色,比如,格鲁吉亚族和阿布哈兹族的关系。苏联解体后俄罗斯新出版的大百科全书也指出了苏联民族政策中的这个问题:"随着苏联的建立,民族国家化的进程没有结束。1920 年代在中亚进行民族区划,按民族边界为乌兹别克人、土库曼人、塔吉克人、吉尔吉斯人和哈萨克人建立共和国。1936 年前它们的地位和疆域发生了几次变化。但并没有成功地使新共和国的民族变得单一。一部分乌兹别克人仍在吉尔吉斯和塔吉克斯坦,布哈拉和撒马尔罕及它们周围的塔吉克人地区被纳入了乌兹别克共和国,主要由俄罗斯人居住的北部地区成了哈萨克共和国的一部分。按民族构成特征划分共和国的原则本身实际上没有真正实现,还导致了严重的民族后果。"①比如,1920 年代是乌克兰文化

---

① Большая российская энциклопедия. Россия. М.,2004. С. 174.

和语言前所未有的繁荣时期。乌克兰语在共和国成了各个机关和法院必须使用的国语。要担任国家公职,其他民族的人也要掌握乌克兰语。各个中学都强制学习乌克兰语言、历史和文学。这引起了俄罗斯族和犹太族居民的不满。白俄罗斯等地区也有类似的情况。

第二个问题,民族国家结构的等级性本身违反了民族自决原则。引起了很多人的不满,鞑靼布尔什维克的杰出代表、民族人民委员部委员会成员苏丹-加利耶夫认为,一方面,在成立联盟中央执行委员会时,将会出现完全不需要的多余机关;另一方面把苏维埃各个共和国的民族分为有权进入联盟中央执行委员会的民族和没有这一权利的民族,这种原则无疑是不正常的。① 鞑靼苏维埃社会主义自治共和国人民委员会主席穆赫塔罗夫(К. Г. Мухтаров)就反对把俄罗斯苏维埃联邦社会主义共和国、乌克兰苏维埃社会主义共和国、外高加索联邦和白俄罗斯苏维埃社会主义共和国四个国家联合成联邦国家,认为如果不想把自决和独立的口号简单地变成民族自治,"就应当谈论各个已经自决成民族自治共和国、自治州的民族单位必须直接地、不通过任何中间层级直接加入苏联、加入苏维埃社会主义共和国联盟的必要性。"②有人还提出建立纯粹的俄罗斯人共和国的主张。

第三是俄罗斯问题。俄罗斯的领土面积占苏联领土总面积的76%。用戈尔巴乔夫的话说,它拥有独一无二的经济和科技潜力。在其境内居住着联盟一半以上的人口(51.2%)。俄罗斯联邦在国民收入中的比重约为60%。燃料能源、水、森林资源、矿产储量主要集中在俄罗斯。它生产了全苏联92%的石油和木材,

---

① Борисов Ю. С. и др. (ред.) Национальный вопрос на перекрестке мнений. 20-е годы. Документы и материалы. М., 1992. С. 104.

② Борисов Ю. С. и др. (ред.) Национальный вопрос на перекрестке мнений. 20-е годы. Документы и материалы. С. 104—105.

84%的载重汽车,74%的天然气,62%的电力,约60%的水泥、塑料、合成树脂,以及国防产品的主要部分。俄罗斯联邦产品的出口创汇满足了国内所需的进口资金的大部分。① 过去对苏联民族问题的认识,往往强调大俄罗斯沙文主义,强调俄罗斯对各个少数民族利益的侵害。但正如俄罗斯著名历史学家皮霍亚认为的,"如果说帝国的典型特征是殖民地宗主国依赖周边地区、殖民地生存,那么苏联则发生了完全相反的情况。苏联不单依靠军事力量得到巩固;而且为了诱使各共和国的广大居民留在苏联的组成内,中央政府经常向各共和国提供补贴。"著名的民族问题专家季什科夫称俄国为"特殊种类"的帝国,因为在他看来,俄国既没有帝国民族,也没有分成宗主国和殖民化的外省。而且他认为,这是个靠俄罗斯族负担费用的帝国。② 各加盟共和国之间经济上的不平衡现象在悄悄地加剧。即便是根据官方的统计,也是如此。1975年,俄罗斯联邦可以将在其境内征收的营业税的42.3%留给自己,乌克兰的这一比例是43.3%,拉脱维亚45.6%,摩尔达维亚50%,爱沙尼亚59.7%,白俄罗斯68.2%,阿塞拜疆69.1%,格鲁吉亚88.5%,亚美尼亚89.9%,塔吉克99.1%,吉尔吉斯93.2%,立陶宛99.7%,乌兹别克99.8%,哈萨克100%,土库曼100%。此外,乌兹别克、哈萨克、立陶宛、吉尔吉斯、塔吉克可将从国民手中征收的所得税100%地列入其国家预算收入中。中央政府对其

---

① Яник А. А. История современной России. Истоки и уроки последней Российской модернизации (1985—1999). М. ,2012. С. 165.

② 〔俄〕鲁·格·皮霍亚:《苏联政权史(1945—1991)》,徐锦栋等译,北京:东方出版社,2006年,第628页。关于帝国问题,最激进者是S.比亚勒、С.比亚勒和兹·布热津斯基。他们直接断言,俄国的帝国本质就在于俄罗斯人在政治上居统治地位,压迫其他民族。比较温和的作者竭力要避免如此绝对的论断,意识到俄国与经典的殖民帝国模式不是很一致,比如季什科夫的观点。Трагедия великой державы: национальный вопрос и распад Советского Союза. Отв. ред. Севостьянов Г. Н. М. ,2005, С. 446.

他加盟共和国经济的基本建设投资的增长速度,要比对俄罗斯的这一投资增速高出 1—3 倍。①

在成立苏联时,斯大林在如何对待俄罗斯的问题上就有另一种看法。斯大林意识到了按"一起平等地加入"的原则建立民族共和国联盟形式的统一国家有不妥之处,担心成立苏联的计划可能会导致俄罗斯问题的尖锐化,即导致俄罗斯族的国家组织问题及其在联盟中的地位问题。他在 9 月 27 日答复列宁并致政治局委员的信中就警告说,按列宁同志的修改意见所作的其他任何决定,都必然使得俄罗斯中央执行委员会得以建立,加入俄罗斯联邦的 8 个自治共和国则被排除在外,并宣布这些自治共和国同乌克兰和其他独立共和国一起成为新联邦独立、平等的主体,导致在莫斯科建立两院(俄罗斯院和联邦院),总之导致深刻的改建。②

苏联解体前夕也出现了如何处理苏联和俄罗斯关系的问题。1990 年 3 月 15 日戈尔巴乔夫在第三次非常苏联人民代表大会上关于选举苏联总统的讲话中第一次提出了这样的说法:"总统政权特别关心的事应当是采取措施巩固加盟共和国的主权、它们的经济和政治独立性,提高自治共和国、其他民族区域构成体的地位。"1990 年 4 月 10 日,通过了《关于苏联、加盟共和国和自治共和国的经济关系原则》。根据这个法令,加盟共和国和自治共和国同时确定了保持经济独立性的所有权利和保障。加盟和自治共和国获得了向苏联总统要求停止与共和国经济利益相违背的苏联政府的法令的平等权利,而它们的最高管理机关可以向苏联部长会议抗议其下属机关的法令。1990 年 4 月 26 日通过了《关于划分苏联和联邦主体之间权限》的苏联法令。在法律上加盟共

---

① 〔俄〕鲁·格·皮霍亚:《苏联政权史(1945—1991)》,徐锦栋等译,第 408—409 页。

② 9 月 27 日斯大林答列宁致加米涅夫的信,《苏联历史档案选编》第 5 卷,北京:社会科学文献出版社,2002 年,第 359—360 页。

和国被确定为"自愿联合成苏联的主权国家",而自治共和国是"作为联盟——苏联的主体的国家"。这也被称为"自治化计划"法令。该法令的本质就是打算通过联盟结构的"重组"防止"各个共和国离散",消除体制危机条件下维持苏联内部稳定的机制和机构客观上的软弱无力状况。苏联不再是由有自由退出苏联的权利的 15 个加盟共和国组成的国家,而是要变为一个由更多联邦主体组成的国家(通过提高自治体的地位),同时也排除了脱离权。实际上这意味着真正把自治体从加盟共和国中"划出来"。正是这个法令成了俄罗斯苏维埃联邦社会主义共和国内部离心进程的雷管。因为这对苏联最大的加盟共和国俄罗斯联邦的利益损害最大。当时在俄罗斯苏维埃联邦社会主义共和国有 16 个自治共和国,它们的"划出"会使俄罗斯丧失 51% 以上的领土和 2000 多万人口及几乎全部战略资源和自然资源。而且,除了自治共和国外,该法令还提到了"自治构成体",这意味着总共 30 多个主体在法律上和政治上有可能"离去"。在这种情况下,俄罗斯人民代表大会通过了俄罗斯苏维埃联邦社会主义共和国国家主权宣言,目的就是要抵制"自治化计划"的消极后果。但这也开启了苏联解体的进程。

俄罗斯联邦的民族国家建设

苏联解体后的俄罗斯仍是世界上民族最多的国家之一。根据 2010 年的人口普查资料,俄罗斯有 200 多个民族。但与苏联不同,俄罗斯联邦虽民族众多,但大多数民族人口很少,俄罗斯族是俄罗斯的主体民族,占人口的 80% 以上,人口最多的少数民族是鞑靼人,为 531 万,但也只占全俄人口比例的 3.87%。75% 左右的居民都为东正教徒。目前的俄罗斯联邦,按民族问题专家季什科夫的话说,2800 万非俄罗斯族居民中,只有不到半数居住在

"自己的"共和国。①

苏联解体后,俄罗斯联邦成了苏联国际法地位的继承者,它虽然成了俄罗斯族人占主体的多民族国家,但民族问题仍是其面临的一个重要问题。1991年俄罗斯联邦脱离苏联独立,作为其国家结构形式的民族联邦制是十月革命后确立的,旧有的问题仍旧存在,比如,联邦的划分问题。在民族联邦中,俄罗斯人将被按州进行划分,而鞑靼、布里亚特等各少数民族将组成完整的民族构成体,也就是说民族区域原则将在除俄罗斯人以外的所有各民族中推行。再者,尽管法律上规定各联邦主体平等,但事实上民族地区与俄罗斯族为主的联邦主体相比,在权利方面是有优惠的。比如,少数民族可以在俄罗斯人占主导的联邦主体担任首脑,但在少数民族占主导的联邦主体,俄罗斯族很难担任首脑。这也是俄罗斯族的民族主义者经常抱怨的问题。不过,这种已经形成的局面很难轻易改变。

但是俄罗斯联邦在保留原有的民族联邦制的框架的同时,在发展方向上有调整。俄罗斯联邦当今在民族关系领域的政策的主要趋势是,在联邦体制框架下,把民族问题从民族区域方面转到民族教育和文化教育方面上来。1996年6月17日俄罗斯联邦通过的《民族文化自治法》在民族文化政策现代化中起了决定作用。该法令为按公民的民族属性特征在超地域基础上的内部自决和自我组织确立了法律基础。民族文化自治不是什么新事物,早在十月革命前的俄国就有过尝试。十月革命后在俄罗斯帝国的废墟上也有过一些组织民族文化自治的尝试,但都没有得到进一步的发展。当今俄罗斯实行的民族文化自治得到了俄罗斯法学界学者的支持。1996年12月18日俄罗斯联邦政府民族文化

---

① 〔俄〕瓦·亚·季什科夫:《民族政治学论集》,高永久、韩莉译,北京:民族出版社,2008年,第71页。

自治事务咨询委员会(Консультативный совет по делам национально-культурных автономий)成立了。截至 2003 年,在俄罗斯联邦注册有 14 个联邦级的民族文化自治体,100 多个地区民族文化自治体和 300 多个地方民族文化自治体。在俄罗斯的德意志人建立了数量最多的民族文化自治体,共 68 个,鞑靼人建立了 63 个,犹太人建立了 29 个,亚美尼亚人建立了 18 个。①

1997 年 7 月 8 日俄罗斯联邦政府通过了《关于批准俄罗斯联邦公民身份证条例、俄罗斯联邦公民身份证表格样式和表格说明》的第 828 号决议。根据该决议,始于 1934 年的在证件上登记居民民族成分的做法被终止,取消了身份证中的"民族"栏。这实际上也是淡化民族属性的一个举措。

在语言政策方面,俄罗斯也与苏联不完全相同。在沙俄时期俄语是宪法中规定的国语,在全国强制推行。苏联反对沙皇俄国的强制国语政策,在宪法中没有国语的规定,但最终苏联在推行双语制的同时,仍像帝俄一样把维持俄语的地位和推广俄语作为语言政策的主要目标。不过,在苏联时期苏联宪法没有规定国语,但在一些共和国的宪法中却有规定。格鲁吉亚苏维埃社会主义共和国一经成立,就将格鲁吉亚语确立为国语,1922 年 3 月 2 日颁布的《格鲁吉亚苏维埃社会主义共和国宪法》第六条规定,格鲁吉亚语为国语,保障少数民族在当地的民族文化及国家机构中自由发展及使用母语的权利。1927 年 4 月 3 日颁布的《格鲁吉亚苏维埃社会主义共和国宪法(基本法)》第 10 条重申了关于格鲁吉亚语的国语地位的相关规定。1937 年 2 月 13 日颁布的《格鲁吉亚苏维埃社会主义共和国宪法(基本法)》第 156 条再次重申了格鲁吉亚语的国语地位。亚美尼亚 1930 年 12 月 9 日也作出了把亚美尼亚语作为国语的规定。阿塞拜疆 1956 年对

---

① Большая российская энциклопедия. Россия. С. 176.

宪法进行了增补,补充了国语条款。这是当时其他共和国宪法中所没有的。

20世纪末,俄罗斯宣布了复兴、保存和发展俄罗斯各民族语言的方针。俄罗斯联邦最高苏维埃民族院1992年同意了《保留和发展俄罗斯联邦语言的国家纲要构想》(但它始终没有被通过)。如今的俄罗斯联邦,宪法中明确规定了国语和民族共和国的双语原则。在宪法第68条中明确规定,俄语是俄罗斯联邦境内的国语。作为俄罗斯联邦组成部分的共和国,大多数都规定了自己的国语,在共和国的权力机关和地方自治机关、国家机关中,共和国国语和俄罗斯联邦国语一起使用。比如,在布里亚特(布里亚特宪法第67条)、印古什(印古什宪法第14条)、卡尔梅克(草原法典——卡尔梅克基本法)、北奥塞梯(北奥塞梯宪法第15条)都规定了双语原则;在有些共和国几种语言都被承认为国语,比如达吉斯坦(达吉斯坦宪法第10条规定,俄语及达吉斯坦各民族的语言都是共和国国语)、莫尔多瓦(根据莫尔多瓦宪法,在莫尔多瓦共和国境内,俄语、莫克沙-莫尔多瓦语和埃尔齐亚-莫尔多瓦语是国语)。在命名语言中,卡累利阿语没有获得法定的地位。其他联邦主体按宪法没有设立国语的权力。但是俄罗斯各民族都有在社会关系领域使用母语的权利。1996年的《联邦民族文化自治法》,与宪法第68条相符,是这个权利的基础。

当然,当今俄罗斯的民族政策仍存有一些问题。2018年一位俄罗斯学者在《圣彼得堡大学学报》上发表的《布尔什维克的"民族革命",当今俄罗斯的"民族政策"》一文中对当今俄罗斯的民族关系表示了担心。文章的核心观点是,苏联的民族政策具有双重后果。一方面促进了加盟和自治共和国民族国家的发展,它为销蚀合法性及苏联解体创造了制度和心理前提。另一方面,它的方向是消除俄罗斯认同,并要以苏联认同取代俄罗斯认同,这赋予了俄罗斯认同以"帝国"特点。作者也指出了俄罗斯民族政策的观念基础和实践与苏联民族政策的理论与实践的紧密联系与继承性。如果说苏联自觉在联盟框架内构建了一批民族国家，那么在当今俄罗斯这个进程仍因惯性在继续，尽管宣布了战略目标——构建俄罗斯政治民族。

结　　论

在多民族国家的现代化进程中，一体化是一个方向。在多民族国家进行民族国家建设时，应当承认并尊重少数民族的文化传统和风俗习惯，但也不应过分强调民族认同，这至少不利于国家认同的形成。

对多民族国家来讲，构建国族意义上的共同体是有必要的。"苏联人"理论的提出主要是为了构建类似"美国人"那样的"苏联人"，巩固多民族国家的统一，使各民族形成对苏联国家的认同，而不是族裔认同。俄罗斯的公民民族构建过程早在十月革命前就已经开始，"苏联人"概念的提出，在某种程度上是对历史的回归，当今俄罗斯宪法中规定"俄罗斯人"为多民族的人民，也是对"苏联人"思想的继承，是要把全体"俄国人"视为"公民民族"，力求以公民认同巩固多民族国家。

其次，统一的多民族国家通用语言的推行是很必要的。从帝俄到当代俄罗斯，在现代化进程的重要时期，如亚历山大二世时期、斯托雷平改革时期、苏联的工业化时期，都把推广俄语作为目标。列宁虽反对帝俄的强制国语，但不反对随着经济联系的加强，各民族的相互接近，俄语通过自己的影响力成为更多人使用的交流语言。他认为强制会造成无数新的摩擦，增加隔膜等等。

曾指责苏联语言政策不平等的从苏联中独立出来的民族国家，现在实际上也像苏联时期一样都在宪法中规定了民族语言作为国语的法定地位。这也恰恰说明，对一个统一的多民族国家来说,从国家层面要求每一个人除本民族语言外还要懂得民族间交往的语言,是很正常的现象。语言问题是民族问题的一部分。统一的交往语言的存在有助于各民族交往、交流和交融,也更有利于牢固的国家认同的形成。同时,随着现代化进程的加速,经济的发展,统一市场的发展,统一行政体系的完善,也要求鼓励民族间交往的主要语言的普及。

作者简介:刘显忠,中国社会科学院俄罗斯东欧中亚研究所研究员,俄罗斯历史与文化研究室主任。

当代俄罗斯的政治思想

庞大鹏

保守主义起源于18世纪,兴盛于法国大革命时期,是西方政治思想家对法国大革命摧毁传统制度的反思。西方语境下的保守主义,本质是保守自由的主义。保守主义不等于守旧。俄罗斯语境下的保守主义,更多的是强调将传统与现实结合,保守俄罗斯传统中的适宜成分,实现当代政治所必需的稳定。

1832年乌瓦洛夫提出著名的俄罗斯保守主义三原则"专制主义、东正教和人民性"。原则之一,即所谓的专制主义,强调的是俄国历史上政治治理一以贯之的路径依赖,即政治阶层通过强力维持对国内的控制,这是俄国历史上政治演变的常态。原则之二,即东正教所体现的俄罗斯宗教精神,主要是强调俄罗斯民族的独特性,认为俄罗斯和西方的发展道路之间存在根本差别。

那么,原则之三的人民性如何理解呢?俄罗斯保守主义的代表人物伊林曾经提出过"人民君主制"理论。他认为,俄国应当成为君主制国家,最高政权应当建立在全民支持的基础上。如何看待这种国家与民众之间的关系?

本文在梳理苏联解体以来俄罗斯保守主义发展脉络的基础上,以普京第四次当选总统以来俄罗斯政治生态的新布局和新特点为视角,解读俄罗斯保守主义发展的最新态势,分析其人民性的内涵特征,并提出建立"三个普京"的分析框架研究俄罗斯保守主义的发展前景。

一、俄罗斯保守主义的发展脉络

在当代俄罗斯,保守主义没有贬义,是俄罗斯坚持传统价值观的体现,是代表中派主义①政治价值取向的符号。俄罗斯保守主义的核心观念也是反对一切激进革命,主张以妥协手段调和各种社会势力的利益冲突。

(一)历史背景:1990 年代后俄罗斯保守主义的发展脉络

1996 年,叶利钦虽然提出寻求全民族思想,但是由于苏联解体后俄罗斯社会出现了意识形态的虚无主义,所以在叶利钦时代并不存在形成全社会主流政治价值观的条件。当前,俄罗斯社会已饱受缺少主流政治价值观的痛楚,加上苏联解体后新的一代人已经成长起来,客观上需要主流价值观统一全社会的思想。

以 2005 年国情咨文为标志,普京治国理念的形成与发展在总体上可划分为两个阶段。1999 年 12 月—2005 年 4 月为"俄罗斯新思想"时期,形成了普京执政的思想基础,并在此基础上提出强国战略,也逐渐形成了普京特色的发展模式。2005 年以后为"主权民主"思想时期,概括了普京的政治模式及发展道路,并在

---

① 俄罗斯的中派主义具有特殊含义,指介于右翼"民主派"(自由派)和左翼共产党及其支持者之间的思想派别。反对任何过激主张,走稳重的中间路线,是中派主义的政治底色。在叶利钦时代,许多政党都自称是中派,这是为了表示奉行中间方针,既不支持备受指责的激进主义举措(如"休克疗法"),也不支持俄共的方针(证明不是为了回到苏联时期)。一般而言,俄罗斯中派主义的政治组织大多反对或不支持激进的经济改革,主张建立加强国家调控、注重社会保障的社会市场经济。

"主权民主"思想的基础上提出了"俄罗斯保守主义"。俄罗斯保守主义的政治实质是 2005 年以来被俄罗斯官方深入论述的"主权民主"思想。

在 2008 年总统大选后,普京团队出于对政治发展全局的考虑,将主权民主思想官方意识形态化,其符号就是保守主义。2008 年 11 月,俄罗斯执政党"统一俄罗斯"党召开第十次代表大会,时任最高委员会主席格雷兹洛夫明确表示:"统一俄罗斯"党意识形态的基础是保守主义。① 2009 年 11 月,"统一俄罗斯"党第十一次代表大会通过新党纲,规定"俄罗斯保守主义"是"统一俄罗斯"党的意识形态。保守主义的政治实质是 2005 年以来被俄罗斯官方深入论述的"主权民主"思想。然而,2008 年金融危机促使俄罗斯社会深刻反思发展道路的选择。2009 年 9 月,时任总统梅德韦杰夫发表《前进,俄罗斯!》一文,提出了"新政治战略"概念。② 同年 11 月,梅德韦杰夫在总统国情咨文中在新政治战略概念的基础上又提出了"全面现代化"的理念③。以自由主义为标签的新政治战略与全面现代化理念在本质上有别于普京的保守主义。梅德韦杰夫和普京虽然具有一致的强国目标,但是对如何实现这一目标在政治理念上显现了差异。这一差异对俄罗斯政治生态产生了影响。

2012 年普京复任总统后,他首先面临的问题就是如何应对政治生态出现的新变化。通过一系列政治体制改革,俄政局实现了稳定。政局稳定后,普京需要弥补梅普组合时期产生的社会思潮

---

① Грызлов: идеология "Единой России" основана на консерватизме. См.: http://www.vesti.ru/doc.html?id=225134&tid=63493.

② Дмитрий Медведев, Россия, вперёд! См.: http://www.gazeta.ru/comments/2009/09/10_a_3258568.shtml.

③ Послание федеральному собранию Российской Федерации, 12 ноября 2009 г. См.: http://www.kremlin.ru/events/president/transcripts/5979.

与精英理念的分歧。从 2013 年下半年的瓦尔代会议开始,普京团队开始有意识的提出国家意识形态问题,目的是在观念上通过主流政治价值观的引导实现社会情绪的稳定,这样政权才能进一步实现巩固。保守主义就是在这样的背景下重新提出的。

2013 年,普京进一步提出俄罗斯是世界不可替代的政治力量。[1] 2013 年 12 月 12 日,普京在国情咨文中重申,俄罗斯选择保守主义方向,并将新时期的政策内涵解读为捍卫传统的家庭价值观,始终如一地坚持俄罗斯的立场。俄罗斯确有成为领导者的雄心,但不会教其他国家如何生活或是不惜一切代价恢复自己的超级大国地位。普京认为,俄罗斯最推崇建立在相互尊重基础上的价值观和价值导向。[2] 总之,普京想要表述的核心思想是:俄罗斯坚持保守的立场,保护传统价值观,这些传统价值数千年来一直是俄罗斯文明和各民族精神和道德的基础。

乌克兰危机同样对俄罗斯国内的政治思潮产生重要影响。2014 年乌克兰危机前后,普京把"俄罗斯世界"(Русский Мир)从一种对传统语言文化的理解,上升为可以团结生活在俄罗斯境内外同胞的思想概念。[3] 2015 年俄罗斯官方与智库互相配合,有计划有步骤地提出了"大欧亚"的理念。同时东正教大牧首也发声,配合官方弘扬传统价值观。[4]

---

[1] Заседание международного дискуссионного клуба «Валдай». См.: http://www.kremlin.ru/events/president/news/19243.

[2] Послание Президента Федеральному Собранию. См.: http://www.kremlin.ru/events/president/news/19825.

[3] Русский мир может и должен объединить всех, кому дорого русское слово и русская культура, где бы они ни жили, в России или за ее пределами. Русский мир - идеологический миф или политическая реальность? См.: https://www.putin-today.ru/archives/17187.

[4] Патриарх Кирилл призвал депутатов Госдумы противостоять ценностям, разрушающим личность от 22 января 2015г. См.: http://www.newsru.com/religy/22jan2015/kirill_gosduma.html.

2016年俄罗斯继续运筹"大欧亚伙伴关系",实际上跳出了俄罗斯战略界辩论的欧亚大陆体系与欧美大陆体系之争,并且和西方国内的民粹主义、反建制主义、保守主义相互贴合。2017年11月1日,国家杜马主席沃洛金作为官方代表正式提出俄罗斯传统价值观,其内容是家庭、信仰、团结、祖国、公正,正式回应了2012年普京提出的命题。①

综观俄罗斯政治思想的发展,可以说,苏联解体以来,俄罗斯保守主义可以视为俄罗斯官方意识形态的统称。俄罗斯在不同时期提出的"俄罗斯新思想""主权民主"思想和"普京主义"均为俄罗斯保守主义的概念依托。在俄罗斯保守主义的基础上,俄罗斯领导人从对内对外两个维度,以保守主义传统价值观、"俄罗斯世界"和"大欧亚"三个层次,实现了对意识形态和治国理念的统筹。

当前,要理解俄罗斯,研究俄罗斯向何处去,首先要了解普京,了解普京的治国理念与举措,"普京主义"则是认识俄罗斯的一把钥匙。

笔者最早接触到的不是"普京主义",而是"普京现象"(феномен Путина)。2000年普京上台执政,他提出的"俄罗斯新思想"和"强国战略"让俄罗斯国内外耳目一新。2001年前后,俄罗斯国内就有学者指出:俄罗斯出现了罕见的"普京现象"。② "普京现象"的内涵是指,虽然俄罗斯国内没出现任何物质生活上的明显改善,但是民众肯定和支持普京的理念和举措,对普京的信任与日俱增,并重新相信总统这个职位。③ 俄罗斯政治基金会会长

---

① Володин сформулировал пять базовых ценностей России. См.: http://www.interfax.ru/russia/585679.

② Федоров Б. Г. Пытаясь понять Россию. Санкт-Петербург: Лимбус Пресс, 2000. C. 257.

③ Андрусенко Л. На чем основан "феномен Путина": Чтобы поддержать рейтинг президента на максимальной высоте, его команде придется начать поиск врагов// Независимая газета. 2001. 28 декабря.

维亚切斯拉夫·尼科诺夫认为,普京的思想是一种戴高乐式的保守主义,即普京的思想是自由主义经济和强硬政权的组合,后者以力量为依托,坚持爱国主义,信奉开放但独立、积极的大国外交政策①。俄罗斯政治理论家费·布尔拉茨基认为,推崇普京与俄罗斯这种传统的信念相连,就是期待强势的管理者,期待大胆纠正所有社会弊端的人,普京作为个人极好地适应了人民的期待。②

2003年尤科斯事件,尤其是2004年别斯兰人质事件以后,普京采取了一系列加强中央权力的政治举措。"普京主义"这个词语出现了。2003年底,俄罗斯卡内基中心研究主任德米特里·特列宁在美国《国家利益》杂志上发表了《提炼普京主义》,这是笔者最早接触到的一篇明确以"普京主义"为主题的文章。这篇文章分析了"普京主义"的内涵及挑战。③ "普京主义"这个词语自此一直出现在分析俄罗斯问题的文献中。

普京此前从来没有提过"普京主义"。俄罗斯国内一般也只有自由派学者使用"普京主义"这个词语。④ 但这并不影响我们研究俄罗斯视野中的"普京主义"。"普京主义"是我们认识和理解俄罗斯的一个视角、一种表述和一个平台。

西方视野中的"普京主义"经过了几个发展阶段。2003年尤科斯事件后普京打压寡头资本,2003年底独联体地区发生"颜色革命"后普京加强管控力度,2004年别斯兰人质事件后普京收回地方行政长官直选权,这些举措对俄发展道路均产生重要影响。普京采取了有别于叶利钦时代的改革举措。从舆论影响上,西方

---

① Никонов В. Чего ждать: Путин в системе политических координат//Независимая Газета. 2000. 7 Мая.
② См.:Парламентская Газета. 2000. 26 Февраля.
③ Dmitri Trenin, "Pirouettes and Priorities: Distilling a Putin Doctrine," *The National Interest* (Winter 2003—2004).
④ Lilia Shevtsova, "Falling into Putin's Trap," http://www.the-american-interest.com/2014/03/10/falling-into-putins-trap/.

学者开始用"普京主义"评论他的政策。这一时期"普京主义"主要针对西方所不乐见的俄罗斯政治改革举措,以"普京主义的可怕面貌"为主题在全球鼓动造势。

2008年普京总统任期结束,俄罗斯出现"梅普组合"的权力配置,普京依然处于权力核心。西方学者再次热议"普京主义",以"普京计划①的实质是普京主义及其政治路线"为主题评论普京执政八年的政策,认为"普京主义"是一种俄罗斯民族主义统治方式,核心是反西方外交。

2013年年底乌克兰危机爆发,西方舆论第三次出现集中热议"普京主义"的现象。英国皇家国际事务研究所2013年推出著作《硬外交与软压制:俄罗斯在国外的影响力》一书。作者指出,在冷战时期,苏联的影响力与列宁主义意识形态是密不可分的,但苏联解体后,俄罗斯影响力明显下降。作者分析了俄罗斯重塑影响力的若干因素,将沙皇俄国、苏联和今日俄罗斯进行对比,认为俄罗斯的政策制定是基于混合性的战略、权宜性的考虑及习惯看法。② 西方学者认为,普京复任总统后俄罗斯大国战略的主要目标,是恢复1991年苏联失去的经济、政治和地缘战略优势。乌克兰危机后"普京主义"的核心是根据"俄罗斯历史遗产"确保俄罗斯在其合理势力范围内的安全需要。西方这次鼓动造势的主题是,"普京主义"不仅"不利于"俄罗斯的发展,当前还已对全球的稳定构成了"威胁"。

西方视野中的"普京主义"内涵主要包括三点。

一是反西方主义。在西方看来,当代俄罗斯的反西方主义是一种新现实主义的体现,它既沿袭了俄罗斯的实力政策传统,又

---

① "普京计划"是"统一俄罗斯"党在2007年国家杜马选举时的竞选口号,实质是强调俄罗斯发展道路的继承性。
② James Sherr, *Hard Diplomacy and Soft Coercion:Russia's Influence Abroad* (London:Royal Institute of International Affairs,2013).

承认互相依赖和国际经济一体化的重要性。其中存在两种主要的结构性障碍:首先是俄罗斯自身的问题,包括官僚政治权力的腐败问题以及垄断型经济制度的低效问题等;第二,由于俄罗斯的历史因素及现实原因,只有当俄罗斯在国民心态及传统文化等方面经历综合性社会改革后,它才会融入西方世界。①

二是"帝国"思维。对于俄罗斯而言,历史遗产也恰恰是其国际特性难以磨灭的重要原因:这种遗产来自于俄罗斯帝国和苏联部分遗留下来的在世界上的政治影响力以及对俄罗斯近三百年来大国地位的回忆。这种历史回忆即使在国力衰退的时候也有助于维护大国地位。② 美国认为俄罗斯在独联体事务中有恢复强大影响力的倾向。美国前总统国家安全事务助理布热津斯基认为,俄罗斯向建设一个没有"帝国"雄心和最终完全"民主"的国家转变的进程是缓慢的和极不平坦的。对西方而言,这一政策的含义是明确的。俄罗斯应该最终成为一个既与其民族国家的新地位相符,又能与其欧洲邻国理顺关系的国家。③

三是权力集中体制。西方从民主制度的层面看待普京的一系列政治改革举措,认为别斯兰人质事件后普京政府发生了新变化。④ 美国重新开始关注俄罗斯权力集中体制复兴的可能性。⑤ 美国企业研究所俄罗斯研究室主任利昂·阿伦的文章《普京主义:俄罗斯寻求重塑苏联的辉煌》集中代表了西方的看法。该文

---

① Richard Sakwa,"New Cold War or Twenty Years' Crisis?:Russia and International Politics," *International Affairs*, Vol. 84, No. 2, 2008.

② Российская внешняя политика перед вызовами XXI века. См.:http://svop.ru/public/pub2000/1263/.

③ Z. Brzezinski,"Russia Stumbles Toward Reform," *The Wall Street Journal*, April 7,1998.

④ Fred Weir and Scott Peterson, "Russian Terrorism Prompts Power Grab," *The Christian Science Monitor*, September 14, 2004.

⑤ Самарина А., Григорьев Е. Участники встречи в Братиславе сосредоточились на стратегическом партнерстве//Независимая газета. 2005. 25 февраля.

认为,普京主义的根本目标是恢复国家对政治和经济的控制权,
这必然会导致威权主义。俄罗斯威权主义的复兴已迫使普京在
对外关系上寻求政权的合法性。这种寻找合理性的模式可被称
为"围城战略"。① 伦敦经济政治学院国际事务、外交与重大策略
研究中心教授菲利普·罗曼和《华盛顿邮报》专栏作家安妮·阿
普尔鲍姆在《普京主义》一文中提出更激进的批评。②

　　实际上,西方学者对俄罗斯的发展脉络有较为准确的认识。
美国布鲁金斯学会的俄罗斯问题研究权威库钦斯就指出,普京主
义是要复兴俄罗斯的大国地位,恢复俄罗斯人民的福祉。普京提
出俄罗斯要想改变命运和实现该目标,首先需要社会内部的团结
和凝聚力,即以政治稳定保证经济振兴,以经济振兴改善人民生
活。其次是寻求外部稳定。普京坚信,一个国家只有独立把握自
己的命运才能为未来制定有意义的计划,这就是政治上的主权民
主。随着世界油价飙升,俄罗斯经济摆脱了对西方的依赖,开始
重建其国际政治主权。俄罗斯认为在其经济疲软阶段发展形成
的许多国际体系元素是不合理的,西方国家一直都把俄罗斯排除
在国际体系之外,而美国的单边政策根本没有能力维持全球经济
体系的稳定。国家资本主义、主权民主、务实外交政策构成的"普
京主义"可以确保俄罗斯以强国身份继续存在。③ 2007 年 12 月
19 日,普京还被美国《时代》周刊评为 2007 年年度人物。《时代》
周刊认为,普京以非凡的领导手腕把陷于混乱的俄罗斯重新带回
了强国之列。④

---

　　① Leon Aron,"The Putin Doctrine- Russia's Quest to Rebuild the Soviet State," *Foreign Affairs*,March 8,2013.
　　② Anne Applebaum, *Putinism: The Ideology*, IDEAS Reports - Strategic Updates (SU13.2). London,London School of Economics and Political Science,LSE IDEAS,2013.
　　③ Gaddy, Clifford G. and Andrew C. Kuchins, "Putin's Plan: The Future of 'Russia Inc,'" *The Washington Quarterly*,31,2(Spring 2008):117—129.
　　④ Stengel,R.,"Choosing Order Before Freedom," *Time*,170,42,December,2008.

西方学者的上述分析基本符合俄罗斯发展的实际情况。但是,尽管对俄罗斯发展脉络有准确判断,西方却依然严厉指责普京政策。对于同样的政策内容,俄罗斯官方与学者以"俄罗斯保守主义"加以概括,认为普京执政以来的战略与政策符合俄罗斯的实际,是俄罗斯传统与现代的有机结合。那么,为什么西方与俄罗斯对"普京主义"的评价不尽相同?这主要与两者的价值观不同密切相关,说到底还是与西方对俄罗斯发展道路的"俄罗斯化"特征的抵制和不认可有关。

(二)现实表述:新时期俄罗斯保守主义内涵的延展

2018年普京开启新一轮执政周期。俄罗斯政治生态显现出政局高开低走的特点:总统大选中普京的高支持率和高投票率与地方选举中"统一俄罗斯"党的低支持率和普京的低信任指数形成强烈反差。总统大选后,面对新的总统任期,普京的新布局是明确新的执政目标,迅速稳妥解决新政府关键岗位的人事安排。新布局并未带来新气象,新问题不断出现。退休金制度改革引发俄罗斯社会情绪动荡。"统一俄罗斯"党在地方选举中全面受挫。地方选举错综复杂的局面在俄罗斯政治生态中前所未有。"后克里米亚共识"对政治稳定的心理支撑作用在弱化。俄罗斯政治稳定存在隐忧。在这一敏感时刻,"普京主义"首次作为俄罗斯保守主义最新的官方意识形态表述出现。

第一,当前俄罗斯政治思潮最重要的一个特点是对俄罗斯国家定位和国家认同出现几乎一致的看法。

俄罗斯学者认为,当代全球资本主义已经扩张到极限,无法在技术和社会领域实现非危机性的飞跃式发展。新经济危机将导致国际关系体系的势力再分配和构架重建。新世界将出现五大趋势:世界经济区域化;全球化刹车引发社会分层和矛盾加剧;全球政治经济空间在中期内去机制化;全球主流政治和意识形态瓦解,多维意识形态恢复;技术上的多维性。俄罗斯在世界新经济架构的影响力争夺战中应当改变地缘经济和社会经济空间,实现经济结构转型,建立新的经济吸引力中心,把经济发展中心转移到国家东南部并对物流结构和对外经济联系体系作出相应改变。[1]

第二,当前俄罗斯保守主义的突出特点是明确了俄罗斯不会成为西方世界的一部分,必须走出具有自己特点的发展道路。

2018年4月,普京主要的政治参谋、俄罗斯"主权民主"思想的提出者苏尔科夫发表重磅文章《混血者的孤独》,主要观点是:一、2014年乌克兰事件后,俄罗斯的西行之路已经终结。俄罗斯中止了意在成为西方文明的一部分的尝试,俄罗斯人无法欧化。自2014年起,历史步入新的"2014+"时代,俄罗斯将迎来百年地缘政治孤独。二、在历次战事中,伟大的胜利为俄罗斯赢得了越来越多的西方土地而非朋友。即便俄罗斯变得卑躬屈膝,它仍然不能迈入西方的门槛。物极必反,2014年在乌克兰危机中俄罗斯与西方所发生的一切,其实是不可避免的。三、虽然从表面上看,俄罗斯与欧洲的文化模式相似,但它们内核不一致,内在逻辑线索也不一样,所以俄罗斯与西方无法成为统一的体系。四、俄罗斯不是现在才转向东方,历史上俄罗斯早已朝东发展。五、俄罗斯曾经有四个世纪向东,四个世纪向西,无论是在东方还是西方,都没有生根。两条道路都已走过。如今需要探索第三条道路、三种文明、第三个世界。俄罗斯更像是二元化的文明,既包含东方,也有西方元素在内。亚洲的和欧洲的成分兼具,所以才既非亚洲文明,也不是欧洲文明。六、俄罗斯在东西方地缘政治关系中的境遇是外人中的自己人,自己人中的外人。俄罗斯的

---

[1] Дмитрий Евстафьев, Россия на фоне глобального кризиса: расписание на послезавтра//Эксперт. 2018. №44 (1095) 29 октября.

盟友即自身。① 值得注意的是,2018年12月31日,在普京的新年贺词中同样出现了类似的表述:俄罗斯以前没有帮手,以后也不会有帮手,唯有靠俄罗斯的内部团结。②

2018年6月7日,俄罗斯政府的机关报《俄罗斯报》刊登俄罗斯外交和国防政策委员会荣誉主席、高等经济学院世界经济与政治系主任卡拉加诺夫的文章《选择道路的自由》,其主要观点与苏尔科夫的惊人地一致。卡拉加诺夫开宗明义地指出:2014年不仅是西方联盟大规模扩张浪潮的终结点,也是俄罗斯历史上西学时代告终的时间。卡拉加诺夫认为:其一,如果说19世纪欧洲是先进技术唯一的来源地,现在这个主要来源正在迅速转移到亚洲。俄罗斯在社会和公共领域达到了靠近欧洲的极限。俄罗斯大部分人不愿再接受欧洲现代价值观。亚洲将成为资本和先进技术最重要的来源。其二,俄罗斯不疏远欧洲的同时,应与亚洲建立密切合作,成为大欧亚伙伴关系的中心。俄罗斯需要消除欧洲中心主义思想。其三,在当今世界的激烈竞争中,只要实行市场经济,打造军事实力,那么威权政府比民主政府更有效率。其四,俄罗斯接受了欧洲的高度文明,成为一个伟大的欧亚大国。俄罗斯是第一批亚洲的欧洲人和欧洲的亚洲人,俄罗斯可以起到天然的文明和运输桥梁作用。③

第三,普京的重要智囊苏尔科夫第一次代表官方正式提出"普京主义"。

2019年新年伊始,在执政党"统一俄罗斯"党经历了2018

---

① Сурков В. Одиночество полукровки (14＋) от 9 апреля 2018 года. См.: http://globalaffairs.ru/global-processes/Odinochestvo-polukrovki-14—19477.

② Новогоднее обращение к гражданам России от 31 декабря 2018 года. См.: http://www.kremlin.ru/events/president/news/59629.

③ Караганов С. Россия настроена на диалоги с Европой, и с Азией. 7 июня 2018 года. См.: https://rg.ru/2018/06/06/politolog-aziia-stanet-dlia-rf-vazhnejshim-istochnikom-peredovyh-tehnologij.html.

年地方选举的重大挫折和普京的信任率跌至近年来最低点（35％左右）的政治态势下，"普京主义"再次被执政当局当作俄罗斯民族宝贵的精神财富加以宣传。2019年2月11日，普京前八年政治设计的主要操盘手、普京的政治高参、"主权民主"概念的提出者苏尔科夫发表重磅文章《长久的普京之国》①，明确表示："普京主义"代表的理念与制度是百年俄罗斯生存和发展的模式。②

2015年苏尔科夫提"主权民主"思想时，"主权"概念本身就分为外部主权和内部主权。现在，他又从外部认同和内部治理来论述普京的治国理念，得出"两个百年"的结论：在地缘政治和国家认同上"百年孤独"；在民主进程和国家治理上实现"百年模式"。俄罗斯内外一体，互为联动。

二、新时期俄罗斯保守主义的政治逻辑

俄罗斯保守主义之所以有上述新的表述和发展，与新时期俄罗斯政治的新特点息息相关。

第一，总的来看，由于执政当局推行具有反保守主义色彩的退休金制度改革，造成具有深厚保守主义底蕴的俄罗斯社会和民众的不满。俄罗斯政治稳定存在隐忧。

---

① 苏尔科夫的文章在中国俄罗斯研究界一石激起千层浪，甚至对于文章题目"Долгое государство Путина"的翻译都产生了不同解读。国内有的媒体翻译为"长久国家"。冯绍雷先生翻译为"长效国家"。笔者曾经认为，苏尔科夫着眼于俄罗斯国家发展战略的长远利益，翻译为《普京的长远国家》似乎更合适：既贴合苏尔科夫倡导普京理念适合俄罗斯未来发展的本意（长效国家），又暗含普京模式还会延续很长时间（长久国家）。笔者通过反复比较，最终采纳了盛世良先生的翻译：《长久的普京之国》。

② Владислав Сурков: Долгое государство Путина-О том, что здесь вообще происходит от 11 февраля 2019 года. См.：http：//www.ng.ru/ideas/2019—02—11/5_7503_surkov.html? pagen＝42&fbclid＝IwAR3ct0Nqn3TpMQqnySevtho2Ky25VW-B1pYU2yXSaDnB0pxIgFo4JWiR-9SM&id_user＝Y.

2017年12月6日,普京宣布参加2018年第七届俄罗斯总统大选。① 这是一场"具有特殊意义和分界性质"②的总统大选。综观2018年的俄罗斯形势,3月总统大选,9月地方选举,中间6月借着世界杯热潮推出退休金改革。经过这三个政治事件,俄罗斯的政治现实是:普京在总统大选中得票率高达76.69%,短短半年之后,在9月9日的地方选举中,"统一俄罗斯"党在国家杜马单席位选区的补选、联邦主体议会选举以及联邦主体行政长官直选这三个具有指标性意义的选举中,全面受挫。

全俄社会舆论中心是政府的民调机构,在与普京有关的民调指标上一向温和,在诸如支持率、信任指数等指标上一般比民间民调结果偏高约5个百分点。然而,从2018年下半年全俄社会舆论中心的民调结果看,普京的信任指数始终徘徊在35%左右,创2012年第三次就任总统以来的新低。总之,由于3月总统大选和9月地方选举带来反差极大的政治景观,俄罗斯全年的形势可谓高开低走,政治生态所呈现的稳定局面起伏剧烈,可谓稳定中蕴含极大的政治隐患。

第二,具体而言,在社会情绪上退休金制度改革引发普京支持率下滑。

明确了执政目标,安排了人事布局,普京政府雄心百倍。借总统大选大获全胜的余威和世界杯开幕全民振奋的社会情绪,普京想解决俄罗斯发展的老大难问题——退休金改革。俄罗斯生育率低,人均寿命不高,劳动力不足,社会老龄化加快。普京决心在第四任期解决退休制度改革这一难关,缓解劳动力紧缺、劳动人口退养比过高等状况。但是,退休金制度改革涉及俄罗斯千家

---

① Посещение Горьковского автомобильного завода от 6 декабря 2017 года. См.: http://www.kremlin.ru/events/president/news/56319.

② Послание Президента Федеральному Собранию от 1 марта 2018 года. См.: http://kremlin.ru/events/president/news/56957.

万户的切身利益。世界杯期间俄罗斯政府提出退休金制度改革后,立刻遭到临大多数民众的抗议。

2018年5月,列瓦达中心79%的受访者表示支持普京总统的活动;6月,支持者占比降至65%,不支持者占比从5月的20%上升到31%。此外,政府工作的支持率从4月的43%下降到6月的34%,而不支持率从51%升至61%。根据列瓦达中心的民调结果,认为俄罗斯局势朝正确方向发展的人占比也有所下降,从5月的56%降至6月的46%。认为国家发生方向性问题的人占比从27%增至42%。

舆论基金会民调则显示,普京总统的支持率从62%跌至54%,而信任他本人的受访者占比从75%降到67%,赞同其举措的受访者占比从75%降到69%。31%的受访者对总理梅德韦杰夫的工作感到满意,29%的受访者信任他,60%的人不信任他。

俄罗斯舆论研究中心的民调也显示,信任普京的人占比从45.4%减少到42%,支持普京举措的人占比从77.1%降至72.1%,倒退到2014年3月初接纳克里米亚之前的水平。梅德韦杰夫政策的支持率从41.7%降至38.5%,不支持率为44.7%,对总理工作不满意的受访者占比自2006年5月以来首次超过满意者。[①]

列瓦达中心负责人列夫·古德科夫指出,总统及政府支持率的下滑迹象从3月总统大选结束之后就开始显现。这总体上是因为国内经济指标恶化,民众不仅担忧养老金改革,还为国内外局势的不确定性担忧。俄罗斯的社会结构改变,最为突出的表现为贫困阶层扩大。82%的俄罗斯人将不平等视为最为严重的社

---

① Мухаметшина Е. «Левада-центр» зафиксировал снижение уровня одобрения Путина и правительства-Социологи объясняют это объявленной пенсионной реформой. 28 июня 2018 года. См.: https://www.vedomosti.ru/politics/articles/2018/06/28/774064-levada-tsentr-zafiksiroval-snizhenie-odobreniya.

会病。① 2016 年,俄罗斯的贫困人口占总人口的 14.6%,意味着有 2000 多万人生活在最低生活标准之下。普京在 2017 年的国情咨文中也坦诚了这一点,并制定了脱贫的时间表,提出在未来六年使贫困率下降一半。贫困化和贫富差距拉大的现实滋生了社会不满情绪。②

大多数社会学家指出,总统、总理支持率下滑与退休金制度改革密切相关。2018 年 8 月 29 日,普京向全国发表电视讲话,对俄罗斯面临的严峻人口形势、退休金现状、已经采取过的举措、现在将要执行的方案以及优惠措施全面进行了阐述,希望得到俄罗斯民众的支持。总统新闻秘书佩斯科夫表示,毋庸置疑,政府在养老金改革方面的举措是具有重要社会意义、引起强烈反响的议题。它需要进一步的详细解读。现阶段普京并未参与该议题的讨论。对议题的热议对支持率的指标产生了影响。佩斯科夫表示,普京"非常务实"地看待支持率的波动,"对他来说,履行职责才是最重要的事。他从不在意自己的支持率,对他来说,人民的利益高于一切"。③

普京选择 8 月发声,与 9 月即将举行的地方选举的选情有关。俄罗斯地方选举自 2012 年起在每年 9 月的第二个星期日举行。2018 年的地方选举投票日在 9 月 9 日举行。这次选举前由于退休金制度改革造成社会民意反映强烈,已有预测可能出现对

---

① Российское общество: год в условиях кризиса и санкций. См.: http://www.isras.ru/files/File/Doklad/Ross_obschestvo_god_v_usloviyah_krizisa_i_sanktsiy.pdf

② Послание Президента Федеральному Собранию от 1 марта 2018 года. См.: http://www.kremlin.ru/events/president/news/56957.

③ Мухаметшина Е. «Левада-центр» зафиксировал снижение уровня одобрения Путина и правительства-Социологи объясняют это объявленной пенсионной реформой. 28 июня 2018 года. См.: https://www.vedomosti.ru/politics/articles/2018/06/28/774064-levada-tsentr-zafiksiroval-snizhenie-odobreniya.

政府不利的结果。最终,选举态势不仅证实了这点,甚至不利结果超出预期,对于政局稳定产生重要影响。

第三,政治传导效应体现为"统一俄罗斯"党在地方选举中全面受挫。这是 2018 年俄罗斯政治的"黑天鹅"事件。从 9 月 9 日地方选举初步结果刚刚公布,它立刻就成为俄罗斯政治研究的全年绝对热点问题。俄罗斯各主要媒体及智库分析网站围绕国家杜马代表补选情况、联邦主体地方议会选举情况及联邦主体行政长官选举情况撰写了大量的分析与评论文章。哈卡斯共和国二轮选举出现候选人不断退选的罕见现象以及对俄共候选人涉嫌污蔑的报道和分析都反映了此次地方选举错综复杂的局面。滨海边疆区的二轮选举也波折丛生。

一个联邦主体地方领导人的二轮选举屡次延期,这在以前俄罗斯的政治生活中难以想象。而对临时地方领导人的报道超出正常范围,也属于地方选举中的少见现象。俄罗斯评论文章中出现"第二轮选举综合症"这一专有名词,特指各种地方选举中的罕见现象,像候选人之间互相攻击这种情况在以往的地方选举中都是较少出现的。可以说,对这次地方选举的分析是 2018 年俄罗斯政治研究的重中之重。①

2018 年 9 月 9 日当天,俄罗斯 85 个联邦主体中的 80 个进行选举活动。其中,最重要的代表是 26 个联邦主体的行政长官、16 个联邦主体的地方议会议员、7 个国家杜马单席位选区的补选议员等。

国家杜马议员补选在 6 个联邦主体进行,分别是阿穆尔州、加里宁格勒州、下诺夫哥罗德州、萨马拉州、萨拉托夫州和特维尔

---

① Аналитический доклад-выдвижение и регистрация кандидатов на выборах глав регионов, назначенных на 9 сентября 2018 года. См.: https://www.golosinfo.org/ru/articles/142798.

州。这6个州的7个单席位选区产生了7名国家杜马代表。"统一俄罗斯"党获得5席,俄共和自民党各获得1席。"统一俄罗斯"党因此在国家杜马中少了1席,俄共增加1席。加上2017年地方选举丢失的2席,现在"统一俄罗斯"党在国家杜马中有340席,比2016年杜马选举后的总席位少3席。

16个联邦主体举行了地方议会选举。"统一俄罗斯"党在哈卡斯共和国、后贝加尔边疆区、乌里扬诺夫斯克州和伊尔库茨克州等7个联邦主体选举失利。地方议会选举的结果是"统一俄罗斯"党在全国范围内地方议会的总席位有所减少。在伊尔库茨克州,"统一俄罗斯"党甚至失去了议会第一大党的地位。

每年地方选举的重中之重就是联邦主体领导人的选举。2018年共有26个联邦主体举行领导人选举。其中,该选举在22个联邦主体以直选方式进行,在4个以少数民族为主体的联邦主体以地方议会选举的方式进行。在22个直选的联邦主体,"统一俄罗斯"党在16个联邦主体获胜,在弗拉基米尔州、哈巴罗夫斯克边疆区、哈卡斯共和国和滨海边疆区4个联邦主体失利。

"统一俄罗斯"党首次面临在一次地方选举中就丢失4个地方领导人席位的局面,上次失利还是在2015年的伊尔库茨克州,也只是在1个州的失利。目前,在全俄范围内,隶属其他政治势力的联邦主体行政长官的分布情况为:俄共3个,俄罗斯自由民主党3个,公正俄罗斯党1个,无党派人士15个。"统一俄罗斯"党掌握的只有63个联邦主体,比其鼎盛时期的政治版图大大缩小。

三、新时期俄罗斯保守主义的突出特点

在这俄罗斯政治生态出现新特点之际,俄罗斯保守主义在坚持已有的政治内涵基础上,重点突出强调了"人民性"的内涵。我们可以通过苏尔科夫的文章《长久的普京之国》,分析俄罗斯内部

究竟如何理解"普京主义"。

苏尔科夫这篇文章之所以重要,是因为它第一次以官方的身份对过去将近20年及当前国际形势下,俄罗斯处在什么样的国际地位做出了自己的回答,并提出了"普京主义"这个概念。文章毫不讳言地阐述了"普京主义"的许多核心内容。

重点需要关注的是苏尔科夫对"人民性"的重要解读。文章指出,俄国历史上一共存在过四种国家形式,一种是在15—17世纪,伊凡三世所建立的莫斯科和全俄大公国,第二个国家形式就是彼得大帝在18—19世纪建立的俄罗斯帝国,第三个是列宁在20世纪建立的苏联,第四个就是普京在21世纪建立的当代俄罗斯联邦的国家形式。苏尔科夫认为,在不同的历史时期,俄罗斯国家模式虽然表现不一,但内在的本质是一样的,俄罗斯国家的历史结构要素是一致的。这四种国家形式都凸显了意志坚强的领导人的重要性,并且最高领袖和人民之间是一种天然的信任关系。

苏尔科夫从"普京主义"中提炼出的"人民性"引出《长久的普京之国》的核心观点:俄罗斯不是一个深暗国家(Deep State),因为俄罗斯有深层人民。俄罗斯的深层人民是俄罗斯的最高领袖天然的民意信任基础。

深暗国家本意是指西方社会,民主都是外在形式、工具,本身是不透明的,决策不透明,真正的民主沟通参与也不透明。苏尔科夫认为俄罗斯不是深暗国家,因为俄罗斯一切事情都是放在明面上,因为俄罗斯有深层人民。

深层人民指的是,在俄罗斯,无论是哪种国家结构形式,在任何一个历史时期,总有一批这样的人,调查和社会学问卷无法发现他们的存在,但是当俄罗斯国家发展出现衰败转折的时候,这批人可以把国家拉回正确的轨道。俄罗斯实行保守主义也好,自由主义也好，社会主义也好，最终实行的都是符合俄罗斯传统价值观的发展道路。这样的一批人，他们可以是财政预算人员，是公务员，也可能是工人，也可能是农民，散布在俄罗斯国内，每当俄罗斯有危难的时候，就会有这样一群深层的人出现。这就是俄罗斯的"人民性"所体现的深刻内涵。

这样的一批人民还拥有一个特点：无条件、天然信任最高领袖。苏尔科夫认为俄罗斯有一个传统，在俄罗斯存在最高领袖和人民之间这种天然的信任和沟通关系。俄罗斯的社会结构、政治模式都是为了把最高领袖和深层人民之间的沟通打通。现在在分析俄罗斯政治时，往往讲支持率对于俄罗斯政权的政治合法性意义，换句话说，普京获得高支持率意味着强大的民意基础，这对于普京推行政治举措具有重要作用。但是。如果深刻理解这篇文章之后，就会进一步理解在这个基础上还有更高一层的政治逻辑，就是所谓深层人民和最高领袖之间的天然信任关系。

总之，新时期俄罗斯保守主义强调"人民性"的政治内涵，其政治意义主要体现在以下几个方面。

第一，"普京主义"是在俄罗斯国内政治生态出现隐忧的时候被官方正式提出的。这和当前俄罗斯政治形式密不可分。在俄罗斯总统大选中，普京以投票率和得票率双70％当选，这是一个莫大的政治合法性来源，在现在世界各国投票率偏低、纷纷进入二轮选举的情况下，普京的开局非常好。但是仅仅经过一个退休金制度改革，到9月地方选举之后，对他的信任指数就史无前例地降低到35％左右。所以苏尔科夫这篇文章有应对俄罗斯国内局势严峻的考虑，想进一步振奋民情，延揽民意。

第二，今天的俄罗斯存在"2024问题"。2024年这一任总统任期结束后,普京怎么办,俄罗斯向何处去?"普京主义"的提出实际上暗示俄罗斯需要长期坚持普京治国的理念与模式。普京的治理模式和俄罗斯历史上的国家模式内核形式完全一致,普京本人不在,"普京主义"也会延续。这就是俄罗斯的百年生存发展模式。

第三,《长久的普京之国》这篇文章讲的是俄罗斯的内政,与苏尔科夫在2018年发表的《混血者的孤独》一起,较为完整地阐述了新时期俄罗斯保守主义的内涵。乌克兰危机后,俄罗斯进入了"2014+"时代,俄罗斯以后既不做东方的西部,也不做西方的东部,俄罗斯就是一种独特的文明。苏尔科夫这两篇文章,暗示了俄罗斯也要作为一种文明型国家,要立于欧亚大陆中心地位,不要做中心的边缘这样的思想。

第四,叶利钦时代终结了苏联时期的转型,搭建起至今仍在发挥作用的俄罗斯基本框架,普京执政后,在此基础上转入了更为遵循俄罗斯传统价值观和传统治理模式的方向。研究普京主义,实际上是在考察苏联解体以来俄罗斯的转型与发展。

分析俄罗斯保守主义是为了理解俄罗斯和认识俄罗斯。由于俄罗斯保守主义最新的官方意识形态表述是"普京主义",因此,若要判断俄罗斯保守主义的发展前景,仍要深入分析"普京主义"。笔者提出,应以"三个普京"为分析框架,研究"普京主义",分析俄罗斯保守主义前景。

笔者认为,在"普京主义"的概念表述中,实际上有"三个普京":具体的普京、抽象的普京和系统的普京(在政治系统中的普京)。"具体的普京"是指普京本身是一个执政者,体现的是国际政治研究中人的因素。"抽象的普京"是指普京本人代表的是俄罗斯国家,反映的是俄罗斯的国家利益与国家特性。"系统的普京",即在政治系统中的普京,指的是一个政治系统有输入和输出复杂的过程,普京只是这个系统中的一个要素;一旦普京本人的执政理念和举措在俄罗斯形成一种执政模式之后,普京本人和系统发展本身之间也许就不是完全一致的。比如常常有人质疑俄罗斯现在对能源型经济依赖这么严重,甚至成为世界经济的附庸,为什么不改革?事实上,对俄罗斯发展弊端认识和理解最深刻的人就是普京。普京早就指出,俄罗斯不实行创新发展战略,就将步入死胡同。但是普京是在他一手打造的政治系统当中的,这个系统所形成的治理模式本身如果缺乏动力,即便普京本人意识到俄罗斯的问题,这个系统也会排斥被认为破坏稳定的因素。所以普京是处在这样的政治系统中的普京,他受到系统本身的制约。

从"三个普京"的分析框架出发,苏尔科夫提出的"普京主义"就相应有三个层面的含义。

第一个层面是"具体的普京",即普京本人的举措。普京本人执政将近 20 年,他采取的执政举措、展现出来的执政理念是清晰可查的。第二个层面是从"抽象的普京"这个含义来讲,普京本人所展现出来的举措和理念,都表现出了俄罗斯国家性和总统人格特质的结合。通过研究普京,通过研究"普京主义",我们可以解读俄罗斯问题研究的三个关键词:国家性、人民性和聚合性。第三个层面,从政治系统中的普京的角度来看,我们实际上是看普京模式和俄罗斯发展道路的前景,这个系统究竟是一个什么样的系统。笔者认为,俄罗斯具备一个政治控制非常强的治理体系,但是治理绩效在递减。这也符合俄罗斯国家历史上钟摆式的发展规律:俄罗斯的历史总会有一个爬坡、强盛、崩溃、衰败,再复兴再爬坡的过程。这是俄罗斯历史的间断性特点,这个间断性特点和俄罗斯国家的治理模式是紧密相关的。

具体到当前及今后一个时期俄罗斯保守主义的发展前景,它与俄罗斯政治本身的发展态势密切相关,主要需要关注以下问题。

第一,分配问题而不是发展问题已经成为影响俄罗斯发展的主要因素。分配问题实际上体现的是俄罗斯保守主义物化的表现形式。政治是对价值资源的权威性分配。分配是否合理,关乎平等和合法性,最终反作用于政治稳定。从2018年俄罗斯的国内局势看,如果说经济不振引起生活水平下降这是发展问题,那么,退休金制度改革就是分配问题。分配问题解决的不合理反过来会放大发展问题的扩散效应,影响民意的变动。2018年的地方选举是一个例子。

第二,"后克里米亚共识"对政治稳定的心理支撑作用在弱化。不论是2016年国家杜马选举还是2018年的总统大选,"后克里米亚共识"和危机源自外部的说辞,一直是普京的制胜法宝。这次地方选举表明了一点:俄罗斯民众不再坚持政治外交问题与经济民生区分对待的"后克里米亚共识"。一旦"后克里米亚共识"这面爱国主义和民族主义旗帜的引导作用减弱,普京今后如何引导俄罗斯保守主义的社会情绪值得关注。

第三,俄罗斯政治的控制性已深入到权力的"毛细血管"。俄罗斯保守主义"人民性"的内在特征与俄罗斯政治的控制性之间的均衡关系需要密切观察。

2018年地方选举引发人们对俄罗斯政治治理特点的新思考。这次地方选举第一时间出结果的时候,尽管由于退休金制度改革导致民意支持率下降,人们对这次选举可能出现的局面有心理准备,但是"统一俄罗斯"党猛然面临丢失4个联邦主体领导人以及在7个联邦主体议会选举失利的现实,还是大大超出人们的预期。人们一度认为普京面临巨大挑战。这么错综复杂的二轮选举的局面普京会不会难以应对?但是普京的应对非常冷静,无论是官方表态,还是随后撤换11个联邦主体代理行政长官的举措都不紧不慢。这进一步引发人们对于俄罗斯政治控制的思考。

俄罗斯政治的本质是控制性。以2012年普京再次执政以来的政治为例,可以总结两条线索:一是严格的社会管理。二是严格控制政党制度和议会制度的运行机制,并且相互贯通。

除上述两条政治控制的线索,通过观察2018年俄罗斯的地方选举,还应该加上一条新的线索:尽力控制俄罗斯权力结构的"毛细血管",即对于地方自治的管控。以前更多关注到的是普京对于联邦中央和联邦主体的政治管控。俄罗斯宪法第十二条明确规定:地方自治机关(市、镇、村)不进入国家权力机关体系。近年来普京已经悄悄地进行了政治治理。治理方式一:从"选举过滤器"到设置"市政过滤器",即联邦主体地方长官选举中所要求的"信任签名",同样也在逐步运用到地方自治。治理方式二:联邦主体行政长官被授权可以决定地方自治的模式。由于大规模使用代理行政长官制度,一批来自中央的技术官僚被推到了地方领导人的职位上。由于这些人在当地并没有政治基础,对最高领导人的忠诚是基本特点。普京对于地方自治模式的改变,比如大规模取消市长选举,得到了比较顺利的推行。而通过"市政过滤器"选拔上来的地方自治级别的领导人,与政权高度契合。所以,今后在关注制度运行和社会管控之外,对地方自治的管控也需要关注。

第四,俄罗斯政治生态的新特点预示着"2021问题"和"2024问题"给普京政府带来的挑战不容忽视。俄罗斯保守主义的发展前景也取决于此。

普京真正需要解决的是2021年的国家杜马选举以及未来2024年的交接问题。在第一个问题上,这次地方选举给普京和"统一俄罗斯"党都提了一次醒:普京若在第四任期展开结构性改革,一旦真正涉及普通民众的核心利益分配时,就会面临政治挑战。在第二个问题上,普京在2008—2012年以"梅普组合"的形式高超处理了权力交接问题,但是到了2024年第四任期结束时,这一接班形式很难再现。实际上,从2016年开始,普京已经着手对政治精英进行更新换代,但是目前来看,效果并不理想。此次地方选举也说明了这点。如前所述,在俄罗斯国内政治生态出现隐忧的时刻,苏尔科夫正式提出了"普京主义"这一概念。2019年的《长久的普京之国》与2018年的《混血者的孤独》一脉相承,具有明显的政治设计的痕迹,其核心意图是应对当前俄罗斯政治的复杂局面,甚至为2024年普京任期结束之后打造一个具备普京模式特点的政权做思想上的准备。加快普京政治团队核心位置的年轻化,并从中选择合适的接班人,依然是普京最重要的政治任务。

作者简介:庞大鹏,中国社会科学院俄罗斯东欧中亚研究所研究员,副所长。